Loredana Chiappini, Nuccia De Filippo

UN *NUOVO* GIORNO IN ITALIA

Percorso **narrativo**
di italiano per stranieri
B1

Codice di sblocco 135-B1F-30A-8BA

Bonacci editore

Loescher Editore

© Loescher Editore - Torino 2018
http://www.loescher.it

I diritti di elaborazione in qualsiasi forma o opera, di memorizzazione anche digitale su supporti di qualsiasi tipo (inclusi magnetici e ottici), di riproduzione e di adattamento totale o parziale con qualsiasi mezzo (compresi i microfilm e le copie fotostatiche), i diritti di noleggio, di prestito e di traduzione sono riservati per tutti i paesi. L'acquisto della presente copia dell'opera non implica il trasferimento dei suddetti diritti né li esaurisce.

Le fotocopie per uso personale del lettore possono essere effettuate nei limiti del 15% di ciascun volume dietro pagamento alla SIAE del compenso previsto dall'art. 68, commi 4 e 5, della legge 22 aprile 1941 n. 633.

Le fotocopie effettuate per finalità di carattere professionale, economico o commerciale o comunque per uso diverso da quello personale possono essere effettuate a seguito di specifica autorizzazione rilasciata da:

CLEARedi, Centro Licenze e Autorizzazioni per le Riproduzioni Editoriali, Corso di Porta Romana 108, 20122 Milano
e-mail autorizzazioni@clearedi.org e sito web www.clearedi.org.

L'editore, per quanto di propria spettanza, considera rare le opere fuori dal proprio catalogo editoriale. La fotocopia dei soli esemplari esistenti nelle biblioteche di tali opere è consentita, non essendo concorrenziale all'opera. Non possono considerarsi rare le opere di cui esiste, nel catalogo dell'editore, una successiva edizione, le opere presenti in cataloghi di altri editori o le opere antologiche.

Nel contratto di cessione è esclusa, per biblioteche, istituti di istruzione, musei ed archivi, la facoltà di cui all'art. 71 - ter legge diritto d'autore.

Maggiori informazioni sul nostro sito: http://www.loescher.it

Ristampe

7	6	5	4	3	2
2024	2023	2022	2021		

ISBN 9788820133887

Nonostante la passione e la competenza delle persone coinvolte nella realizzazione di quest'opera, è possibile che in essa siano riscontrabili errori o imprecisioni. Ce ne scusiamo fin d'ora con i lettori e ringraziamo coloro che, contribuendo al miglioramento dell'opera stessa, vorranno segnalarceli al seguente indirizzo:

Bonacci Editore
di Loescher Editore
Sede operativa
Via Vittorio Amedeo II, 18
10121 Torino
Fax 011 5654200
clienti@loescher.it

Loescher Editore Divisione di Zanichelli Editore S.p.a. opera con Sistema Qualità certificato secondo la norma UNI EN ISO 9001. Per i riferimenti consultare www.loescher.it

Ringraziamenti: Imanuel Rozenberg, Maia Paternò, Federica Zocco, Sergio Spada, Wanda Tassone, Paolo Tomassi, Matteo Vidoni, Riccardo Francia, Diana Giacometti, Lorenzo Lanzillotta, Simone Vacatello

Coordinamento editoriale: Chiara Romerio
Coordinamento redazionale: Francesca Asnaghi
Progetto grafico e impaginazione: Laura Rozzoni
Redazione: Giovanna Lombardo
Illustrazioni: Filippo Pietrobon
Ricerca iconografica: Giorgio Evangelisti

Stampa: Sograte Litografia s.r.l. - Zona industriale Regnano - 06012 Città di Castello (PG)

Referenze iconografiche:

(ove non diversamente indicato, le referenze sono indicate dall'alto verso il basso, da sinistra a destra, in senso orario. *a*= alto; *b*=basso; *c*=centro; *dx*= destra; *s*=sinistra)

Tutte le fotografie sono di © Shutterstock, © iStockphoto, © ICPonline, © 123Rf.com, © Photos.com, tranne:

p.14: G.Chioldin, 2017; p.17 (ad) M.Paterno/I.Rozenberg; p.21 (bc): www.liberopensiero.eu; p.30: www.laterrazzadimichelangelo.it; p.31 (bd) M.G.Leonardi, 2015; p.32 (cc) F.Zocco;(dc): Nfor Kingsley Monde/IRIN;(db): quotidianomolise.com, 2016; p.39 (dall'alto):(©) RMN-Grand Palais (musée du Louvre) / Michel Urtado-- Réunion des Musée Nationaux/ distr. Alinari;Gaspard Bodmer Collection, Cologny;feileacan, 2007/ Città del Vaticano;arbuscula.co.cc; © White Images/Scala, Firenze, 2009; © White Images/Scala Firenze, 2010; Basilica di San Pietro, Città del Vaticano / Panini Editore, 2000; E.Giovannini, 2008; © Farabolafoto, 2010; Wikimedia Pubblico Dominio; p.42: Gizm07, 2010/Wikimedia Creative Commons 3.0; p.43: Pinterest.it; p.46 (ad): www.babelio.com; (cd) Feltrinelli; p.47: RCA Italia; p.49 (ad): S.Spada; (cd): Fabrisalvetti;(bd) BNF, Parigi/1999, Giulio Einaudi editore; p.50: Österreichische Nationalbibliothek, Vienna; p.51 (a): Basilica di San Marco, Venezia; (b) Watchduck, 2010/Wikimedia Pubblico Dominio; p.52: R.Bemporad & Figlio, Editori-Firenze/www.comune.firenze.it; p.57 (b):vacationrentalpics.com; p.70 (bd) MACmore.it; p.72 (ad) Guardia Costiera, 2015; (bd) L.Chiappini, 2017; p.74 (c): www.primocanale.it; p.85 (cd): www.facciamocheerolacuoca.ilfood.it; (bd): W.Tassone, 2017; p.94 (b): www.airbnb.it; p.95 (cd): mikestravelguide.com; p.100: L.Chiappini, 2017; p.101 (bd): venice-tourism.com; p.103 (bs) P.Tomassi, 2017; (bc e bd): L.Chiappini, 2017; p.104: (foto 1): Scott Free Productions, Universal Pictures, DreamWorks Pictures, 2000; (foto 2): Walt Disney Picture; (foto 3): Walt Disney Feature Animation, 1991; (foto 4): 20th Century Fox/Paramount Pictures, Lightstorm Entertainment, 1997; (foto 5): Paramount Pictures, 1978; p.105: (Vacanze romane): Paramount Pictures, 1953; (Lilli e il vagabondo) Walt Disney Productions; (Travolti..): Medusa Film, 1974; (Grease): Paramount Pictures, 1978; (Pretty woman): Warner Bros., 1990; (Harry ti presento Sally): Castle Rock Entertainment, Nelson Entertainment, 1989; (Orgoglio e pregiudizio): Universal Pictures/Studio Canal/Working Title/UIP, 2005; (Ghost): Paramount Pictures, 1990;p.106 (ad): www.restoalsud.it;(bd): Medusa Film, 2013; p.115 (cd): LEGO/www.lelong.com.my; (bd) Figurine Panini, 2017; p.126 (cd) www.bluegrousewinecellars.com; p.127: M.Vidoni, 2017; p.146 (bd): Mondadori, 2000; p.147 (c): mangiarebuono.it; p.148: Einaudi Ragazzi; p.149: Panorama, 2005; p.159 (bd): www.wallpapersxl.com; p.168: L.Romano, 2015; p.169: (ac) R.Francia; (ad) D.Giacometti; p.172 (cd) Pinacoteca di Brera, Milano/Wikipedia Pubblico Dominio; (bs) www.lamiatorino.it; (bd) brennagraham.wordpress.com; p.173 (ad): SUPERGA/www.houseoffraser.co.uk; (cs) www.ganzomag.com; (cd) www.risoitaliano.eu; p.174 (cd): L.Lanzillotta, 2017; (bs) formaggio.it; (bd) rossiwrites.com/Museo Egizio, Torino; p.175 (ad): forum.toronews.net; (c): www.torredibabele.com; (cd) www.soccertime.it; (bd): medium.com/crampisportivi; p.176 (foto 5): www.juventusclubbascea.it; (foto 7): Associated Press Images; (foto 8): radio1euro2012.blog.rai.it; (foto 11): zonajuve.it; p.178: blog.scottsmenswear.com;

Il terzo volume del progetto *Un nuovo giorno in Italia*, destinato al livello B1, è **totalmente rinnovato** rispetto alla precedente edizione e prosegue la radicale trasformazione che ha già caratterizzato i precedenti volumi per i livelli A1 e A2.

Il manuale mantiene l'**impianto narrativo**, che è caratteristica peculiare dell'opera, e si arricchisce di molti materiali linguistici e attività comunicative, dinamiche e coinvolgenti. È uno strumento duttile per chi insegna e una guida sicura e piacevole per chi apprende, pensato per rispondere ai bisogni di insegnanti e studenti.

Il viaggio in treno da Milano a Salerno proposto nei primi due volumi si è concluso e la narrazione riprende proprio davanti alla **stazione di Salerno**, dove ritroviamo Piero Ferrari e Cecilia che si sono da poco conosciuti in treno. Seguendo i loro passi, viaggeremo ancora attraverso l'Italia, percorrendo nuove tappe ed esplorando luoghi densi di fascino:

- **la Costiera Amalfitana** con le sue bellezze;
- **il Sud d'Italia** con le sue tradizioni;
- **Venezia** durante il Festival del Cinema;
- **Torino** e le sue atmosfere storiche.

La storia narrata si snoda lungo un arco di tempo che va da luglio al periodo natalizio. La spensieratezza dell'estate cede il passo al ritorno alla normalità quotidiana, ma anche alla possibilità di aprire nuovi orizzonti di vita e ai cambiamenti. Piero Ferrari e Cecilia sono i protagonisti, ma intorno a loro ruota una **variegata umanità**, mentre una **ricca scelta di luoghi e situazioni** fa da cornice alle loro vicende.
Il manuale, denso di spunti culturali e di attualità, offre uno spaccato dell'Italia e dell'italiano di oggi.

Le novità sono ancora una volta numerose:

- nuovi scenari, situazioni e personaggi in una trama narrativa originale
- nuovi testi autentici tratti da varie fonti
- numerose interviste audio su temi legati al vissuto personale e all'attualità italiana
- ascolti integralmente rinnovati
- nuove illustrazioni e veste grafica
- attività comunicative varie e ricche di spunti
- numerosi esercizi grammaticali

Come sempre, il testo rappresenta il punto di partenza di un **percorso di ricerca** che coinvolge lo studente in prima persona, valorizzandone l'**autonomia** e la capacità di costruire il proprio sapere attraverso la ricerca. Da un primo contatto globale con il testo, il percorso muove verso un'analisi sempre più attenta alla scoperta di significati e forme. Le molteplici attività comunicative stimolano lo studente **a un uso più disinvolto della lingua** in situazioni e contesti sempre più vari, ampliando il suo bagaglio lessicale e consolidando le sue capacità comunicative.
Auguriamo nuovamente **buon viaggio a tutti** gli insegnanti e a tutti gli studenti che useranno questo manuale, sperando che il nuovo percorso sia per loro divertente e ricco di scoperte!

Le autrici

SILLABO

LA STORIA	GRAMMATICA	LESSICO E AREE TEMATICHE	FUNZIONI
EPISODIO 1 p. 2 ▸ Cosa vorresti fare nei prossimi giorni? ▸ AUDIO E voi che fareste? ▸ Ma non è che stanno parlando di te?	▸ Il condizionale presente dei verbi regolari delle tre coniugazioni ▸ Il condizionale presente dei verbi *essere* e *avere* e dei principali verbi irregolari	▸ Il tempo libero e le vacanze: progetti e proposte per una breve vacanza ▸ I mezzi di informazione ▸ Organizzazione di una gita ▸ I desideri degli italiani ▸ Aspirazioni e desideri giovanili	▸ Chiedere un favore cortesemente ▸ Chiedere il permesso ▸ Fare richieste, inviti, dare consigli ▸ Esprimere desideri ▸ Parlare di scenari ipotetici ▸ Parlare dei propri progetti anche non realizzabili
TESTI SCRITTI E ORALI: Articolo: *Notte di San Lorenzo: quali sono i desideri degli italiani?* **Audio**: Intervista: *Quello che vorrei, che rifarei, che cambierei*			
EPISODIO 2 p. 19 ▸ Milena la conoscete anche voi… ▸ Scusami Piero, non dirlo a mia madre! ▸ AUDIO Intanto Cecilia…	▸ L'ordine marcato della frase ▸ La posizione dei pronomi con i verbi all'imperativo, con i verbi all'infinito, con i verbi modali + infinito	▸ Una serata tra amici ▸ Azioni domestiche e relative alla vita familiare ▸ I diversi significati di *magari* ▸ Sogno e risveglio al Sud ▸ L'Italia multietnica: immigrazione, scuole di italiano per stranieri, sostegno e solidarietà ▸ Il linguaggio burocratico	▸ Fare proposte e controproposte per organizzare una serata e le attività per il tempo libero ▸ Esprimere comandi positivi e negativi ▸ Raccontare esperienze personali tra amiche ▸ Parlare delle proprie esperienze nel campo sociale e del volontariato
TESTI SCRITTI E ORALI: Articolo: *"Sono qui e voglio farti sentire il mondo quanto è grande". Perché ogni anno riparte la scuola di italiano di Liberi Nantes* **Articolo**: *Sportello TAM TAM* **Audio**: Intervista: *L'Italia multietnica: i ricordi di Federica, mediatrice culturale*			
EPISODIO 3 p. 34 ▸ Storie di mare e d'amore ▸ Dove la barca si fermò	▸ Il passato remoto dei verbi regolari ▸ Il trapassato prossimo e i suoi usi ▸ Il passato remoto dei verbi *essere* e *avere* e dei principali verbi irregolari	▸ Una gita in barca lungo la costa campana: Amalfi e Ravello ▸ Alcuni personaggi famosi della storia d'Italia e le loro opere ▸ Gita a Sorrento: Lucio Dalla, Enrico Caruso e la grande canzone italiana ▸ Esperienze di lavoro alla radio	▸ Narrare eventi passati ▸ Leggere e comprendere testi storici, letterari, biografie ▸ Raccontare una storia al passato, una favola, una fiaba
TESTI SCRITTI E ORALI: Intervista: *Lucio Dalla, Così scrissi la canzone* Caruso **Canzone**: *4 Marzo 1943* **Audio**: Intervista: *Tutto cominciò a Radio Napoli Prima* **Testi narrativi**: *Seta* di Alessandro Baricco, *La storia di Landolfo Rufolo* di Giovanni Boccaccio; *Il funerale della volpe*; *Pinocchio*			

LA STORIA	GRAMMATICA	LESSICO E AREE TEMATICHE	FUNZIONI
EPISODIO 4 p. 54 ▸ Ti ricordi quel ragazzo di cui ti avevo parlato? ▸ AUDIO Noi c'eravamo prima! ▸ Ma guarda chi c'è!	▸ I pronomi relativi: *che, il quale, cui* ▸ Il pronome *chi* interrogativo e misto ▸ I verbi pronominali (*andarsene, non poterne più*)	▸ Una telefonata tra amici: il racconto di una disavventura ▸ Un incontro casuale in un locale ▸ Alcuni proverbi italiani ▸ Al ristorante e in albergo: disservizi, inconvenienti e contrattempi ▸ La solidarietà in città: l'esperienza dei condomini solidali	▸ Raccontare esperienze personali relative al presente e al passato ▸ Lamentarsi per il cattivo servizio in un locale pubblico ▸ Esprimere stanchezza e scontento ▸ Scrivere una recensione positiva o negativa
	TESTI SCRITTI E ORALI: Articolo: *Un condominio solidale in cui tutti si conoscono*		
EPISODIO 5 p. 68 ▸ Sagre curiose e feste religiose ▸ AUDIO Un guasto riparabile! ▸ AUDIO Quanti like hai preso?	▸ Gli aggettivi in *-oso* ▸ Gli aggettivi in *-abile* e in *-ibile* e i loro contrari ▸ *Quindi, allora, dunque, perciò*	▸ Atmosfere del Sud Italia: feste e sagre di paese ▸ Quando non c'erano i social: le foto di un tempo e quelle di oggi ▸ Lavori in casa, guasti, riparazioni: i tecnici e i "mariti in affitto" ▸ I mestieri e le relative attività ▸ Calabria: bellezze naturali, feste e prodotti tipici	▸ Descrivere luoghi, persone e situazioni ▸ Raccontare esperienze avute in vacanza ▸ Riprendere un contatto, ritrovarsi, invitarsi ▸ Ricordare e valutare il tempo passato ▸ Comprendere richieste e offerte di lavori manuali ▸ Segnalare un guasto, chiedere e dare aiuto per risolvere un problema domestico
	TESTI SCRITTI E ORALI: Articolo: *Arriva il marito in affitto per i lavori di casa. Come nasce l'idea del marito in affitto* **Annunci:** *Tuttofare a domicilio per riparazioni domestiche* **Audio:** Intervista: *Agosto in Calabria con Wanda*		
EPISODIO 6 p. 86 ▸ Venezia, camera con vista ▸ AUDIO Guarda quei due seduti al bar! ▸ Cena al tramonto al *Paradiso perduto*	▸ I verbi con le preposizioni *a, di* ▸ Gli aggettivi indefiniti: *ogni, tutti, tutte* ▸ Preposizioni ed espressioni locative: *dietro, davanti, sotto, sopra, dentro, intorno, vicino, accanto, lontano, fuori, lungo, all'interno, all'esterno* ▸ Le preposizioni articolate (riepilogo) ▸ *Stare per...* per esprimere il futuro imminente	▸ La città di Venezia, le sue bellezze e le sue particolarità ▸ I *bacari* veneziani: cibi e bevande ▸ Le strade di Venezia ▸ Campi, campielli e ponti: storia e caratteristiche della città di Venezia ▸ Scelte di vita: un trasferimento da Roma a Venezia ▸ Il cinema	▸ Indicare e localizzare persone e cose nello spazio ▸ Descrivere e raccontare un trasferimento ▸ Parlare di cinema: parlare di un film, descriverlo, caratterizzare il genere, raccontare la trama ▸ Parlare dei propri gusti cinematografici e delle proprie abitudini rispetto al cinema
	TESTI SCRITTI E ORALI: Articolo: *Campi e campielli di Venezia* **Audio:** Intervista: *Abitante a Venezia, turista a Roma* **Recensione:** *Perfetti sconosciuti* di Paolo Genovese		

LA STORIA	GRAMMATICA	LESSICO E AREE TEMATICHE	FUNZIONI
EPISODIO 7 p. 108 ▸ Ottobre ed è tutto come prima, o quasi… ▸ AUDIO E questo biglietto, chi te lo ha dato? ▸ Te la riporto per le otto! ▸ Orecchiette o risotto?	▸ Alcuni pronomi combinati: *me + lo, la, li, le, ne* *te + lo, la, li, le, ne* ▸ *Mi serve/servono* *Mi occorre/occorrono* *Ho bisogno di* ▸ Alcune forme passivanti: il *si* passivante, *andare* + participio passato	▸ Ottobre: ritrovarsi dopo le vacanze ▸ La Puglia e la sua gastronomia: la burrata, le orecchiette con le cime di rapa ▸ Incontri, presentazioni, nuove conoscenze ▸ In casa: preparare una cena per due ▸ La cucina: ricette e prodotti tipici, azioni e quantità ▸ Il vino: come conservarlo ▸ Abitudini alimentari: la cucina vegana	▸ Descrivere un prodotto tipico della propria zona d'origine ▸ Introdurre nuove conoscenze ▸ Esprimere bisogni e necessità in contesti familiari o professionali / chiedere in prestito ▸ Dare regole e consigli ▸ Dare la ricetta di un piatto tipico ▸ Parlare delle proprie abitudini alimentari, motivare le proprie scelte
TESTI SCRITTI E ORALI: Ricetta: *Orecchiette con cime di rapa* **Articolo**: *Una cantina da salotto* **Audio**: Intervista: *Un vegano si racconta*			
EPISODIO 8 p. 128 ▸ Chi non risica non rosica! ▸ Buongiorno, si ricorda di me? ▸ AUDIO Si sieda e mi parli un po' di lei! ▸ Ma dove ce l'ha la testa! ▸ AUDIO Smettila di proteggerlo!	▸ I connettivi: causali, avversativi, esplicativi: *siccome, visto che, dato che, poiché, ma, però, bensì, mentre, cioè* ▸ I modificatori di intensità: *più, di più, meno, di meno…* ▸ L'imperativo formale / il congiuntivo esortativo ▸ Il verbo pronominale *non farcela più!*	▸ Scelte di vita: cambiare lavoro ▸ Un incidente stradale ▸ Situazioni di conflitto, litigi, espressione del disagio e della rabbia ▸ Relazioni e conflitti familiari	▸ Ristabilire contatti ▸ Usare un registro formale o informale ▸ Chiedere gentilmente a qualcuno di fare qualcosa ▸ Litigare, imprecare, lamentarsi, esprimere rabbia e aggressività
TESTI SCRITTI E ORALI: Interviste: *Se mi prendi in giro lo faccio anch'io.* *Che barba fare i compiti.* **Testo narrativo**: *Ti prendo e ti porto via* (Niccolò Ammaniti) **Racconto**: *Storia di un perché* (Gianni Rodari) **Poesia**: *Perché l'auto cammina?* (Gianni Rodari)			

LA STORIA	GRAMMATICA	LESSICO E AREE TEMATICHE	FUNZIONI
EPISODIO 9 p. 149 ▸ Natale con i tuoi, Pasqua con chi vuoi! ▸ Mi auguro che vada tutto bene! ▸ Sicuramente c'è sotto qualcosa ▸ AUDIO Spero che ti piaccia!	▸ Il congiuntivo presente dei verbi regolari delle tre coniugazioni ▸ Usi del congiuntivo ▸ Gli avverbi di modo in -mente ▸ Il congiuntivo presente dei verbi *essere* e *avere* e di alcuni verbi irregolari	▸ Il Natale e le atmosfere natalizie ▸ Festività, tradizioni, usanze, piatti tipici ▸ I rapporti personali: le relazioni tra uomini e donne, le incomprensioni ▸ Attitudini e passioni personali	▸ Descrivere festività laiche o religiose del proprio paese ▸ Esprimere opinioni, pensieri, speranze, desideri, paure, incertezze, aspettative ▸ Proporre cose da fare per il periodo natalizio ▸ Parlare delle proprie passioni
	TESTI SCRITTI E ORALI: Intervista: *Roberto Bolle: "Ballavo, e nessuno mi poteva fermare"* **Audio**: Intervista: *Come nasce una passione: Riccardo e Diana raccontano*		
EPISODIO 10 p. 170 ▸ Senza Torino, l'Italia sarebbe molto diversa! ▸ AUDIO Cavour e il *bicerin* ▸ Storia delle scarpe Superga ▸ Quante cose avrei voluto fare! ▸ E per finire...	▸ Articoli e squadre di calcio ▸ Il condizionale composto e i suoi usi ▸ Revisione dei tempi verbali al passato ▸ L'infinito passato e i suoi usi	▸ La città di Torino: la sua storia, le sue bellezze, le sue eccellenze ▸ Le parole e le azioni del calcio ▸ Desideri realizzabili e irrealizzabili	▸ Raccontare la vita di un personaggio storico ▸ Descrivere un locale, un piatto, una bevanda, un prodotto con una storia ▸ Raccontare al passato ▸ Esprimere desideri, dare consigli relativi al passato ▸ Esprimere rimpianto, pentimento, dispiacere per non aver fatto qualcosa
	TESTI SCRITTI E ORALI: Audio: Intervista: *Torino ti sorprende!* **Articolo**: *La tragedia di Superga* **Audio**: Intervista: *Calcio e crampi sportivi* **Biografia**: *La vera storia di Michel Platini* **Testo narrativo**: *Il nonno di Platini*		

TRASCRIZIONI P. 189

Il libro continua on line
www.bonaccieditore.it

▸ tutti gli audio
▸ tutte le soluzioni
▸ trascrizioni

EPISODIO 1: Cosa vorresti fare nei prossimi giorni?

Sei in vacanza. Sei appena sceso da un treno o da un aereo e hai davanti a te alcuni giorni in cui puoi decidere come passare il tempo.
Se sei ospite, un amico o un parente potrebbe farti questa domanda: "Cosa vorresti fare nei prossimi giorni?"
Se sei una persona molto organizzata, avrai già una lista di cose che vorresti fare, luoghi che ti piacerebbe visitare, piatti che vorresti assaggiare.
Se, invece, sei arrivato senza programmi particolari, preferiresti forse farti portare in giro, consigliare e guidare dalle persone che ti ospitano.
Ma ora immagina che durante un viaggio hai incontrato una persona interessante che scende con te e si ferma qualche giorno nello stesso posto. Che faresti in quel caso?
Saluteresti gentilmente questa persona con una vaga promessa di rivedersi da qualche parte, oppure avresti il coraggio di chiedere il suo numero di telefono? La inviteresti forse a prendere un caffè?
Ecco, questi sono i dubbi di due persone che si sono conosciute in treno e che sono appena scese alla stazione di Salerno. Sono Piero e Cecilia: il controllore del treno e una passeggera che aveva perso un orecchino. Tra loro, durante il viaggio, è nata una certa simpatia,

ma ora il viaggio è finito e le loro strade si dividono. Entrambi hanno qualcuno che li ospita in città.
Cecilia ha telefonato a una sua vecchia amica che abita a Salerno. Il suo arrivo non era previsto, ma i meridionali sono molto ospitali e non direbbero mai "no" a un vecchio amico che passa dalle loro parti e che si vuole fermare per un paio di notti.
Piero da oggi va in ferie ed è ospite di alcuni amici del posto che hanno già organizzato tutto. Lui non ha idea del programma, ma si fida di loro. L'oroscopo gli dice che dovrebbe fare dei cambiamenti, ma è difficile cambiare così in fretta, perciò è Cecilia che prende l'iniziativa e prima di salutarlo gli dice: "Ti andrebbe di fare qualcosa insieme nei prossimi giorni?"
"Ehm...sì, certo, ma dovrei sentire i miei amici" risponde Piero.
Ma proprio in quel momento Cecilia vede da lontano la sua amica che arriva di corsa.
"Guarda, eccola! È la mia amica che è venuta a prendermi... Ciao, Benedetta! Che bello rivedersi! Ah, lui è Piero, ci siamo conosciuti in treno, poi ti racconto..."
"Ciao, Piero! Piacere, Benedetta... Ragazzi scusatemi, ma ho la macchina parcheggiata in doppia fila."
"Capisco, capisco... non vorrei farti prendere una multa. Scappiamo subito! Piero, allora il mio numero ce l'hai, fatti sentire!"
"Sì, sì, certo... ci sentiamo!"

1. 📖 **Leggi il testo e scegli la risposta corretta.**

1.	Chi ospita un amico o un parente in vacanza potrebbe chiedergli	a. ○ b. ○	"Chi vorresti vedere?" "Cosa vorresti fare nei prossimi giorni?"
2.	Una persona organizzata	a. ○ b. ○	avrebbe una lista di cose precise da fare, luoghi da visitare, piatti da assaggiare. consulterebbe una lista di visite guidate.
3.	Una persona senza programmi	a. ○ b. ○	si affiderebbe al caso. si farebbe portare in giro, consigliare e guidare da chi la ospita.
4.	A una persona interessante che scende da un treno insieme a te potresti	a. ○ b. ○	chiedere il suo indirizzo. chiedere il suo numero di telefono.
5.	Cecilia ha telefonato	a. ○ b. ○	a una vecchia amica di Salerno. a una cugina di Salerno.
6.	Piero è a Salerno	a. ○ b. ○	per lavoro. per le vacanze.
7.	Piero è ospite	a. ○ b. ○	di colleghi di lavoro. di amici.
8.	Piero si fida dei suoi amici	a. ○ b. ○	che gli hanno trovato un buon albergo. che hanno organizzato tutto.
9.	Secondo l'oroscopo Piero	a. ○ b. ○	dovrebbe fare dei cambiamenti. dovrebbe incontrare più persone.
10.	Cecilia	a. ○ b. ○	invita Piero a fare qualcosa insieme. è timida e non prende l'iniziativa.
11.	Piero risponde che	a. ○ b. ○	è già impegnato con gli amici. dovrebbe parlare prima con gli amici.
12.	Benedetta è venuta a prendere Cecilia	a. ○ b. ○	in macchina. in moto.
13.	Benedetta rischia di prendere una multa	a. ○ b. ○	per parcheggio in doppia fila. per eccesso di velocità.
14.	Cecilia dice a Piero:	a. ○ b. ○	"Stammi a sentire!" "Fatti sentire!"

2. 📖 **Rileggi il testo, evidenzia tutti i verbi al condizionale e poi inseriscili negli spazi sotto.**

VERBI IN -ARE

VERBI IN -ERE

VERBI IN -IRE

VERBI IRREGOLARI

VERBO *AVERE*

4 ▪ EPISODIO 1

3. Ora inserisci nella tabella le forme dei verbi che hai trovato nel testo e poi prova a completarla.

	SALUTARE	PIACERE	PREFERIRE
io	SALUTEREI		
tu			
lui/lei	SALUTEREBBE		
noi			PREFERIREMMO
voi		PIACERESTE	
loro			PREFERIREBBERO

4. Osserva e completa.

Al condizionale presente i verbi in **-ARE** trasformano la vocale **A** in _____.
I verbi del secondo gruppo in **-ERE** ○ mantengono ○ trasformano la vocale **E**.
I verbi del terzo gruppo in **-IRE** ○ mantengono ○ trasformano la vocale **I**.

5. Inserisci nella tabella le forme di questi verbi irregolari che hai trovato nel testo e poi prova a completarla.

	DOVERE	POTERE	VOLERE
io			
tu			
lui/lei			
noi		POTREMMO	
voi			VORRESTE
loro	DOVREBBERO		

E VOI CHE FARESTE?

Mentre Cecilia e Benedetta vanno verso casa in macchina, ascoltano la radio.
"Eccoci ancora con voi! Buon pomeriggio a tutti gli ascoltatori! Siamo sempre noi, Gino e Max di *Radio 20*, con le nostre interviste dell'estate. Ricordate, c'è un premio per la risposta perfetta in 30 secondi.
Il tema di stasera è il condizionale. Non sbagliate, oggi si parla solo con il condizionale!
Cominciamo!"

6. **AUDIO 2** Ascolta l'audio e indica qual è la domanda che animerà la trasmissione di *Radio 20*.

A
○ È il primo pomeriggio, c'è il sole. Scendi da un treno in una città che già conosci ma dove non conosci nessuno. Che cosa faresti?

B
○ È quasi sera. Scendi da un treno in un luogo che non conosci, sei solo. Che cosa faresti?

7. Associa i nomi degli ascoltatori alle città di provenienza.

a. Carla
b. Alessia
c. Giulio

1. ○ Bari
2. ○ Torino
3. ○ Agrigento

8. **AUDIO 2** Ascolta ancora e indica che cosa dice ogni ascoltatore.

	CARLA	ALESSIA	GIULIO
a. Mi riposerei un po'.	X	○	○
b. Non vorrei stare in giro da sola di notte.	○	○	○
c. Mi farei una doccia.	○	○	○
d. Cercherei un posto dove mangiare.	○	○	○
e. Mi farei dare una mappa.	○	○	○
f. Non mi siederei al primo posto che trovo.	○	○	○
g. Andrei in albergo.	○	○	○
h. Chiederei se la zona è tranquilla.	○	○	○
i. Uscirei subito per sentire l'atmosfera del luogo.	○	○	○
j. Cercherei la via dell'albergo.	○	○	○
k. Girerei un po'.	○	○	○
l. Aspetterei un po' per vedere se il ristorante si riempie.	○	○	○
m. Aspetterei il giorno dopo per uscire.	○	○	○
n. Darei uno sguardo al menù e ai prezzi.	○	○	○

9. **CHI FAREBBE COSA?**

Trasforma alla 3ª persona la lista di cose che farebbe ognuno dei tre ascoltatori.

CARLA
Andrebbe in albergo

ALESSIA

GIULIO

6 • EPISODIO 1

10. 💬 ✏️ **ORA TOCCA A TE! E TU CHE FARESTI?**

Immagina di essere nella stessa situazione proposta agli ascoltatori da Gino e Max. È l'ora del tramonto. Arrivi da solo/a in un luogo che non conosci e dove non conosci nessuno. Che cosa faresti? Scrivi nello spazio accanto le cose che faresti subito. Poi lavorate in coppia e intervistatevi. Ogni studente scrive su un foglietto quello che farebbe l'altro e poi ognuno dice a tutta la classe cosa farebbe l'altro.

MA NON È CHE STANNO PARLANDO DI TE?

AH, DAVVERO... MA NON È CHE STANNO PARLANDO DI TE E DI QUEL PIERO?

BEH, ALLORA È UNA COINCIDENZA MOLTO PARTICOLARE! IO HO VISTO COME GUARDAVI QUEL RAGAZZO E... MI SEMBRA CHE TI INTERESSI... O MI SBAGLIO?

11. Osserva il disegno, leggi le battute e inserisci quelle mancanti di Cecilia nei fumetti giusti.

NON SO ... FORSE... MA LO CONOSCO SOLO DA STAMATTINA! NON SO NEANCHE SE MI TELEFONERÀ... IO GLI HO DATO IL MIO NUMERO, MA NON HO IL SUO.

MA CHE DICI! LA TRASMISSIONE È REGISTRATA, LORO QUALCHE ORA FA SONO SCESI A ROMA.

MA SAI CHE QUESTI DUE GIORNALISTI IO LI HO CONOSCIUTI OGGI IN TRENO E MI HANNO ANCHE INTERVISTATA!

EPISODIO 1 • 7

12. Completa le frasi con i verbi coniugati al condizionale presente.

1. Carla (*potere*) ___*potrebbe*___ aiutarti a fare i compiti.
2. Piero fa il controllore ma (*volere*) _____ fare il giornalista.
3. Tu mi (*accompagnare*) _____ a casa in macchina, per favore?
4. Marco e Carla (*uscire*) _____ volentieri con noi.
5. Stasera (*restare*) _____ volentieri, ma dobbiamo proprio scappare.
6. (*gradire - voi*) _____ un caffè?
7. Noi due (*abitare*) _____ volentieri a Milano, ma i nostri figli non (*spostarsi*) _____ mai da Roma.
8. Come (*essere*) _____ bello fare un viaggio insieme!
9. (*comprare - io*) _____ volentieri quelle scarpe, ma costano davvero troppo.
10. Ti (*piacere*) _____ guidare una moto così veloce?
11. ▶ Allora, birra per tutti?
    ▶ No! Io veramente (*preferire*) _____ del vino.

FACCIAMO GRAMMATICA

IL CONDIZIONALE PRESENTE

Il **condizionale** si usa per:

▶ Fare ipotesi e supposizioni — Marco a quest'ora **dovrebbe** già essere a casa.

◀ Esprimere cortesia — **Apriresti** la finestra, per favore?

▶ Esprimere un desiderio — **Mangerei** volentieri un gelato.

◀ Dare consigli — **Dovresti** studiare di più!

	ESSERE
io	sarei
tu	saresti
lui/lei	sarebbe
noi	saremmo
voi	sareste
loro	sarebbero

	AVERE
io	avrei
tu	avresti
lui/lei	avrebbe
noi	avremmo
voi	avreste
loro	avrebbero

	PARL-ARE
io	parl-**erei**
tu	parl-**eresti**
lui/lei	parl-**erebbe**
noi	parl-**eremmo**
voi	parl-**ereste**
loro	parl-**erebbero**

	PREND-ERE
io	prend-**erei**
tu	prend-**eresti**
lui/lei	prend-**erebbe**
noi	prend-**eremmo**
voi	prend-**ereste**
loro	prend-**erebbero**

	DORM-IRE
io	dorm-**irei**
tu	dorm-**iresti**
lui/lei	dorm-**irebbe**
noi	dorm-**iremmo**
voi	dorm-**ireste**
loro	dorm-**irebbero**

VERBI IRREGOLARI

Ricordi i verbi irregolari al futuro che hai già studiato nel manuale A2?
Come puoi notare, tra futuro semplice e condizionale presente c'è una similitudine nella formazione dei verbi irregolari.

▸ **verbi che perdono la -E- nella desinenza:**

	FUTURO	CONDIZIONALE
vivere →	vivrò →	VIV**REI**
andare →	andrò →	AND**REI**
dovere →	dovrò →	DOV**REI**
potere →	potrò →	POT**REI**
sapere →	saprò →	SAP**REI**
vedere →	vedrò →	VED**REI**
cadere →	cadrò →	CAD**REI**

▸ **verbi che formano futuro e condizionale con -RR-:**

	FUTURO	CONDIZIONALE
volere →	vorrò →	VO**RR**EI
tenere →	terrò →	TE**RR**EI
venire →	verrò →	VE**RR**EI

▸ **verbi in *-ARRE, -ORRE, -URRE* che formano futuro e condizionale con -RR-:**

	FUTURO	CONDIZIONALE
att**rarre** →	attrarrò →	ATTRA**RR**EI
p**orre** →	porrò →	PO**RR**EI
trad**urre** →	tradurrò →	TRADU**RR**EI
cond**urre** →	condurrò →	CONDU**RR**EI

gioco

13. INDOVINA I DESIDERI...

A turno, uno studente è al centro dell'aula e tutti gli altri fanno domande per cercare di indovinare i suoi desideri. Ogni desiderio indovinato fa guadagnare un punto. Vince chi totalizza più punti.
Studente di turno: concentrati per un po'. Pensa a qualcosa che vorresti veramente fare in questo momento, prendi un foglio e una penna e scrivi almeno tre desideri.

ANDRESTI AL MARE?

ANDRESTI A DORMIRE?

14. COSA POTREBBERO DIRE

Abbina le frasi alle vignette e trascrivile nei fumetti.

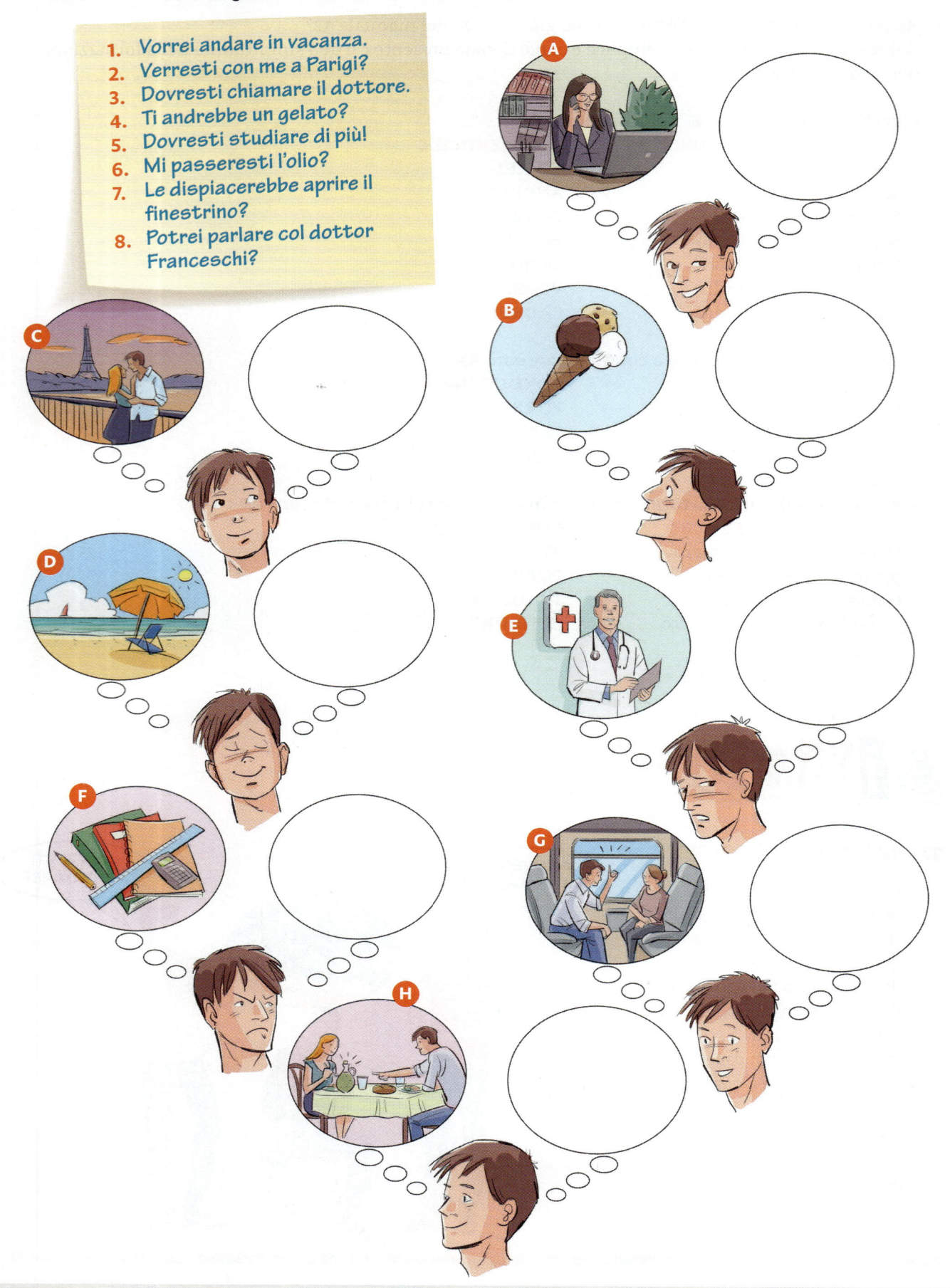

1. Vorrei andare in vacanza.
2. Verresti con me a Parigi?
3. Dovresti chiamare il dottore.
4. Ti andrebbe un gelato?
5. Dovresti studiare di più!
6. Mi passeresti l'olio?
7. Le dispiacerebbe aprire il finestrino?
8. Potrei parlare col dottor Franceschi?

15. IO AL POSTO TUO...

Completa le frasi a piacere per dare un consiglio, usando un verbo al condizionale presente.

1. Lavori troppo e il tuo stipendio è molto basso.
   Io al posto tuo *chiederei un aumento*
2. Sei in vacanza, fa freddo, tu hai solo una giacca piuttosto leggera.
   Io al posto tuo
3. Stai uscendo, il cielo è molto nuvoloso.
   Io al posto tuo
4. Sei molto triste perché la tua fidanzata ti ha lasciato.
   Io al posto tuo
5. Negli ultimi tempi sei molto ingrassato.
   Io al posto tuo
6. Il tuo lavoro ti annoia.
   Io al posto tuo
7. Studiare medicina non ti piace più.
   Io al posto tuo
8. Sei stufo di vivere in città.
   Io al posto tuo
9. Hai un grande bisogno di novità.
   Io al posto tuo
10. Non sopporti più i vecchi mobili della tua casa.
    Io al posto tuo
11. Non hai voglia di girare per negozi per comprare abiti nuovi.
    Io al posto tuo

16. CHIEDI UN FAVORE CORTESEMENTE

Trasforma le domande rendendole più cortesi, come nell'esempio.

1. Mi passi il sale, per favore?   *Mi passeresti* il sale, per favore?
2. Mi dai un passaggio, per favore?
3. Mi cambi 50 Euro, per favore?
4. Mi presti il tuo cellulare, per favore?
5. Mi aiuti a fare i compiti, per favore?
6. Mi prepari un caffè, per favore?
7. Mi accompagni a casa, per favore?

17. CHIEDI IL PERMESSO CORTESEMENTE

**Sei in una stanza molto calda.
Vuoi aprire la finestra.
Ci sono altre persone.**

POTREI APRIRE UN PO' LA FINESTRA?

1. Sei in classe, tu non hai il temperamatite.
   La tua vicina di banco sì.
2. Sei in un negozio. Non ti bastano i soldi contanti.
   Hai una carta di credito.
3. Sei al ristorante, sul tavolo manca l'oliera.
   Vedi che c'è un'oliera sul tavolo dei vicini.
4. Sei al mercato. Vuoi comprare del formaggio.
   Vuoi sapere che gusto ha.
5. Sei a lezione. Non hai capito qualcosa.
   Vuoi fare una domanda.

EPISODIO 1 • 11

gioco

18. CHI CERCA TROVA

Gira per la classe, fa' queste domande ai tuoi compagni per cercare una persona che risponde "sì". Se la trovi, scrivi il suo nome accanto alla domanda. Quando hai trovato una persona per ogni domanda il gioco è finito. Vince chi trova per primo tutte o il numero massimo di risposte positive.

CERCA QUALCUNO CHE...

- parteciperebbe a una trasmissione televisiva
- regalerebbe un cane a un amico/un'amica
- abiterebbe in Italia
- studierebbe lingue orientali
- sposerebbe un/una italiano/a
- vorrebbe tornare bambino
- andrebbe in crociera per un mese
- cambierebbe lavoro, scuola, università
- volerebbe con un deltaplano
- si iscriverebbe a un corso di danza

sì!!!

19. LO FARESTI MAI?

Intervista un compagno / una compagna e chiedi se farebbe mai queste cose.

CAMBIERESTI NOME?

- cambiare nome
- andare a vivere insieme a due persone che non conosce
- vivere felice senza il computer
- rinunciare alla macchina, al motorino, alla moto
- bruciare tutte le sue foto in cambio di molti soldi
- accettare un lavoro in un Paese dove c'è una guerra in corso
- cambiare la sua stanza con una molto più grande, ma più buia
- fare un'operazione di chirurgia plastica per cambiare una parte del corpo
- prestare il suo spazzolino da denti

20. MEZZI DI INFORMAZIONE

Quali di queste cose in genere fai più spesso e per più tempo? Quale fra quelle elencate è per te la fonte di informazione preferita e perché?
Formate dei gruppi di 3 o 4 persone e discutete, confrontando le diverse opinioni e motivazioni.

- LEGGERE IL GIORNALE CARTACEO
- LEGGERE IL GIORNALE ONLINE
- GUARDARE LA TV
- ASCOLTARE LA RADIO
- SEGUIRE I SOCIAL NETWORK

12 • EPISODIO 1

21. RICHIESTE, INVITI E CONSIGLI

Completa i dialoghi con i verbi al condizionale presente.

1. ▶ Perché non venite con noi a Firenze il prossimo fine settimana? (*Essere*) _____ una bella occasione per stare un po' insieme!
   ▶ Ci (*venire*) _____ molto volentieri, ma abbiamo già un impegno a Roma, sarà per un'altra volta.

2. ▶ Mi (*dare*) _____ una mano a finire questo lavoro?
   ▶ Guarda, mi dispiace, ti (*aiutare*) _____ molto volentieri, ma oggi non ho proprio tempo.

3. ▶ Per favore, Lucia, (*finire*) _____ tu di pelare le patate? Io adesso (*cominciare*) _____ a preparare il ragù perché mi sembra già un po' tardi.
   ▶ Sì, sì, fai pure, alle patate ci penso io.

4. ▶ Che vino (*abbinare - voi*) _____ a questa carne?
   ▶ Beh, sicuramente io ci (*abbinare*) _____ un rosso piemontese.
   ▶ Io, invece, (*preferire*) _____ un Chianti.

5. ▶ Secondo te, queste scarpe (*stare*) _____ bene con il mio vestito rosso?
   ▶ Penso proprio di sì, al tuo posto le (*provare*) _____ subito.

6. ▶ Ragazzi, (*avere*) _____ voglia di un bel gelato?
   ▶ Sì, ma non in questa gelateria che non è molto buona, (*potere - noi*) _____ andare in quella nuova che hanno aperto da poco in centro.

7. ▶ Marta, è finito il burro. (*Chiedere*) _____ alla vicina se ce ne può dare un pezzo?
   ▶ Lo (*fare*) _____ volentieri, ma non ti ricordi che la vicina è partita ieri?

8. ▶ Giulia è proprio giù da quando Valerio l'ha lasciata! (*Dovere*) _____ distrarsi un po', secondo me!
   ▶ Sono d'accordo! Io al suo posto non (*stare*) _____ sempre a casa, (*cercare*) _____ di vedere gente e (*uscire*) _____ più spesso.

22. OGGI NON HO IL TEMPO... LO FARESTI TU?

Costruisci delle domande come nel modello.

OGGI NON HO IL TEMPO DI LAVARE I PIATTI, LI LAVERESTI TU?

OGGI NON HO IL TEMPO DI...

1. rifare il letto
2. fare la spesa
3. prendere i bambini a scuola
4. preparare la cena
5. stendere i panni
6. pagare le bollette
7. fare la lavatrice
8. pulire la stanza
9. stirare queste camicie

EPISODIO 1 • 13

23. CI VERRESTI CON ME A MATERA?

Completa il testo con i verbi al condizionale presente.

Ciao Sara,
ho una proposta da farti: che ne (*dire*) _____ di una bella gita a Matera insieme? Ricordo che avevi voglia di andarci e il mese prossimo c'è un lungo ponte di cui (*potere - noi*) _____ approfittare. Non so se ti ho detto che una mia cara amica che fa l'architetto si è trasferita lì da un po' di tempo e ha comprato una bellissima casa tra i Sassi del centro storico.
Carla ci (*ospitare*) _____ volentieri, anche perché nei giorni in cui noi (*essere*) _____ a Matera lei, invece, sarà a Berlino per lavoro.
Insomma ecco il mio progetto:
(*potere - noi*) _____ prendere un pullman da Roma nel primo pomeriggio subito dopo il lavoro e così (*arrivare - noi*) _____ a Matera il giovedì sera sul tardi. Il compagno della mia amica (*venire*) _____ a prenderci in macchina alla stazione dei pullman perché è un po' fuori città e la sera tardi non ci sono più autobus.
(*Dormire*) _____ da lei giovedì e venerdì notte.
Carla tornerà a Matera sabato e (*avere*) _____ bisogno della casa libera per ospitare una collega tedesca.
Perciò (*dovere - noi*) _____ trovare una sistemazione soltanto per sabato notte, dato che (*partire - noi*) _____ la domenica subito dopo pranzo. Anche per questo, però, Carla ci (*aiutare*) _____: infatti mi ha detto che una sua conoscente ha un grazioso bed&breakfast vicino casa sua, nella zona dei Sassi, e ci (*prenotare*) _____ una stanza da lei. O tu (*preferire*) _____ passare tutto il periodo nel bed&breakfast? Io penso che (*essere*) _____ meglio alloggiare da Carla perché (*avere - noi*) _____ molta più autonomia e ti assicuro che lei ci (*accogliere*) _____ molto volentieri.
Fammi sapere presto che ne pensi, così mi do da fare per organizzare tutto.
Spero davvero che mi dirai di sì.
Ciao!
Susanna

24. VORREI..., MA...

Completa le frasi a piacere, ma in modo logico, come nell'esempio.

(Comprare) **Comprerei** una casa più grande, ma... **non ho abbastanza soldi.**

(Cambiare) _____ lavoro, ma...

(Andare) _____ volentieri a letto presto, ma...

(Mandare) _____ tutto al diavolo, ma...

(Sposare) _____ Luigi, ma...

(Mettersi) _____ a dieta, ma...

(Partire) _____ per un lungo viaggio, ma...

(Dormire) _____ fino a tardi, ma...

(Venire) _____ a prenderti alla stazione, ma...

25. C'È SEMPRE UN "MA"...

Ora lavora in coppia con un/una compagno/a. Ognuno pensa alla sua vita reale e alle cose che vorrebbe fare ma non può fare, ai desideri che vorrebbe realizzare ma non può realizzare. Poi parlatene insieme e confrontatevi.

IO VORREI... MA...

IO, INVECE, VORREI... MA...

ANCH'IO VORREI... MA...

EPISODIO 1

NOTTE DI SAN LORENZO: QUALI SONO I DESIDERI DEGLI ITALIANI?

Per 7 italiani su 10 è la casa il desiderio da esprimere durante la notte delle stelle cadenti, al secondo posto si classifica un viaggio e al terzo un'auto nuova

Una notte di San Lorenzo all'insegna di concretezza e sobrietà, quella che quest'anno porterà tanti italiani ad aspettare con il naso all'insù le stelle cadenti, simbolo di sogni da realizzare. Sogni che, appunto, secondo un sondaggio promosso da «Found»! su circa 1.500 persone, uomini e donne di età compresa tra i 16 e i 65 anni, si concentrano su cose normali e realizzabili, come una casa di proprietà o un viaggio. Poco spazio, dunque, ai sogni irrealizzabili e largo alla praticità. Ecco, dunque, che cosa chiederanno gli italiani alle "lacrime" del santo.

1 Casa Per il 68% degli intervistati è la casa il primo e più importante desiderio da realizzare. Nello specifico, per il 42% sarebbe più che sufficiente un appartamento nel quartiere preferito della propria città, mentre solo il 21% ambisce a una villa in una località esotica o in una capitale straniera.

2 Viaggio I viaggi si piazzano al secondo posto dei desideri degli italiani. In questo caso a vincere sono le mete esotiche, che affascinano il 28% dei sognatori, ma un buon 19% si accontenterebbe di una crociera, mentre il 12% vorrebbe fare un tour in qualche capitale europea. Per i più avventurosi va per la maggiore un safari, naturalmente fotografico (10%), ma c'è anche un 8% che sogna cose ancora più semplici, come un soggiorno relax in una beauty farm.

3 Auto Concretissimo anche il terzo desiderio in classifica, ovvero un'auto nuova, che conquista soprattutto i giovani tra i 18 e i 24 anni del Nord Italia. E se la metà sogna un'auto sportiva, ben il 48% si accontenterebbe di una macchina piccola o addirittura di un'utilitaria, ma sono moltissimi a desiderare semplicemente una moto o un motorino.

4 Animali domestici Più affettivo questo quarto posto, dove troviamo il desiderio di avere un animale domestico. Vanno per la maggiore cani e gatti, che fanno breccia nel cuore di 3/4 di coloro che sognano di animare casa propria con un cucciolo, mentre poco più di 1 su 10 avrebbe in mente di comprare un cavallo.

5 Oggetto hi-tech Entra in questa classifica dei desideri anche la tecnologia, che piace al 4% degli intervistati. Tra questi la maggior parte, il 57%, sogna un computer potente e di grande design, mentre gli altri si dividono tra chi vorrebbe un impianto hi-fi degno di un club e chi invece sogna visioni da sala cinematografica grazie a un *home-theatre*.

tratto da Carlotta Sisti, www.gioia.it

26. **Leggi l'articolo e segna le risposte corrette.**

1. Il più grande desiderio degli italiani è la casa. — V F
2. La maggioranza degli italiani vorrebbe una villa in una località esotica. — V F
3. Per i viaggi l'ordine di preferenza è:
   1° crociera, 2° mete esotiche, 3° tour in capitale europea. — V F
4. Tutti gli intervistati vorrebbero avere un'auto sportiva. — V F
5. Nessuno vorrebbe avere una moto o un motorino. — V F
6. La metà degli intervistati vorrebbe avere un cane o un gatto. — V F
7. Alcuni italiani desidererebbero avere un cavallo. — V F
8. Gli oggetti tecnologici sono al 4° posto nella classifica dei desideri. — V F
9. L'oggetto tecnologico più desiderato è un computer potente. — V F

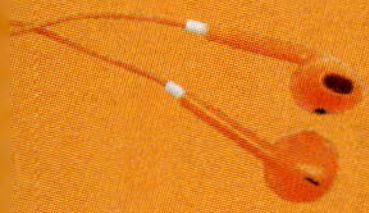

AUDIO 3
QUELLO CHE VORREI, CHE RIFAREI, CHE CAMBIEREI...

27. Ascolta l'intervista e segna le cose che dice Imanuel, quelle che dice Maia e quelle che non dice nessuno.

	IMANUEL	MAIA	NESSUNO
1. Ha 21 anni e studia economia.	○	○	○
2. Ha 21 anni e studia filosofia.	○	○	○
3. Ha 22 anni e studia matematica.	○	○	○
4. Vorrebbe rincontrare le maestre delle elementari.	○	○	○
5. Vorrebbe rincontrare una professoressa del liceo.	○	○	○
6. Vorrebbe rincontrare un compagno del liceo.	○	○	○
7. Rifarebbe un viaggio a Copenaghen con i parenti.	○	○	○
8. Tornerebbe ad Amsterdam per conoscerla meglio.	○	○	○
9. Tornerebbe a Copenaghen, che ha visitato molto tempo fa.	○	○	○
10. Continuerebbe a suonare il violino.	○	○	○
11. Inizierebbe più tardi gli studi universitari.	○	○	○
12. Smetterebbe di suonare il violino.	○	○	○
13. Vorrebbe essere meno distratto/a.	○	○	○
14. Vorrebbe essere più puntuale.	○	○	○
15. Vorrebbe essere più paziente.	○	○	○
16. Vorrebbe avere la coordinazione.	○	○	○
17. Vorrebbe saper cantare.	○	○	○
18. Vorrebbe avere più coraggio.	○	○	○
19. Non potrebbe vivere senza il telefonino.	○	○	○
20. Potrebbe vivere senza il telefonino per un tempo indeterminato.	○	○	○
21. Potrebbe rinunciare al telefonino per una settimana.	○	○	○

EPISODIO 1 ■ 17

gioco

28. INTERVISTA IN MOVIMENTO

Gli studenti stanno in piedi. La classe si dispone in due cerchi concentrici. Gli studenti del **cerchio esterno** sono **INTERVISTATORI** e hanno un foglio con le domande.

Gli studenti del **cerchio interno** sono gli **INTERVISTATI** e rispondono alle domande.

- C'è una persona del tuo passato che vorresti rincontrare?
- C'è una vacanza che rifaresti volentieri?
- C'è una cosa che hai fatto e che oggi non rifaresti?
- C'è qualcosa che cambieresti in te?
- C'è una dote che non hai e che vorresti avere?
- Potresti vivere senza il cellulare? Per quanto tempo?

1ª FASE

Ogni **intervistatore** ha di fronte un **intervistato** e può scegliere quale domanda o quali domande fare. Ogni volta che l'insegnante batte le mani e dice: "CAMBIO!", gli **intervistatori** si SPOSTANO IN SENSO ORARIO verso lo studente successivo del cerchio interno. Gli studenti del cerchio interno (intervistati) stanno fermi.

2ª FASE

Dopo un po' di tempo l'insegnante dice "STOP, PASSATE IL FOGLIO!" Gli intervistatori passano il foglio agli **intervistati** che diventano **intervistatori** e si spostano IN SENSO ANTIORARIO verso lo studente successivo e cominciano a fare le domande.
SOLO gli intervistatori con il foglio in mano si muovono. Gli intervistati restano sempre fermi.

EPISODIO 2 — Milena la conoscete anche voi...

Piero intanto si è incontrato con gli amici che lo aspettavano a Salerno. In casa c'è aria di festa, ognuno propone qualcosa per la serata in onore del "milanese", come lo chiamano gli amici campani.

— PIERO, C'È UNA TRATTORIA FANTASTICA APPENA APERTA IN CENTRO, TI ANDREBBE DI ANDARCI?

— MA NO, MEGLIO UN APERICENA DA...

— OPPURE UNA SCAPPATA IN MACCHINA A RAVELLO, C'È IL FESTIVAL...

— MA SEI MATTO? E IL PARCHEGGIO DOVE LO TROVI?

— CALMA RAGAZZI, LA GITA A RAVELLO LA RIMANDEREI A DOMANI, MAGARI PER STASERA MEGLIO UNA CENA TRANQUILLA A CASA. IO SONO STANCHISSIMO.

— DAI, ALLORA STASERA PIZZA E BIRRA. PIERO, CI DELUDI, PENSAVAMO A UNA SERATA PIÙ FRIZZANTE, MA CHE TI È SUCCESSO? SEMBRI PENSIEROSO...

— NIENTE, NIENTE, È SOLO STANCHEZZA, VEDRAI CHE DOMANI, DOPO UNA DORMITA, MI RIPRENDO!

— VA BENE, ALLORA MANGIAMO A CASA. LE BIRRE LE ABBIAMO GIÀ IN FRIGO E LE PIZZE LE ORDINIAMO, COSÌ NON DOBBIAMO CUCINARE E CI RACCONTIAMO UN PO' DI NOVITÀ.

— SCUSA PIERO, MA MILENA ARRIVA DOMANI?

— BEH, MILENA LA CONOSCETE ANCHE VOI... CAMBIA IDEA FACILMENTE! UN RAGAZZO L'HA INVITATA A UNA FESTA E LEI HA CAMBIATO PROGRAMMA ALL'ULTIMO MOMENTO.

1. 📖 **Leggi il fumetto alla pagina precedente e segna le risposte corrette.**

1. Piero è in giro con degli amici. V F
2. Gli amici lo chiamano "il milanese". V F
3. Un amico propone di andare in un'antica trattoria del centro. V F
4. Un altro amico propone una cena. V F
5. Un terzo amico propone un giro in vespa a Ravello. V F
6. Qualcuno dice che è difficile trovare parcheggio. V F
7. Piero è stanco e vuole rimanere a casa. V F
8. Gli amici sono un po' delusi perché Piero non vuole uscire. V F
9. Qualcuno deve uscire a comprare le birre. V F
10. I ragazzi vogliono ordinare delle pizze per non cucinare. V F
11. Milena ha cambiato idea e non arriva il giorno dopo. V F

FACCIAMO GRAMMATICA

ORDINE MARCATO DELLA FRASE

Nota questa frase del testo: **MILENA LA CONOSCETE ANCHE VOI**

ORDINE NATURALE DELLA FRASE

soggetto	verbo	oggetto
(anche) voi	conoscete	Milena

ORDINE MARCATO DELLA FRASE

oggetto	pronome	verbo	soggetto
Milena	LA	conoscete	(anche) voi

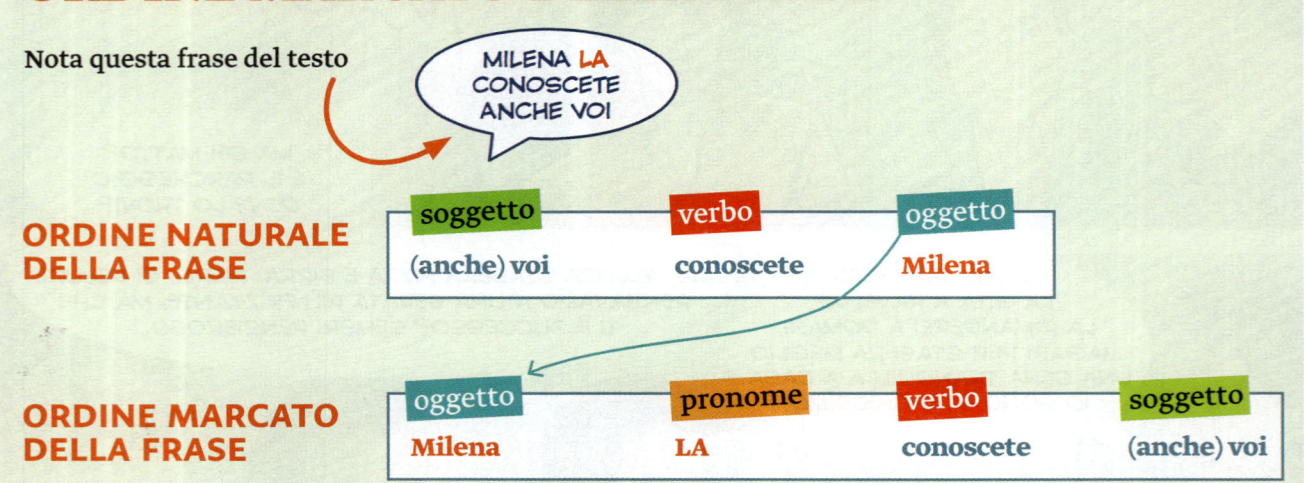

Generalmente in italiano il pronome sostituisce il nome e sta prima del verbo (*la conoscete*).
Quando si inverte l'ordine della frase e l'oggetto è spostato a sinistra, prima del verbo, **il pronome non sostituisce ma riprende e rinforza il nome.**

2. **Trasforma le seguenti frasi come nell'esempio.**

1. Maria compra il vino. — *Il vino lo compra Maria*
2. Noi avvisiamo gli studenti.
3. Voi chiudete il portone.
4. Loro portano le paste.
5. Daniele lava i piatti.
6. Tutti conoscono questo attore.
7. Io chiamo il medico.
8. Noi paghiamo il conto.
9. Loro apparecchiano la tavola.
10. Mia madre prepara la cena.
11. Giampaolo prenota i biglietti.
12. Gaetano ordina le pizze.
13. Teresa porta i dolci.

20 ▪ EPISODIO 2

3. CHI LO FA?

Costruisci delle domande come nell'esempio.

1. Letto / fare / tu? — Il letto lo fai tu?
2. Camicie / stirare / tu?
3. Mobili / spolverare / voi?
4. Insalata / condire / loro?
5. Computer / spegnere / tu?
6. Spazzatura / buttare / lei?
7. Bollette / pagare / voi?
8. Multa / pagare / io?
9. Panni / stendere / voi?
10. Spesa / fare / tu?
11. Patate / sbucciare / lui?

4. CHI L'HA FATTO?

Costruisci delle frasi al passato come nell'esempio.

1. Vetro / rompere / i bambini. — Il vetro l'hanno rotto i bambini.
2. Piante / innaffiare / portiera.
3. Crostata / fare / Anna.
4. Messaggio / scrivere / io.
5. Chiavi / prendere / mio marito.
6. Stivali / riparare / calzolaio.
7. Quadro / appendere / Giovanni.
8. Regali / comprare / noi.
9. Macchina / riparare / meccanico.
10. Bambine / accompagnare / io.

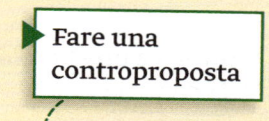

PER COMUNICARE IN ITALIANO

PROPOSTE E CONTROPROPOSTE PER ORGANIZZARE UNA SERATA

Fare una proposta
PIERO C'È UNA TRATTORIA FANTASTICA APPENA APERTA IN CENTRO, TI ANDREBBE DI ANDARCI?

Proporre una terza alternativa
OPPURE UNA SCAPPATA IN MACCHINA A RAVELLO, C'È IL FESTIVAL...

Fare una controproposta
MA NO, MEGLIO UN APERICENA DA...

Rifiutare seccamente e mettere in evidenza un problema
MA SEI MATTO? E IL PARCHEGGIO DOVE LO TROVI?

5. E ORA SI RECITA!

Formate dei gruppi di lavoro di 3 persone. Gli studenti hanno rispettivamente il ruolo di Gaetano, Daniele e Nicola. Imparate le battute di ogni personaggio e poi mettete in scena il dialogo trascritto nello specchietto sopra.

6. MA SEI MATTO?

Lavorate in gruppo, riutilizzate le stesse strutture comunicative per costruire dialoghi simili tra amici e mettete in scena le diverse situazioni.

SITUAZIONE 1
- proposta: film francese drammatico
- controproposta: commedia divertente
- terza alternativa: film in tv e cena a casa di uno del gruppo
- problema: chi fa le pulizie?

SITUAZIONE 2
- proposta: ristorante coreano
- controproposta: trattoria italiana tradizionale
- terza alternativa: agriturismo fuori città
- problema: chi guida la macchina dopo aver bevuto?

SITUAZIONE 3
- proposta: mostra sugli impressionisti
- controproposta: concerto jazz all'Auditorium
- terza alternativa: visita ai Musei vaticani
- problema: chi ha la pazienza di fare una fila di due ore?

SITUAZIONE 4
- proposta: interessante presentazione di un libro
- controproposta: apericena in un bar del quartiere
- terza alternativa: serata in discoteca
- problema: chi ha la forza di alzarsi la mattina dopo?

PER COMUNICARE IN ITALIANO

MAGARI! MAGARI...

Ricordi questa frase di Piero?

> CALMA RAGAZZI, LA GITA A RAVELLO LA RIMANDEREI A DOMANI, MAGARI PER STASERA MEGLIO UNA CENA TRANQUILLA A CASA. IO SONO STANCHISSIMO

In questo caso **MAGARI** vuol dire **FORSE**.

Magari è una parola molto usata in italiano e **può avere diversi significati**.

Esprime un desiderio e significa "mi piacerebbe!", "sarebbe bello!"
> TI PIACEREBBE PRENDERTI UNA BELLA VACANZA?
> MAGARI!

Esprime una probabilità e significa "forse", "probabilmente"
> ALLORA LA COMPRI QUESTA COLLANA PER GIULIA?
> NON SO, SONO SEMPRE INDECISO QUANDO DEVO FARE UN REGALO A GIULIA. QUESTA COLLANA IO LA TROVO BELLISSIMA, MA MAGARI A LEI NON PIACE!

Esprime contrasto con una frase precedente e significa "piuttosto"
> MA SE HAI TUTTI QUESTI PROBLEMI ECONOMICI, PERCHÉ NON CHIEDI DEI SOLDI AI TUOI GENITORI?
> NO, CHIEDERE SOLDI ALLA FAMIGLIA PROPRIO NO! MAGARI FACCIO LA FAME!

Esprime una possibilità e significa "eventualmente"
> ALLORA, GUIDI TU FINO A MILANO?
> SÌ, SÌ, CERTO! MAGARI FACCIAMO UN PAIO DI SOSTE LUNGO L'AUTOSTRADA, COSÌ MI RIPOSO UN PO'.

22 ▪ EPISODIO 2

SCUSAMI PIERO, NON DIRLO A MIA MADRE!

Piero ha bevuto qualche bicchiere di troppo e si è addormentato di sasso sul divano. Durante la notte ha fatto un sogno: era seduto a bere uno spritz sulla terrazza panoramica di un bar con una splendida vista sulla costiera amalfitana.
Di fronte a lui c'era Cecilia e tutti e due erano felici e sorridenti. A un certo punto lei lo salutava e gli diceva "ricordati, devi chiamarmi tu!" mentre si alzava per andare via. Il cagnolino abbaiava, come per dirgli "vieni, dai, che fai, non vieni?". Ma lui non riusciva ad alzarsi. Si sentiva la testa pesante ed era come attaccato alla sedia. La guardava allontanarsi, senza poter far niente, e stava male, molto male.

Con il ricordo di questo sogno, affannato e sudato, Piero si risveglia il sabato mattina. Sul tavolinetto accanto, il suo cellulare continua a mandare dei "bip" di messaggi in arrivo. "Oddio, ma che ore sono?" pensa con gli occhi accecati dalla gran luce che arriva dalla finestra del salotto. "Le dieci!"
Fa già caldo, e i suoi amici sono tutti in piedi, pronti per partire. La stanza è piena dell'odore di dolci e caffè.
"Svegliati Piero! Il caffè è pronto, guarda che mia madre ci ha portato pure i babà e la pastiera! Ti voleva salutare, è di là in cucina".
La madre di Gaetano, il proprietario della casa, è davvero troppo gentile e premurosa. Anche se Gaetano vive ormai da solo da due anni, ogni giorno lei lo chiama, gli porta da mangiare, gli stira le camicie e gli pulisce la casa.
Piero apprezza molto questa accoglienza calorosa dei suoi amici del sud e poi un risveglio con i dolci campani fatti in casa è una benedizione!
Però il suo cellulare lo riporta a Milano: è pieno di messaggi insistenti di Milena.
"Piero, per favore richiamami a questo numero, ho lasciato il mio cellulare a casa!"
"Piero, senti è importante, mi devi richiamare appena puoi!"
"Piero, scusami, ma se mi cerca mia madre non dirle che non vengo a Salerno. Non le ho detto che stasera vado a una festa e dormo fuori. Mi raccomando, Piero, non le dire neanche questo!"
"Va bene, ho capito, non vuoi rispondermi. Comunque, salutami i tuoi amici!"
Piero vorrebbe richiamare Milena, ma i suoi amici non gli danno il tempo, sono già pronti per partire: "Preparati, oggi andiamo in barca e stiamo fuori due giorni, così vedrai alcune spiagge della Costa che non hai mai visto!"
Anche il sogno con Cecilia è ormai lontano o non ha il tempo per ripensarci perché loro lo spingono a uscire, carico di cose, mentre la mamma di Gaetano continua a parlare e a raccomandare di fare e non fare...
Ma nella foga dei preparativi, come al solito, per via della sua distrazione nel "prendi questo, prendi quello", Piero dimentica il suo cellulare sul mobiletto dell'ingresso.

7. 📖 **Leggi il testo e segna le risposte corrette.**

1.	Piero si è addormentato pesantemente perché era molto stanco.	V F
2.	Piero ha sognato di essere in un bar con Cecilia e il suo cagnolino.	V F
3.	Lei lo salutava e Piero la seguiva.	V F
4.	La mattina dopo Piero si risveglia alle nove tranquillo e felice.	V F
5.	Quando lui si sveglia i suoi amici stanno ancora dormendo.	V F
6.	In casa si sente l'odore del caffè.	V F
7.	In cucina c'è la madre di Gaetano che ha portato dei dolci.	V F
8.	A Piero non piacciono i dolci campani.	V F
9.	Sul cellulare di Piero c'è un solo messaggio di Milena.	V F
10.	Milena non ha detto a sua madre che non ha raggiunto Piero a Salerno.	V F
11.	Piero richiama subito Milena.	V F
12.	Piero farà un giro in barca con gli amici lungo la costa.	V F
13.	Gli amici lo spingono a uscire in fretta.	V F
14.	Quando Piero e gli amici escono, la mamma di Gaetano è già andata via.	V F
15.	Piero dimentica il suo cellulare su un mobiletto.	V F

8. 📖 **Rileggi il testo e osserva la posizione dei pronomi rispetto al verbo nei casi indicati nei riquadri qui sotto. Poi trascrivi verbi e pronomi al posto giusto.**

CON VERBO ALL'IMPERATIVO

CON VERBO ALL'INFINITO

CON L'IMPERATIVO NEGATIVO (TU)

CON VERBO MODALE E VERBO ALL'INFINITO

9. Ora completa le affermazioni e segna le risposte corrette.

1.	Generalmente i pronomi stanno	○ prima del verbo. ○ dopo il verbo.
2.	Quando il verbo è all'infinito il pronome sta	○ prima del verbo e separato dal verbo. ○ dopo il verbo e unito al verbo.
3.	Quando il verbo è all'imperativo il pronome sta	○ prima del verbo e separato dal verbo. ○ dopo il verbo e unito al verbo.
4.	Quando il verbo è all'imperativo negativo il pronome sta	○ sempre prima del verbo e separato dal verbo. ○ prima del verbo e separato dal verbo, ma anche dopo il verbo e unito al verbo.

24 ▪ EPISODIO 2

FACCIAMO GRAMMATICA

LA POSIZIONE DEI PRONOMI

CON I VERBI ALL'INFINITO
Il pronome sta **dopo** il verbo e si unisce al verbo, formando una sola parola.

Vengo a prender**ti** stasera alle sette a casa tua.
Luigi mi ha detto di telefonar**gli** domani mattina.

CON I VERBI ALL'IMPERATIVO
Il pronome sta **dopo** il verbo e si unisce al verbo, formando una sola parola con le persone *tu/noi/voi*.
Sta **prima** del verbo, separato dal verbo, alla 3ª persona singolare e plurale *lei/ lui /loro*.

(tu)	Prendi**lo**!	(lui/lei)	**Lo** prenda!
(noi)	Prendiamo**lo**!	(loro)	**Lo** prendano!
(voi)	Prendete**lo**!		

CON L'IMPERATIVO NEGATIVO ALLA 2ª PERSONA SINGOLARE (*TU*)
Il pronome può stare in **due** diverse **posizioni**:
▸ **dopo** il verbo all'infinito, **unito** al verbo.
▸ **prima** del verbo all'infinito, **separato** dal verbo.

NON + INFINITO CON PRONOME		*NON* + PRONOME + INFINITO	
Non	guardar**lo**!	Non	**lo** guardare!

10. Trasforma le frasi come nell'esempio, usando i pronomi diretti *lo/ la / li / le*.

1. Apri *la finestra*! — Aprila!
2. Prendi *l'ombrello*! _____
3. Invia *il messaggio*! _____
4. Spegni *il computer*! _____
5. Spegni *la luce*! _____
6. Accendi *la TV*! _____
7. Compra *le pere*! _____
8. Chiudi *la porta*! _____
9. Cancella *il testo*! _____
10. Invita *i tuoi amici*! _____
11. Invita *le tue amiche*! _____
12. Prepara *la valigia*! _____

11. Trasforma le frasi come nell'esempio, usando i pronomi indiretti *mi / gli / le / ci*.

1. Porta *a Franco* ___Portagli___ un bicchiere d'acqua!
2. Spiega *alla dottoressa* _____ il tuo problema!
3. Telefona *ai tuoi genitori* _____ stasera!
4. Racconta *a me* _____ cosa ti è successo!
5. Raccontate *a noi* _____ dove siete stati in vacanza!
6. Parla *a noi* _____ del tuo lavoro!
7. Telefonate *a me* _____ quando arrivate a casa!
8. Metti *alla bambina* _____ il cappotto!
9. Regala *a tua sorella* _____ un profumo!
10. Ricorda *a me* _____ che devo comprare il latte!
11. Spiega *agli studenti* _____ i pronomi!

12. Completa i dialoghi come nell'esempio.

1. ▶ Compra le mele!
   ▶ ___Quante ne compro?___
   ▶ ___Comprane___ un chilo!

2. ▶ Prendi questo sciroppo!
   ▶ _____?
   ▶ _____ un cucchiaio.

3. ▶ Porta il vino!
   ▶ _____?
   ▶ _____ due bottiglie.

4. ▶ Butta la pasta!
   ▶ _____?
   ▶ _____ mezzo chilo.

5. ▶ Aggiungi il sale!
   ▶ _____?
   ▶ _____ un pizzico!

6. ▶ Compra le batterie per la radio!
   ▶ _____?
   ▶ _____ quattro.

13. Esprimi comandi negativi, come nell'esempio.

1. Questo latte è scaduto! (*bere*) ___Non lo bere!___ ___Non berlo!___
2. Questo esercizio è inutile! (*fare*)
3. Questa frutta è marcia! (*mangiare*)
4. Questo libro è noioso! (*leggere*)
5. Questo vestito è caro! (*comprare*)
6. Queste scarpe sono strette! (*mettere*)
7. Questo ragazzo è strano! (*frequentare*)
8. Questo vestito è brutto! (*indossare*)
9. Questa finestra è rotta! (*aprire*)
10. Questi funghi sono velenosi! (*raccogliere*)

26 ▪ **EPISODIO 2**

FACCIAMO GRAMMATICA

PRONOMI CON I VERBI MODALI + INFINITO

Quando in una frase c'è un **verbo modale** (*potere, dovere, volere, sapere*) seguito da un altro **verbo all'infinito**, il **pronome** può stare in **2** diverse **posizioni**:

A. prima del verbo modale, separato dal verbo.

PRONOME + MODALE + INFINITO
GLI   DEVO   PARLARE

Telefonerò subito a Carlo, **gli devo** parlare urgentemente.

Questo lavoro è davvero troppo! Non **lo posso** finire oggi!

Carlo mi sta antipatico e non **lo voglio** più vedere.

Questo problema è troppo complicato! Io non **lo so** risolvere!

B. dopo il verbo all'infinito, unito al verbo.

MODALE + INFINITO CON PRONOME
DEVO   PARLAR**GLI**

Telefonerò subito a Carlo, **devo** parlar**gli** urgentemente.

Questo lavoro è davvero troppo! Non **posso** finir**lo** oggi!

Carlo mi sta antipatico e non **voglio** più veder**lo**.

Questo problema è troppo complicato! Io non **so** risolver**lo**!

14. Trasforma le frasi come nell'esempio.

1. Lo voglio invitare a cena.   *Voglio invitarlo a cena*
2. Le devo cambiare entro domani.
3. Ti vuole parlare subito.
4. Mi può telefonare stasera.
5. Vi possiamo dare un passaggio.
6. La deve mettere qui.
7. Le potete tenere.
8. Le dobbiamo correggere.
9. Ci vuole vedere nel suo studio.
10. Lo posso capire!
11. Gli puoi regalare un disco.

15. Completa con il pronome e i verbi al tempo e modo opportuno.

1. Quando arriva Ulisse? (*dovere / dire / gli*) *Devo dirgli / Gli devo dire* qualcosa.
2. Dov'è Paolo? (*dovere / parlare / gli*) _____ subito.
3. Non (*tu / dovere / preoccuparsi*) _____ per me. Sto benissimo.
4. ▶ Hai fatto già i bagagli?
   ▶ Purtroppo (*dovere / ancora / preparare / li*) _____
5. Ho telefonato ai miei amici perché (*li / volere / incontrare*) _____
6. Mi dispiace ma non (*potere / proprio / fare / a te*) _____ quel favore che mi hai chiesto.
7. È tardi! (*io / dovere / prepararsi*) _____, Franco mi aspetta.
8. La carne non è buona!
   (*non / noi / volere / mangiare / la*) _____
9. Queste cose sono mie!
   (*non / tu / dovere / prendere / le*) _____
10. Mi dai la ricetta delle lasagne ai funghi?
    (*non / io / sapere / preparare / le*) _____

EPISODIO 2 • 27

INTANTO CECILIA...

Cecilia non vedeva Benedetta da due anni, da quando la sua amica lavorava a Milano in una libreria. Hanno molte cose da raccontarsi.

16. **AUDIO 4** Ascolta e segna le risposte corrette.

1. Cecilia chiede a Benedetta
   - a. ○ "Che lavoro fai?".
   - b. ○ "Che fai di bello?".

2. Il ragazzo di Benedetta fa
   - a. ○ il mediatore culturale.
   - b. ○ l'insegnante di italiano agli stranieri.

3. A Salerno ci sono
   - a. ○ molti turisti.
   - b. ○ molti immigrati.

4. Benedetta ha fatto un corso per diventare
   - a. ○ assistente sociale.
   - b. ○ insegnante di italiano agli stranieri.

5. Benedetta ha studiato
   - a. ○ russo, tedesco e inglese.
   - b. ○ arabo, inglese e spagnolo.

6. Siccome ha studiato le lingue, Benedetta può
   - a. ○ girare il mondo.
   - b. ○ capire i problemi di chi non conosce la lingua del Paese in cui vive.

7. Benedetta e Omar
   - a. ○ si sono sposati.
   - b. ○ si sono innamorati.

8. Benedetta dice che lei insegna italiano
   - a. ○ per dare lavoro a chi non ce l'ha.
   - b. ○ per dare voce a chi non ce l'ha.

9. Benedetta dice che il suo lavoro è
   - a. ○ difficile, faticoso ma bello.
   - b. ○ difficile, faticoso ma ben pagato.

gioco

CERCA QUALCUNO CHE...

- deve innaffiare le piante
- deve portare fuori il cane
- deve pagare le tasse
- deve comprare il latte
- deve prenotare un volo
- può capire un film in italiano
- sa recitare una poesia a memoria
- vuole correre una maratona
- sa ballare il tango
- vuole visitare i musei vaticani

17. CHI CERCA TROVA

Gira per la classe, fa' queste domande ai tuoi compagni per cercare una persona che risponde "sì". Se la trovi, scrivi il suo nome accanto alla domanda.
Quando hai trovato una persona per ogni domanda il gioco è finito. Vince chi trova per primo tutte o il numero massimo di risposte positive. Attenzione: la risposta deve contenere **un pronome**!

"Sono qui e voglio farti sentire il mondo quanto è grande". Perché ogni anno riparte la scuola di italiano di Liberi Nantes

Insegnare italiano agli studenti stranieri, diventare una docente di L2/LS mi è sembrata una buona idea, una di quelle idee che improvvisamente ti allargano la vita.

Perché tra gli studenti di varie lingue e nazionalità ai quali avrei potuto insegnare ho scelto quel settore particolarissimo degli studenti migranti che transitano nel nostro Paese per qualche anno, qualche mese, oppure che scelgono l'Italia come meta finale di un viaggio iniziato lontano. Lontano come il Corno d'Africa, lontano come la Siria, lontano come il Kurdistan, lontano come il Venezuela. Ché io a sentire loro mi sento sempre così poco cosmopolita, con la mia vita ben radicata su Roma, mentre gli studenti della scuola di italiano hanno attraversato continenti. Mi sento sempre così poco coraggiosa, con le mie preoccupazioni quotidiane – la spesa, le scadenze al lavoro, il traffico romano – mentre gli studenti della scuola di italiano raccontano della loro notte più scura, quella della fuga, o quella delle violenze, o quella della perdita di tutto, della scomparsa della famiglia, della solitudine e del silenzio. Che poi non è che hanno tutta questa voglia di raccontare, forse perché hanno capito che i loro racconti non trovano le parole, nella nostra lingua, per trasmettere la loro sofferenza. O forse perché sono stanchi di essere narrati da altri. È la loro storia e vorrebbero trovare le parole per raccontarsi. Alcuni di loro vengono a scuola anche per questo, per dire "sono qui e voglio farti sentire il mondo quanto è grande".

Non tutti: molti vorrebbero anche solo parlare un po' di italiano per trovare lavoro e condurre una vita dignitosa. Per alzarsi la mattina come molti romani alle 07.00, prendere la metro alle 07.30 e incontrare gli altri studenti o lavoratori che stanno iniziando la loro giornata. Fare, vorrebbero tanto fare.

Se fossi stata imprenditrice allora avrei provato a lavorare insieme. Ma invece sono una docente, costruisco con le parole, senza mattoni.

Da quelle iniziamo per costruire nuovi destini, ognuno cercando le parole per raccontarsi.

adattato da Martina Volpe, in INFO@LIBERINANTES.ORG

18. Leggi il testo e segna le risposte corrette.

1. Questa insegnante lavora con
   a. ○ studenti della scuola pubblica italiana.
   b. ○ studenti migranti.

2. I migranti arrivano per rimanere in Italia
   a. ○ pochi giorni.
   b. ○ mesi, anni o anche definitivamente.

3. Gli studenti arrivano in Italia da
   a. ○ Corno d'Africa, Siria, Kurdistan, Venezuela.
   b. ○ Corno d'Africa, Colombia, Kurdistan, Grecia.

4. L'insegnante
   a. ○ vive a Roma ma si sente poco cosmopolita.
   b. ○ vive a Roma e si sente cosmopolita.

5. I problemi dell'insegnante sono
   a. ○ la spesa, i figli, i soldi.
   b. ○ la spesa, le scadenze al lavoro, il traffico.

6. Le storie che raccontano gli studenti sono spesso legate a
   a. ○ leggende, tradizioni, cibo.
   b. ○ fuga, violenze, solitudine.

7. I migranti
   a. ○ trovano sempre facilmente le parole per raccontare la loro vita.
   b. ○ spesso non trovano le parole per raccontare la loro vita.

8. Alcuni studiano l'italiano
   a. ○ per trovare lavoro e avere una vita dignitosa come tutti.
   b. ○ perché è una bella lingua musicale.

EPISODIO 2 • 29

Sportello Tam Tam
Orientamento e sostegno agli immigrati

Lo Sportello Tam Tam è un servizio di orientamento e sostegno agli immigrati che vivono nella città di Salerno e offre:

1. assistenza per la tutela dei diritti di cittadinanza nel campo sanitario, scolastico e previdenziale;
2. consulenza legale e fiscale;
3. informazione e assistenza per il disbrigo di pratiche burocratiche;
4. corsi di alfabetizzazione;
5. informazioni e accompagnamento alle strutture sanitarie e ai servizi sociali sul territorio;
6. percorsi formativi personalizzati;
7. banca dati con curriculum e competenze a disposizione delle imprese;
8. consulenza e sostegno per la promozione del lavoro autonomo e la creazione di piccole imprese e cooperative.

Gli orari di apertura al pubblico:
Lunedì, Martedì, Mercoledì e Venerdì dalle ore 09,00 alle ore 13.00.
Giovedì dalle ore 16.00 alle ore 20.00.
Recapiti: Sportello Tam Tam, Comune di Salerno – Via Portacatena 62
tel. 089 2750965 – e-mail: tamtam.arci@katamail.com

tratto da www.informagiovanisalerno.it

19. Il testo sopra è scritto in un linguaggio burocratico. Le frasi qui sotto, invece, sono scritte in una lingua più comune. Leggi il testo e prova a capire a chi si riferiscono i diversi punti; poi associali con le frasi sotto, mettendo i numeri al posto giusto.

- a. ◯ A chi ha bisogno dei consigli di un avvocato o deve risolvere problemi che riguardano le tasse.
- b. ◯ A chi ha bisogno di aiuto per problemi che riguardano la scuola, la salute, l'assistenza sanitaria.
- c. ◯ A chi vuole fare un lavoro autonomo.
- d. ◯ A chi deve richiedere documenti, riempire un modulo, rivolgersi a un ufficio pubblico ecc.
- e. ◯ A chi cerca lavoro come dipendente.
- f. ◯ A chi vuole seguire un percorso di formazione per imparare un mestiere o altro.
- g. ◯ A chi vuole imparare a leggere e a scrivere.
- h. ◯ A chi ha bisogno di un medico, di una visita perché ha problemi di salute o di un assistente sociale.

20. Abbina gli elementi della colonna A con i sinonimi della colonna B.

A

1. (G) sostegno
2. ◯ tutela dei diritti
3. ◯ legale
4. ◯ fiscale
5. ◯ strutture sanitarie
6. ◯ personalizzati
7. ◯ imprese
8. ◯ competenze

B

A. che riguarda il fisco, le tasse
B. ospedali, ambulatori, aziende sanitarie locali ecc.
C. le cose che una persona sa fare
D. società, ditte, aziende
E. che riguarda la legge
F. individuali, pensati per una singola persona
G. aiuto, assistenza
H. difesa dei diritti

21. Inserisci nelle frasi queste parole o espressioni che hai trovato nel testo alla pagina precedente.

• sostegno • tutela • legale
• strutture sanitarie
• personalizzata • fiscale
• impresa • competenze

1. In una società democratica è molto importante la _____ dei diritti fondamentali della persona.
2. Questo è un lavoro difficile e per farlo bene bisogna avere molte _____.
3. Il medico mi ha consigliato una dieta _____, pensata sulle necessità specifiche del mio organismo.
4. Giovanni si è laureato in legge e sta facendo pratica in uno studio _____.
5. Luca ha creato una piccola _____ di pulizie con altri due soci.
6. Nei piccoli centri spesso gli ospedali vengono chiusi e le _____ sono insufficienti.
7. Devo pagare le tasse e ho bisogno di una consulenza _____.
8. Il governo deve dare un _____ alle famiglie in difficoltà economiche.

EPISODIO 2 • 31

22. Completa il testo con queste parole.

• storia • viaggio • coraggiosa • scadenze • metro • mondo • stranieri • traffico • cosmopolita • solitudine
• idea • perdita • lavoratori • nazionalità • racconti • migranti • scuola • continenti • vita • meta
• sofferenza • lavoro • spesa • fuga

Insegnare italiano agli studenti _____, diventare una docente di L2/LS mi è sembrata una buona _____, una di quelle idee che improvvisamente ti allargano la vita.
Perché tra gli studenti di varie lingue e _____ ai quali avrei potuto insegnare ho scelto quel settore particolarissimo degli studenti _____ che transitano nel nostro Paese per qualche anno, qualche mese, oppure che scelgono l'Italia come _____ finale di un _____ iniziato lontano. Lontano come il Corno d'Africa, lontano come la Siria, lontano come il Kurdistan, lontano come il Venezuela. Ché io a sentire loro mi sento sempre così poco _____, con la mia vita ben radicata su Roma, mentre gli studenti della scuola di italiano hanno attraversato _____. Mi sento sempre così poco _____, con le mie preoccupazioni quotidiane – la _____, le _____ al lavoro, il _____ romano – mentre gli studenti della scuola di italiano raccontano della loro notte più scura, quella della _____, o quella delle violenze, o quella della _____ di tutto, della scomparsa della famiglia, della _____ e del silenzio. Che poi non è che hanno tutta questa voglia di raccontare, forse perché hanno capito che i loro _____ non trovano le parole, nella nostra lingua, per trasmettere la loro _____. O forse perché sono stanchi di essere narrati da altri. È la loro _____ e vorrebbero trovare le parole per raccontarsi. Alcuni di loro vengono a _____ anche per questo, per dire "sono qui e voglio farti sentire il _____ quanto è grande".
Non tutti: molti vorrebbero anche solo parlare un po' di italiano per trovare _____ e condurre una _____ dignitosa. Per alzarsi la mattina come molti romani alle 07.00, prendere la _____ alle 07.30 e incontrare gli altri studenti o _____ che stanno iniziando la loro giornata. Fare, vorrebbero tanto fare.

AUDIO 5
L'ITALIA MULTIETNICA: I RICORDI DI FEDERICA, MEDIATRICE CULTURALE

23. Ascolta l'intervista a Federica Zocco e segna le risposte corrette.

1. Federica è di Modica, una città siciliana famosa per il cioccolato. **V F**
2. Federica ha lavorato come assistente sanitaria in un centro di accoglienza per immigrati. **V F**
3. Il centro ospitava solo adolescenti maschi. **V F**
4. Il suo ruolo era di fare da mediatrice tra le donne immigrate e i servizi italiani. **V F**
5. Federica si occupava delle iscrizioni alla scuola italiana. **V F**
6. Federica insegnava l'italiano alle immigrate. **V F**
7. Secondo Federica e l'intervistatrice la lingua è molto importante per l'integrazione in un Paese straniero. **V F**
8. Il ricordo più bello della sua esperienza è legato alla sua prima lezione di italiano. **V F**
9. La festa del rifugiato è una giornata dedicata all'accoglienza e all'integrazione. **V F**
10. Federica ha aiutato le sue allieve nigeriane a preparare interventi in italiano per la festa del rifugiato. **V F**
11. Una studentessa le ha raccontato che era difficile vivere in Nigeria per la mancanza d'acqua. **V F**
12. La studentessa diceva che per paura dormiva con un occhio aperto e uno chiuso. **V F**
13. La studentessa ha scritto che non le piace molto l'Italia. **V F**

24. UNA MIA ESPERIENZA DI SOLIDARIETÀ

Hai mai fatto volontariato? Hai mai lavorato nel campo sociale? Hai mai aiutato qualcuno che aveva bisogno a raggiungere i suoi obiettivi (nello studio, nel lavoro, nello sport, nella vita di tutti i giorni, nelle relazioni sociali)? Scrivi un breve testo in cui racconti la tua esperienza. Includi nel testo gli elementi elencati qui sotto.

- Descrizione della/e persona/e e del contesto
- La tua relazione con questa/e persona/e
- Il perché della tua scelta
- L'incontro
- Il luogo e il periodo in cui lo hai fatto
- Il tempo e l'impegno che ci hai messo
- Il problema e / o gli obiettivi di questa/e persona/e
- I risultati che hai/avete ottenuto
- Il valore di tutta l'esperienza
- Un ricordo particolare, se c'è

EPISODIO 2 ■ 33

EPISODIO 3 Storie di mare e d'amore

In barca con i suoi amici e la guida locale Enea che – come dice lui stesso – "ha imparato prima a navigare che a camminare", Piero si riempie gli occhi della bellezza della costa campana: acqua azzurra cristallina, rocce frastagliate e bianchi paeselli a picco sul mare. Enea li guida verso spiaggette isolate e racconta aneddoti e storie dei paesi di mare e di amori nati sul mare: le sirene che attiravano i marinai con il loro canto, i venti che spiravano dalla valle di Tramonti, le dive italiane e straniere che sono passate negli anni sulla sua barca e che lui ha accompagnato in luoghi meravigliosi, lontano dagli occhi curiosi dei fotografi.
Si parte dalla costa Amalfitana: Maiori, Minori, Ravello, Furore. Durante il Medioevo Amalfi fu una grandissima repubblica marinara. Le colline e le montagne dell'entroterra erano ricche di boschi di castagno, legno pregiato con cui si costruivano le navi.
E le navi da Amalfi partivano per l'Oriente e il Medioriente cariche

di legname e ritornavano cariche di spezie, stoffe e pietre preziose.
Ad Amalfi nacquero anche le prime cartiere per la lavorazione
artigianale della carta, una carta speciale in filigrana con lo stemma
di Amalfi che si produce ancora oggi.
Ravello, secondo la leggenda, prese il nome da "ribelle", poiché
si ribellò al grande dominio della vicina Amalfi. Di Ravello si
innamorarono molti stranieri in epoca romantica, alcuni la scoprirono
durante il *grand tour*, e un botanico scozzese, Sir Reed, restaurò i
giardini della villa di Landolfo Rufolo, un ricco mercante già popolare
nel Medioevo. Infatti Boccaccio scrisse una novella del *Decamerone*
in cui raccontò tutte le disavventure che Landolfo Rufolo dovette
affrontare durante i suoi viaggi per mare.
Anche Wagner ebbe una grande attrazione per questa città, la visitò
e la amò, per questo il Festival di Ravello è dedicato a lui.

1. 📖 Leggi il testo e poi indica le informazioni che non sono citate.

LA COSTA CAMPANA

a. ○ acqua azzurra cristallina
b. ○ lunghe spiagge sabbiose
c. ○ rocce frastagliate
d. ○ bianchi paesetti a picco sul mare

AMALFI

a. ○ fu una grandissima repubblica marinara
b. ○ con il legno dei boschi di castagno si costruivano le navi
c. ○ le navi da Amalfi partivano per l'oriente cariche di legname
d. ○ le navi da Amalfi partivano per l'America cariche di grano
e. ○ le navi ritornavano cariche di spezie, stoffe e pietre preziose
f. ○ ad Amalfi nacquero le prime cartiere per la lavorazione artigianale della carta

RAVELLO

a. ○ Ravello prese il nome da "ribelle"
b. ○ si ribellò al dominio di Amalfi
c. ○ di Ravello si innamorarono molti stranieri in epoca romantica
d. ○ Boccaccio scrisse una poesia dedicata a Ravello
e. ○ Sir Reed restaurò i giardini della villa di Landolfo Rufolo
f. ○ Boccaccio scrisse una novella del *Decamerone* dedicata a Landolfo Rufolo
g. ○ Wagner visitò e amò Ravello

2. 📖🔍 Rileggi il testo, cerca e sottolinea tutti i verbi al passato remoto, poi trascrivili nella lista sotto. Prova ad analizzare i verbi che hai trovato e a rispondere a queste domande: qual è l'infinito, a che persona sono? Confronta con un/a compagno/a i tuoi risultati.

PASSATO REMOTO	INFINITO	PERSONA 1ª	2ª	3ª	SINGOLARE S	PLURALE P
Fu	essere	○	○	Ⓧ	Ⓧ	○
		○	○	○	○	○
		○	○	○	○	○
		○	○	○	○	○
		○	○	○	○	○
		○	○	○	○	○
		○	○	○	○	○
		○	○	○	○	○
		○	○	○	○	○
		○	○	○	○	○

36 ▪ EPISODIO 3

FACCIAMO GRAMMATICA

IL PASSATO REMOTO

Il **passato remoto** si usa per esprimere **azioni, avvenimenti del passato lontano** e **fatti storici che non hanno più una relazione con il presente**. È molto usato nelle **narrazioni letterarie** e nelle **favole**. Si usa nelle **biografie** di persone non più in vita, mentre nelle biografie di personaggi ancora viventi si usa il passato prossimo.

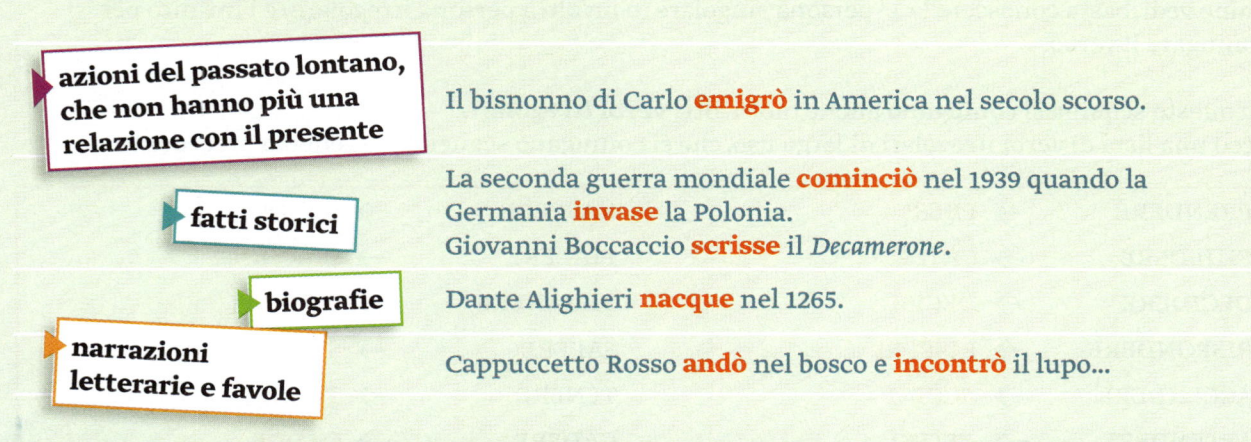

azioni del passato lontano, che non hanno più una relazione con il presente	Il bisnonno di Carlo **emigrò** in America nel secolo scorso.
fatti storici	La seconda guerra mondiale **cominciò** nel 1939 quando la Germania **invase** la Polonia. Giovanni Boccaccio **scrisse** il *Decamerone*.
biografie	Dante Alighieri **nacque** nel 1265.
narrazioni letterarie e favole	Cappuccetto Rosso **andò** nel bosco e **incontrò** il lupo...

Il passato remoto è **meno usato nella lingua parlata** che nella lingua scritta. Ma non è vero che non si usa affatto o che si usa soltanto in certe regioni del Sud.
Sicuramente il passato remoto è **più usato al Sud** che in altre parti d'Italia. Ma non bisogna dimenticare che è molto **frequente anche in Toscana**.

	VISIT-ARE	DOV-ERE	SCOPR-IRE		ESSERE	AVERE
io	visit-**ai**	dov-**ei** (**etti**)	scopr-**ii**	io	fui	ebbi
tu	visit-**asti**	dov-**esti**	scopr-**isti**	tu	fosti	avesti
lui/lei	visit-**ò**	dov-**é** (**ette**)	scopr-**ì**	lui/lei	fu	ebbe
noi	visit-**ammo**	dov-**emmo**	scopr-**immo**	noi	fummo	avemmo
voi	visit-**aste**	dov-**este**	scopr-**iste**	voi	foste	aveste
loro	visit-**arono**	dov-**erono** (**ettero**)	scopr-**irono**	loro	furono	ebbero

VERBI IRREGOLARI AL PASSATO REMOTO

Al passato remoto molti verbi irregolari seguono uno schema come questo:

	VED-ERE	
io	VIDI	■ irregolare
tu	VEDESTI	○ regolare
lui/lei	VIDE	■ irregolare
noi	VEDEMMO	○ regolare
voi	VEDESTE	○ regolare
loro	VIDERO	■ irregolare

Come puoi vedere, la 1ª persona singolare e la 3ª persona singolare e plurale (**io, lui/lei, loro**) sono **sempre irregolari**. Le altre persone (**tu, noi, voi**) hanno una coniugazione regolare.

EPISODIO 3 ■ 37

Seguendo lo stesso schema prova a coniugare il verbo *VOLERE*.

io	VOLLI	■
tu	_____	○
lui/lei	_____	■
noi	_____	○
voi	_____	○
loro	_____	■

Come vedi, basta conoscere la 1ª persona singolare (o un'altra persona irregolare) e l'infinito per coniugare il verbo.

Su questo schema si coniugano anche molti altri **verbi irregolari**.
Ecco una lista di verbi irregolari di largo uso, che si coniugano seguendo lo schema precedente.

PRENDERE	→ PRESI	NASCERE	→ NACQUI
CHIEDERE	→ CHIESI	PIACERE	→ PIACQUI
DECIDERE	→ DECISI	RIMANERE	→ RIMASI
RISPONDERE	→ RISPOSI	SAPERE	→ SEPPI
ACCENDERE	→ ACCESI	TENERE	→ TENNI
ATTENDERE	→ ATTESI	CADERE	→ CADDI
SCENDERE	→ SCESI	ROMPERE	→ RUPPI
CHIUDERE	→ CHIUSI	CONOSCERE	→ CONOBBI
PERDERE	→ PERSI	SPEGNERE	→ SPENSI
PIANGERE	→ PIANSI	SCEGLIERE	→ SCELSI
FINGERE	→ FINSI	CORRERE	→ CORSI
LEGGERE	→ LESSI	VEDERE	→ VIDI
SCRIVERE	→ SCRISSI	VENIRE	→ VENNI
METTERE	→ MISI	VIVERE	→ VISSI

Questi verbi invece hanno una coniugazione particolare.

DARE	→ DIEDI (DETTI), desti, diede, demmo, deste, diedero
FARE	→ FECI, facesti, fece, facemmo, faceste, fecero
STARE	→ STETTI, stesti, stette, stemmo, steste, stettero
BERE	→ BEVVI, bevesti, bevve, bevemmo, beveste, bevvero
DIRE	→ DISSI, dicesti, disse, dicemmo, diceste, dissero

Verbi in *-ARRE*, *-ORRE*, *-URRE*.

TRARRE	→ TRASSI, traesti, trasse, traemmo, traeste, trassero
PORRE	→ POSI, ponesti, pose, ponemmo, poneste, posero
TRADURRE	→ TRADUSSI, traducesti, tradusse, traducemmo, traduceste, tradussero

3. **CHI LO FECE?**

Scegli il verbo giusto.

1. Leonardo da Vinci
   - ○ dipinse
   - ○ scolpì
   - ○ scrisse

   la *Gioconda*.

2. Dante Alighieri
   - ○ raccontò
   - ○ scrisse
   - ○ tradusse

   la *Divina commedia*.

3. Michelangelo
   - ○ restaurò
   - ○ scolpì
   - ○ affrescò

   la cappella Sistina.

4. Cristoforo Colombo
   - ○ lasciò
   - ○ costruì
   - ○ scoprì

   l'America.

5. Albert Einstein
   - ○ formulò
   - ○ copiò
   - ○ negò

   la teoria della relatività.

6. Garibaldi
   - ○ unificò
   - ○ separò
   - ○ distrusse

   l'Italia.

7. Giuseppe Verdi
   - ○ cantò
   - ○ compose
   - ○ recitò

   l'*Aida*.

8. Michelangelo
   - ○ costruì
   - ○ dipinse
   - ○ scolpì

   la *Pietà*.

9. Romolo
   - ○ trovò
   - ○ bruciò
   - ○ fondò

   Roma.

10. Domenico Modugno
    - ○ ballò
    - ○ cantò
    - ○ suonò

    Nel blu dipinto di blu.

11. Antonio Meucci
    - ○ rubò
    - ○ inventò
    - ○ programmò

    il telefono.

EPISODIO 3 ▪ 39

4. Trasforma i verbi con le persone date, come nell'esempio.

IO	LUI	LORO
1. ebbi	ebbe	ebbero
2. scrissi		
3. presi		
4. scesi		
5. misi		
6. vidi		
7. chiesi		
8. risposi		
9. ruppi		
10. venni		

5. Trasforma i verbi con le persone date, come nell'esempio.

TU	NOI	VOI
1. avesti	avemmo	aveste
2. scrivesti		
3. prendesti		
4. facesti		
5. mettesti		
6. dicesti		
7. chiudesti		
8. spendesti		
9. cadesti		
10. leggesti		
11. decidesti		

IO PRESI, LUI PRESE, LORO...

gioco

6. CERCA L'INTRUSO!

Cerca in ogni gruppo di verbi al passato remoto quello che secondo te è da escludere perché non appartiene alla stessa categoria degli altri. Scrivi la lettera che corrisponde al verbo da eliminare. Se la soluzione è corretta, leggendo le lettere in verticale avrai un verbo irregolare al passato remoto. Vince chi trova per primo la soluzione.

1. a ANDÒ b TORNÒ c CAPÌ d MANGIÒ e PARLÒ _____

2. a PRESE b INSISTETTE c POTÉ d DOVETTE e CREDÉ _____

3. a CAPISTI b DORMISTI c APRISTI d ANDASTI e SENTISTI _____

4. a LESSI b PRESI c DISSI d SENTII e DECISI _____

5. a PARLAI b ASCOLTAI c ANDAI d PROVAI e CREDEI _____

gioco

7. LA CATENA DEL PASSATO REMOTO

In questa lunga sequenza di parole legate insieme ci sono 12 verbi al passato remoto. Le ultime **due** lettere del verbo sono l'inizio del verbo che segue. Attenzione! In un solo caso le ultime **tre** lettere di un verbo sono l'inizio del verbo che segue. I verbi sono tutti alla 3ª persona singolare (regolari e irregolari), solo un verbo è alla 1ª persona plurale. Prova a cercarli. Vince chi li trova tutti per primo!

disseguìdòvettennevicòrseguimmoricordòmandòrmì

EPISODIO 3 • 41

8. Completa le frasi con i verbi al passato remoto.

1. Appena Anna (scendere) _____ dal treno, (vedere) _____ da lontano il suo ragazzo che andava verso di lei con una rosa.
2. Maurizio mi (scrivere) _____ un messaggio in cui mi (dire) _____ che non voleva più venire a vivere con me.
3. Siete stati fortunati, perché quando voi (comprare) _____ l'appartamento i prezzi erano bassi, ma due anni dopo i prezzi (alzarsi) _____ moltissimo.
4. Quando Paola (vincere) _____ una grossa somma al lotto, (dare) _____ una parte di denaro a una associazione di beneficenza.
5. Quando l'attore (raccontare) _____ la sua storia, il pubblico (applaudire) _____ e (commuoversi) _____.
6. Durante le vacanze in Sicilia, (noi - divertirsi) _____ molto e non (spendere) _____ tanto.
7. Durante il viaggio di nozze, (noi - prendere) _____ a noleggio una barca e (visitare) _____ molti paesi della Costa Amalfitana.
8. I miei nonni (incontrarsi) _____ durante una festa popolare: mio nonno (invitare) _____ mia nonna a ballare e loro due (innamorarsi) _____ a prima vista.
9. Il professore (capire) _____ che l'argomento era difficile per i suoi studenti, così (andare) _____ alla lavagna e (rispiegare) _____ tutto di nuovo.
10. Quando (uscire) _____ i risultati dei test, molti studenti (vedere) _____ che purtroppo non li avevano superati.

DOVE LA BARCA SI FERMÒ

Secondo giorno in barca: golfo di Sorrento e il cielo è sempre più blu. Si viaggia, si mangia, si prende il sole, si ride, un tuffo in acqua, una storiella di Enea... Piero non potrebbe desiderare niente di meglio, eppure qualcosa di inspiegabile lo rende un po' malinconico. Specialmente quando Enea ferma la barca e sulle note di una canzone inizia a raccontare una storia.
"*Qui dove il mare luccica e tira forte il vento, su una vecchia terrazza davanti al Golfo di Surriento...*"
"La conoscete questa canzone?"
"Come no! È *Caruso* di Lucio Dalla", rispondono in coro gli amici di Piero.

9. Leggi il testo e segna le risposte corrette.

1. In barca c'è un'atmosfera molto bella. **V F**
2. Piero si sente molto felice. **V F**
3. Enea comincia a suonare la chitarra. **V F**
4. *Caruso* è una canzone di Lucio Dalla. **V F**
5. Gli amici di Piero non conoscono questa canzone. **V F**
6. Lucio Dalla passò in barca nel punto in cui si trovano Piero e i suoi amici. **V F**
7. La barca di Dalla ebbe un guasto. **V F**
8. Dalla soggiornò a Sorrento nella stessa stanza di Caruso. **V F**
9. Caruso si innamorò di una sua allieva. **V F**
10. Una cameriera raccontò a Dalla la storia di Caruso. **V F**
11. Dalla si commosse per la storia di Caruso e gli dedicò una canzone. **V F**
12. Piero vorrebbe tornare in quei luoghi da solo. **V F**

10. Rileggi questa parte del testo e osserva tutti i verbi al passato.

... L'amico lo invitò a fermarsi la notte e gli raccontò che in una delle sue stanze, tanti anni prima, aveva soggiornato il grande tenore napoletano Enrico Caruso.
In quello stesso hotel il grande Caruso, durante il suo soggiorno, aveva dato lezioni private di canto a una allieva di cui si era innamorato.

1. Quanti tempi verbali hai trovato?
   _____
2. Con quale tempo verbale si esprime nel testo un'azione anteriore a un'altra avvenuta nel passato?
   ○ Passato remoto
   ○ Trapassato prossimo

"Bravi! Qui, più o meno in questo punto dove siamo noi, un giorno si trovò a passare Lucio Dalla. A un certo punto la sua barca si fermò, i marinai guardarono se si poteva riparare, ma videro che non c'era niente da fare. Allora Lucio Dalla decise di andare a trovare un suo amico che aveva un grande hotel panoramico proprio qui, a Sorrento.
L'amico lo invitò a fermarsi la notte e gli raccontò che in una delle sue stanze, tanti anni prima, aveva soggiornato il grande tenore napoletano Enrico Caruso.
In quello stesso hotel il grande Caruso, durante il suo soggiorno, aveva dato lezioni private di canto a una allieva di cui si era innamorato.
Allora, quando il proprietario dell'albergo raccontò a Lucio Dalla questa storia e lo fece alloggiare nella stessa stanza di Caruso, lui si commosse. Si affacciò da quella stanza, vide la meraviglia del golfo e, ripensando a Caruso, sessantacinque anni dopo la morte del grande tenore, Lucio Dalla scrisse una canzone in cui raccontò i momenti finali della sua vita. Per scriverla rimase in piedi tutta la notte, lavorò senza chiudere occhio per settantadue ore, perciò adesso in quell'hotel c'è una stanza dedicata a Caruso e Lucio Dalla."
Dopo aver ascoltato dalla guida Enea questa struggente storia, Piero sente un forte desiderio di ritornare in quei posti e di fermarcisi più a lungo, ma non da solo! Questa sua speranza di felicità futura lo rende felice ma anche un po' triste perché la donna con cui vorrebbe tornarci chissà dov'è e, siccome non ha con sé il cellulare, non può neanche mandarle un messaggio o una foto per dirle... Per dirle che cosa? L'ha appena conosciuta in treno e già si immagina con lei in questo paradiso sul mare!

Il grande tenore Enrico Caruso nacque a Napoli nel 1879 e morì nel 1921.

EPISODIO 3 • 43

11. Osserva le relazioni di tempo e nota i tempi verbali utilizzati.

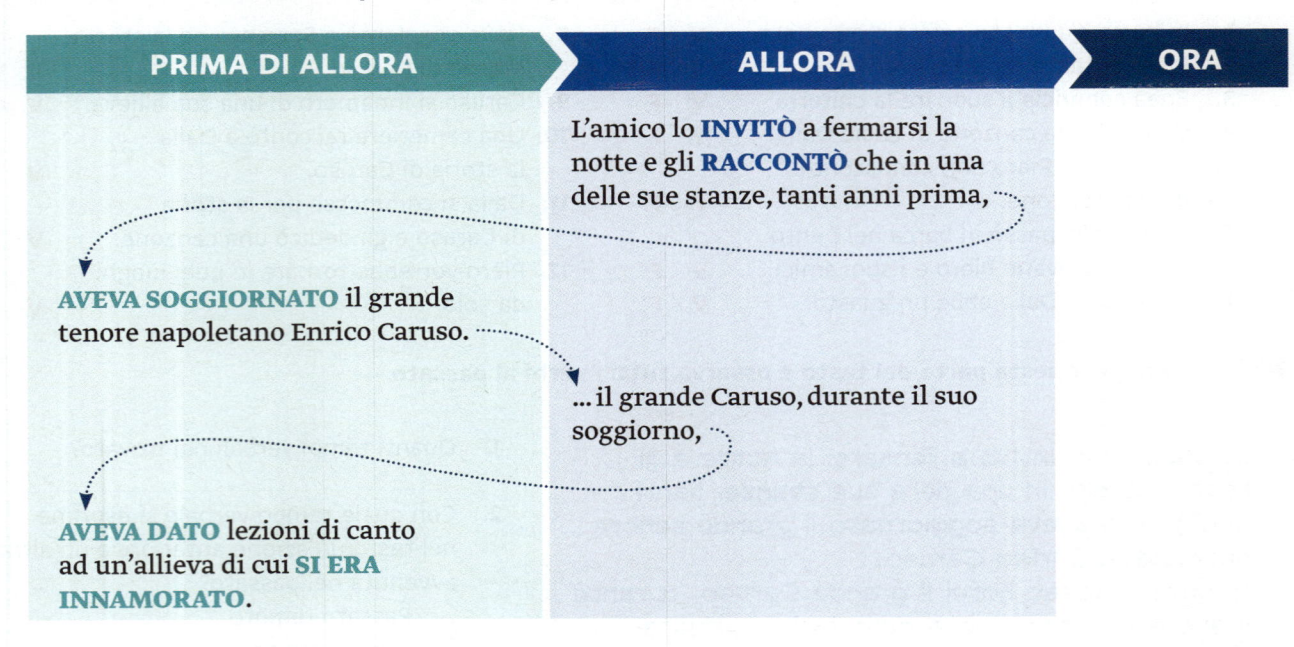

PRIMA DI ALLORA	ALLORA	ORA

L'amico lo **INVITÒ** a fermarsi la notte e gli **RACCONTÒ** che in una delle sue stanze, tanti anni prima,

AVEVA SOGGIORNATO il grande tenore napoletano Enrico Caruso.

... il grande Caruso, durante il suo soggiorno,

AVEVA DATO lezioni di canto ad un'allieva di cui **SI ERA INNAMORATO**.

FACCIAMO GRAMMATICA

IL TRAPASSATO PROSSIMO

Il trapassato prossimo si forma con i verbi ausiliari *essere* o *avere* all'**imperfetto** + il **participio passato** del verbo da coniugare.

	ESSERE	AVERE
io	ero stato/a	avevo avuto
tu	eri stato/a	avevi avuto
lui/lei	era stato/a	aveva avuto
noi	eravamo stati/e	avevamo avuto
voi	eravate stati/e	avevate avuto
loro	erano stati/e	avevano avuto

	ANDARE	CREDERE	DORMIRE
io	ero andato/a	avevo creduto	avevo dormito
tu	eri andato/a	avevi creduto	avevi dormito
lui/lei	era andato/a	aveva creduto	aveva dormito
noi	eravamo andati/e	avevamo creduto	avevamo dormito
voi	eravate andati/e	avevate creduto	avevate dormito
loro	erano andati/e	avevano creduto	avevano dormito

Il trapassato prossimo **esprime un'azione che accade prima di un'altra azione passata**, che può essere espressa al passato prossimo, al passato remoto o all'imperfetto.
Osserva questi esempi:

▸ Gli antichi romani **costruirono** monumenti, strade, acquedotti in tutti i territori che **avevano conquistato**.
▸ La settimana scorsa **ho letto** un bellissimo romanzo che mi **aveva regalato** un'amica un anno fa.
▸ **Guardavo** con ammirazione quel bel vestito che **avevo ritrovato** in un vecchio baule della nonna.

12. Completa come nell'esempio.

Ero in viaggio in un paese tanto diverso e lontano e...

1. mangiavo cibi che non _avevo mai mangiato_.
2. facevo cose che non _____.
3. sentivo parole che non _____.
4. ammiravo paesaggi che non _____.
5. ascoltavo musiche che non _____.
6. vedevo animali che non _____.
7. provavo emozioni che non _____.
8. vivevo esperienze che non _____.

13. Completa con il verbo giusto al trapassato prossimo.

• **mi aveva regalato** • **avevo portato** • **non aveva spiegato** • **non avevo mai notato**
• **non avevo ancora conosciuto** • **non avevo mai mangiato** • **avevo avuto** • **non avevo mai visitato**
• **non avevo mai messo** • **non avevo mai ritirato** • **avevo perso** • **non avevo mai visto**

1. Al ristorante mi hanno consigliato un dolce che _____.
2. Sono entrata in un museo che _____.
3. Ho indossato un vestito che _____ mia madre alcuni anni fa e che _____.
4. Ho scoperto nel mio quartiere un piccolo negozio che _____.
5. Ho incontrato in ascensore un inquilino del mio palazzo che _____.
6. Alla festa c'era tantissima gente che _____.
7. Il commesso della lavanderia mi ha ridato un cappotto che _____ a lavare l'anno prima e che _____.
8. Quando ho spostato il divano ho ritrovato un orecchino che _____.
9. Nel test c'era un esercizio con alcune forme verbali che l'insegnante _____.
10. Su Facebook ho ritrovato un ragazzo con cui _____ una storia d'amore molti anni fa.

14. Completa con i verbi al trapassato prossimo.

1. Gli ospiti dissero che non (*bere*) _____ mai _____ un vino così buono.
2. Quando si svegliò, ascoltò il messaggio vocale che suo figlio gli (*mandare*) _____ la sera prima.
3. Cappuccetto Rosso non ascoltò i consigli che la mamma (*darle*) _____.
4. Alla festa Serena si mise il vestito che (*comprare*) _____ durante un viaggio a New York.
5. In vacanza non usò neanche la metà dei vestiti che (*portare*) _____.
6. I testimoni non dissero tutta la verità sul fatto che (*succedere*) _____.
7. Al primo esame all'università per l'emozione dimenticai tutto quello che (*studiare*) _____.
8. Ripensammo con amarezza a tutte le occasioni che (*perdere*) _____.
9. Mi arrivò un'email di una ragazza che (*conoscere*) _____ l'anno prima durante un corso di lingua.
10. Nella tasca di un cappotto ritrovai una carta di credito che (*smarrire*) _____.
11. Luciana mi ha rivelato una cosa della sua vita che non (*dirmi*) _____ mai _____.

EPISODIO 3 • 45

15. Questi due brevi testi sono tratti dal romanzo *Seta* di Alessandro Baricco. Balbadiou, amico del protagonista del romanzo, è un francese che si occupa della produzione e del commercio della seta. Completa il primo testo con i verbi al trapassato prossimo e il secondo con i verbi all'imperfetto o al trapassato prossimo.

Seta

Balbadiou era l'uomo che vent'anni prima (*entrare*) _____ in paese, (*puntare*) _____ diritto all'ufficio del sindaco, (*entrare*) _____ senza farsi annunciare, gli (*appoggiare*) _____ sulla scrivania una sciarpa di seta color tramonto e gli (*chiedere*) _____ :
- Sapete cos'è questa?
- Roba da donna.
- Sbagliato. Roba da uomini: denaro.

Cinque anni dopo Lavilledieu (*avere*) _____ sette filande ed (*diventare*) _____ uno dei principali centri di bachicoltura e filatura della seta. Non (*essere*) _____ tutto proprietà di Balbadiou. Altri notabili e proprietari terrieri della zona l'(*inseguire*) _____ in quella curiosa avventura imprenditoriale. A ciascuno, Balbadiou (*svelare*) _____ senza problemi i segreti del mestiere. Questo lo (*divertire*) _____ molto più che fare soldi a palate. Insegnare. E (*avere*) _____ segreti da raccontare. (*Essere*) _____ un uomo fatto così.

16. **LUCIO DALLA RACCONTA CARUSO**

Completa il testo con i verbi al passato remoto.

• raccontare • morire
• dovere • nascere •
soggiornare • avere

Lucio Dalla ha rivelato durante un'intervista il significato del testo della canzone *Caruso*. Il cantautore bolognese stava navigando con la propria imbarcazione, ma in seguito a un guasto, _____ fermarsi a Napoli e _____ nello stesso albergo dove molti anni prima, nel 1921, _____ il grande tenore per eccellenza Enrico Caruso. Durante la sua permanenza, i proprietari dell'albergo _____ a Dalla gli ultimi giorni di vita del tenore: Caruso si era appassionato a una giovane donna a cui dava lezioni di canto.
   Da quei racconti il cantante _____ l'ispirazione e _____ così la bellissima canzone "Caruso".

46 ▪ EPISODIO 3

17. COSÌ SCRISSI LA CANZONE *CARUSO*

Ora completa il racconto di Lucio Dalla, ancora con i verbi al passato remoto.

• trainare • raccontare • morire • fare • chiamare • cantare • andare • invitare

"Ero in barca tra Sorrento e Capri con Angela Baraldi: stavamo ascoltando le canzoni di Roberto Murolo quando ci si ruppe l'asse del motore. (Noi) _____ a vela per qualche miglio e poi (io) _____ un amico, il proprietario dell'Hotel Excelsior Vittoria, che ci _____ al porto. In attesa che aggiustassero la barca, ci _____ a passare la notte in hotel, proprio nella suite dove _____ Caruso. Lì c'era tutto, anche il pianoforte, completamente scordato. Quella sera un altro amico, giù al bar La Scogliera, mi _____ di un Caruso alla fine dei suoi giorni, innamorato di una giovane cantante cui dava lezioni. Era uno stratagemma per starle vicino, ma l'ultima sera, sentendo la morte arrivare, _____ portare il piano sulla terrazza e _____ con un'intensità tale che lo sentirono fino al porto. Mi sono inventato la scena dei suoi ultimi momenti, quando pensa alle notti là in America. Era un passaggio che nel 1986 per me, che stavo per partire per un tour negli Stati Uniti, aveva un significato particolare. Per me quel '*Te vojo bene assaje*'[1] messo in quel punto della canzone significava darle il marchio della napoletanità. Da sempre nutro una grande passione per Napoli, per la sua cultura, dalla scrittura alla filosofia fino alle canzoni: è una città che mi ha sempre catturato".

tratto da www.sanmarinofixing.com

---
1. "Te vojo bene assaje": espressione in lingua napoletana che significa "Ti voglio tanto bene / Ti voglio bene assai".

18. CANZONE

Cerca in Internet e ascolta la canzone *4 Marzo 1943* di Lucio Dalla. Poi scegli il riassunto che secondo te corrisponde al suo significato.

A Una ragazza straniera si innamorò di un ragazzo di sedici anni che si chiamava Gesù Bambino. I due ebbero un figlio e andarono a vivere in una piccola stanza vicino al porto.

B Una ragazza di sedici anni incontrò un uomo straniero. Ebbero una breve storia d'amore e lei rimase incinta. Lui morì ma lei tenne con amore il figlio e lo chiamò Gesù Bambino.

19. Riascolta la canzone e completa il testo con i verbi mancanti all'imperfetto e al passato remoto.

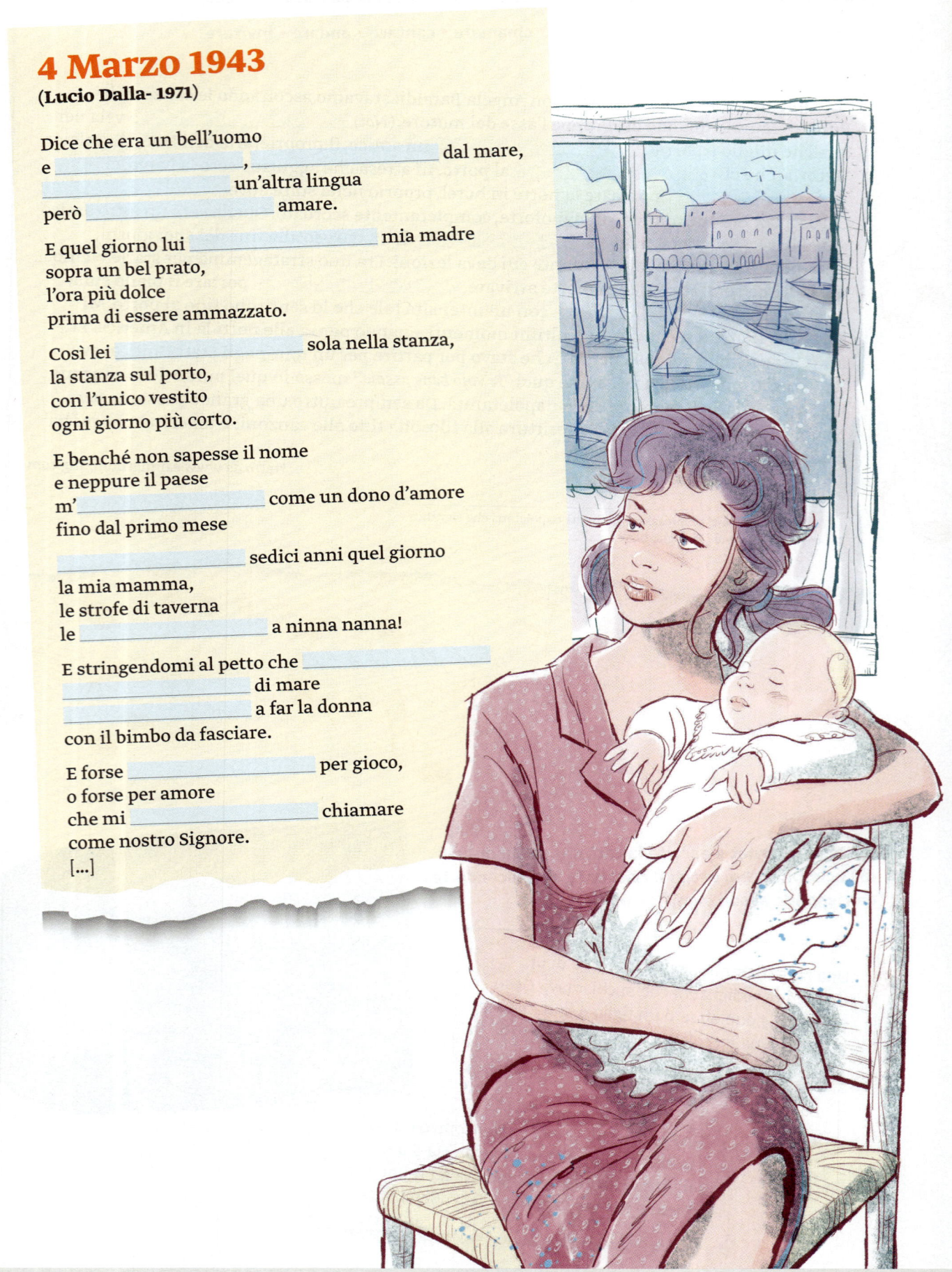

4 Marzo 1943
(Lucio Dalla - 1971)

Dice che era un bell'uomo
e _____, _____ dal mare,
_____ un'altra lingua
però _____ amare.

E quel giorno lui _____ mia madre
sopra un bel prato,
l'ora più dolce
prima di essere ammazzato.

Così lei _____ sola nella stanza,
la stanza sul porto,
con l'unico vestito
ogni giorno più corto.

E benché non sapesse il nome
e neppure il paese
m'_____ come un dono d'amore
fino dal primo mese

_____ sedici anni quel giorno
la mia mamma,
le strofe di taverna
le _____ a ninna nanna!

E stringendomi al petto che _____
_____ di mare
_____ a far la donna
con il bimbo da fasciare.

E forse _____ per gioco,
o forse per amore
che mi _____ chiamare
come nostro Signore.
[...]

AUDIO 6

TUTTO COMINCIÒ A "RADIO NAPOLI PRIMA"

20. Sergio Spada ricorda le sue prime esperienze alla radio.
Ascolta il racconto e segna le risposte corrette.

1. L'esperienza in radio di Sergio iniziò negli anni '60. — V F
2. Sergio ricorda solo un episodio dei suoi primi tempi alla radio. — V F
3. Un amico di Sergio con cui giocava a pallacanestro lo invitò negli studi di Radio Napoli Prima. — V F
4. L'amico gli chiese di portare alcuni libri di musica. — V F
5. Sergio portò alla radio dischi di musica classica. — V F
6. Sergio e il suo amico si divertirono molto durante la trasmissione. — V F
7. I pochi ascoltatori apprezzarono la sua trasmissione e qualcuno telefonò. — V F
8. Sergio ricorda quando lo invitarono negli studi di una televisione locale. — V F
9. Durante la trasmissione Sergio incontrò il cantante Pino Daniele. — V F
10. In quell'occasione Pino Daniele non cantò nessuna canzone. — V F
11. Qualche anno dopo Sergio e un amico andarono in un teatro per un concerto di Edoardo Bennato. — V F
12. Dopo il concerto Edoardo Bennato li invitò in albergo per un'intervista. — V F
13. Sergio e il suo amico incontrarono la madre di Edoardo Bennato che gli offrì un caffè. — V F

21. BIOGRAFIA DI GIOVANNI BOCCACCIO

Completa la biografia di Giovanni Boccaccio con i verbi elencati.

• ebbe • scrisse • si rifugiarono • scoppiò • morì • mandò • restò • dovette
• conobbe • diede • iniziò • nacque • ebbe • frequentò

Giovanni Boccaccio è uno dei più grandi autori della letteratura italiana.
_____ in Toscana (forse a Certaldo o a Firenze) nel 1313.
Il padre ere un ricco mercante e lo _____ a Napoli per imparare il mestiere di mercante e di banchiere.
A Napoli, Boccaccio _____ la corte del re Roberto d'Angiò ed _____ molti stimoli culturali e soprattutto letterari.
_____ la sua prima opera importante, *Il Filostrato*, nel 1335 e _____ ad apprezzare la letteratura classica greca e latina, ma anche quella scritta in volgare.
Dopo qualche anno, a causa dei problemi economici del padre, _____ tornare a Firenze, ma _____ sempre legato alla vita culturale napoletana. _____ anche incarichi pubblici a Firenze e _____ i più grandi poeti del suo tempo, come Francesco Petrarca. Nel 1348 a Firenze _____ la peste nera che gli _____ l'ispirazione per il suo grande capolavoro letterario: *Il Decamerone*.
Nel libro si parla di un gruppo di giovani che durante la peste _____ in campagna e per far passare il tempo si raccontavano dieci novelle al giorno.
Il Decamerone è il più grande ritratto del mondo mercantile e comunale del tempo.
Boccaccio _____ nel 1375.

EPISODIO 3 • 49

22. LA STORIA DI LANDOLFO RUFOLO

Ecco il riassunto della novella "La storia di Landolfo Rufolo" di Giovanni Boccaccio, famoso scrittore della letteratura italiana del Medioevo e autore della raccolta di novelle dal titolo *Il Decamerone*. Da questa raccolta proviene la storia che ti presentiamo. Le parti del riassunto, però, sono in disordine. Leggile attentamente e rimettile in ordine. Poi lavora in coppia con un/a compagno/a e confrontate il vostro lavoro.

RIASSUNTO DELLA NOVELLA

A ①
Landolfo Rufolo era un ricchissimo commerciante di Ravello che, per aumentare i suoi averi, comprò una grossa nave, la riempì di mercanzie e salpò alla volta di Cipro, per vendere i suoi prodotti.

B ○
Allora mandò una grossa somma alla donna di Corfù che lo aveva salvato e ai concittadini di Trani che lo avevano aiutato sulla via del ritorno e tenne per sé il resto, smise di commerciare e visse felice fino alla fine dei suoi giorni.

E ○
In mezzo alle onde, Landolfo, per salvarsi la vita, si aggrappò a una tavola, poi a una cassa che gli andò addosso e dopo quasi tre giorni arrivò come naufrago sull'isola di Corfù, dove una donna lo trovò e si prese cura di lui.

C ○
Allora mise le pietre in un sacco e regalò alla donna la sola cassa vuota. Ripartito, arrivò a Trani dove incontrò dei concittadini che lo vestirono e gli procurarono un cavallo. Quando finalmente arrivò a Ravello, Landolfo vendette tutte le pietre e guadagnò il doppio del denaro con cui era partito.

F ○
Quando arrivò a destinazione, però, Landolfo capì che c'era molta concorrenza e perciò dovette svendere la merce. Pur di non tornare a casa a mani vuote, decise di vendere la sua nave e con i soldi guadagnati comprò una nave corsara, più piccola, per fare pirateria contro le navi turche. Nel giro di un anno riuscì ad accumulare il doppio delle ricchezze con le quali era arrivato, così pensò di ritornare in patria.

D ○
Quando si sentì in forma per ripartire, per sdebitarsi con la donna che lo aveva ospitato decise di regalarle la cassa di legno ma, quando la aprì, vide che era piena di pietre preziose.

G ○
Però durante il viaggio di ritorno una tempesta lo costrinse a fermarsi in un golfo di una piccola isola. Qui incontrò due grandi navi genovesi. I genovesi, dopo averlo riconosciuto, lo derubarono e lo fecero prigioniero. Il giorno dopo il tempo migliorò e le navi genovesi ripartirono, ma verso sera scoppiò una tempesta che fece affondare l'imbarcazione dove lui era prigioniero.

Il funerale della volpe

Una volta le galline trovarono la volpe in mezzo al sentiero. Aveva gli occhi chiusi, la coda non si muoveva.

"È morta, è morta! - gridarono le galline - Facciamole il funerale".

Difatti suonarono le campane a morto, si vestirono di nero e il gallo andò a scavare la fossa in fondo al prato.

Fu un bellissimo funerale e i pulcini portavano i fiori. Quando arrivarono alla buca la volpe saltò fuori dalla cassa e mangiò tutte le galline.

La notizia volò di pollaio in pollaio. Ne parlò perfino la radio, ma la volpe non se ne preoccupò. Lasciò passare un po' di tempo, cambiò paese, si sdraiò in mezzo al sentiero e chiuse gli occhi.

Vennero le galline di quel paese e subito gridarono anche loro: "È morta, è morta! Facciamole il funerale!"

Suonarono le campane, si vestirono di nero e il gallo andò a scavare la fossa in mezzo al granoturco.

Fu un bellissimo funerale e i pulcini cantavano che si sentivano fino in Francia.

Quando furono vicini alla buca, la volpe saltò fuori dalla cassa e mangiò tutto il corteo.

La notizia volò di pollaio in pollaio e fece versare molte lacrime. Ne parlò anche la televisione, ma la volpe non si prese paura per nulla. Essa sapeva che le galline hanno poca memoria e campò tutta la vita facendo la morta. E chi farà come quelle galline vuol dire che non ha capito la storia.

da Gianni Rodari, *Il libro degli errori*, Einaudi, Torino 2011

23. FAVOLA: IL FUNERALE DELLA VOLPE

Leggi la favola e segna le risposte corrette.

1. Le galline trovarono la volpe nel pollaio. V F
2. Le galline dissero che la volpe era morta. V F
3. Le galline fecero il funerale alla volpe. V F
4. Al funerale non c'erano i pulcini. V F
5. La volpe saltò fuori dalla cassa e mangiò le galline. V F
6. Anche la radio parlò di questa notizia. V F
7. La volpe andò in un altro paese e si finse di nuovo morta. V F
8. Le galline capirono subito che la volpe non era morta. V F
9. Il gallo e le galline fecero un bellissimo funerale. V F
10. La volpe mangiò il gallo, le galline e i pulcini. V F
11. Anche la televisione parlò di questa notizia. V F
12. La volpe ebbe molta paura. V F
13. Poco dopo la volpe morì. V F

24. 💬 MORALE DELLA FAVOLA...

Ogni favola ha una morale. Secondo te qual è la morale di questa favola? Lavorate in piccoli gruppi e discutete.

25. PINOCCHIO

Come hai visto, il passato remoto si usa molto nelle favole. Se provi a raccontare una favola sostituendo il passato remoto con il passato prossimo il racconto diventa meno magico e piace sicuramente molto meno ai bambini.
Ecco una favola senza i verbi al passato remoto. Prova ad inserirli tu.

C'era una volta un falegname di nome Geppetto che (costruire) _costruì_ un burattino di legno che si muoveva e lo (chiamare) _____ Pinocchio. Gli (comprare) _____ dei libri di scuola, ma Pinocchio (decidere) _____ di venderli per andare a vedere i burattini.

Il burattinaio, Mangiafuoco, un terribile omone, voleva bruciare Pinocchio come legna da ardere.

Ma, fra le lacrime, il burattino (raccontare) _____ la storia del povero falegname, suo padre.

Il burattinaio (impietosirsi) _____ e gli (regalare) _____ cinque monete d'oro.

Pinocchio voleva portarle a Geppetto, ma (incontrare) _____ il Gatto e la Volpe che (fingersi) _____ suoi amici. Gli (dire) _____:

"Noi conosciamo un campo magico dove potrai seminarle e raccogliere poi dieci volte di più!" Pinocchio li (seguire) _____ ma fu derubato dai due falsi amici.

La Fata Turchina lo (salvare) _____ dal Gatto e dalla Volpe, ma a ogni bugia che Pinocchio raccontava, gli si allungava il naso…

La Fata sorridendo gli (dire) _____: "Le bugie hanno il naso lungo!"

Il burattino spaventato (mettersi) _____ a piangere.

Tornato a casa, Pinocchio (decidere) _____ di andare nel paese dei balocchi dove non si studia mai e si gioca sempre. (Scoprire) _____ però che tutti i ragazzi di quel paese, dopo qualche giorno, diventavano asinelli…

Anche Pinocchio lo (diventare) _____. Lo (comprare) _____ un uomo che voleva annegarlo per utilizzare la sua pelle per fare un tamburo.

La Fata Turchina lo (salvare) _____ ancora e lo (trasformare) _____ di nuovo in burattino.

Pinocchio, pentito, (andare) _____ alla ricerca di suo padre, ma fu inghiottito da un'enorme balena.

Nella pancia della balena (incontrare) _____ Geppetto. (Nuotare) _____ fino a riva con il papà sulle spalle e lo (salvare) _____. Pinocchio finalmente era cambiato, era diventato buono e non diceva più bugie.

La Fatina allora lo (trasformare) _____ in un vero bambino.

26. 💬 RACCONTARE UNA FAVOLA

Questi sono i personaggi principali della famosa favola di CAPPUCCETTO ROSSO.

Lavorate in coppia e ricostruite la favola secondo i vostri ricordi.
Se non conosci questa favola, raccontane una che ricordi bene, una che appartiene alla tradizione del tuo paese, una che la mamma o la nonna ti raccontavano da piccolo.

C'era una volta...

NONNA

MAMMA

CAPPUCCETTO ROSSO

CACCIATORE

LUPO

CASA DELLA NONNA

BOSCO

... e vissero felici e contenti.

EPISODIO 3 ▪ 53

4 Ti ricordi quel ragazzo di cui ti avevo parlato?

EPISODIO

Piero non può chiamare Cecilia, ma si ricorda che dovrebbe richiamare la sua amica Milena. Anche se ha dimenticato il cellulare a casa, il suo numero lo sa a memoria, deve solo farsi prestare il telefono da uno degli amici con cui si trova in barca.
Così, dalla voce di Milena, Piero viene a sapere della sua disavventura notturna.
"Ciao Milena, scusa se non ti ho richiamato prima, ma cosa è successo?"
"Ciao Piero, finalmente! Allora... Ti ricordi quel ragazzo di cui ti avevo parlato, Leo, quello che aveva preso la tua vespa?"
"Certo, era il motivo per cui non sei venuta a Salerno... Peccato, qui è meraviglioso!"
"Ecco. Ero andata a una festa di laurea sui Navigli a cui mi aveva invitata Leo. La festa era molto carina, in un locale di cui avevo sentito parlare ma in cui non ero mai stata. Tutto andava bene e sì, in realtà quel ragazzo mi aveva portata in quel locale sui Navigli con la tua vespa e..."
"La vespa che aveva rubato!"

"Ti ho spiegato che non l'aveva rubata e che intendeva solo riaccompagnarmi a casa in vespa. Due piccioni con una fava, tanto mi fidavo, non dovevo prendere i mezzi pubblici di notte, e riportavamo la tua vespa a casa. A un certo punto però, mentre tutti erano allegri e avevano già bevuto qualche aperitivo, è scoppiato un temporale fortissimo e dopo pochi minuti è andata via la luce. In quel momento si è creato il panico. Io non ritrovavo la borsa, non si vedeva niente, tutti chiamavano qualcuno, c'era una gran confusione. Qualcuno usava il cellulare per fare luce, ma il mio era nella borsa che nel fuggi fuggi deve essere caduta a terra, qualcuno l'ha anche pestata. Poi, come sempre il mio cellulare era anche scarico... Inutile dire che con quel tempo era impossibile tornare a casa in vespa. Ma il peggio è che avevo detto a mia madre che andavo alla festa di compleanno di un tuo amico, tanto per farla stare tranquilla, ma tu non lo sapevi."
"Ah, ecco perché tutti quei messaggi!"
"Sì, che stress! Siamo rimasti bloccati un paio di ore, le strade sembravano fiumi, era tutto buio, con tuoni e fulmini, un inferno! Comunque alla fine è andato tutto bene.
Dopo due ore è tornata la luce, abbiamo ritrovato la borsa e Leo mi ha riaccompagnata a casa, in vespa, bagnatissimi tutti e due.
Ma abbiamo fatto un errore: abbiamo lasciato la vespa sotto casa e oggi mia madre mi ha chiesto: – Ho visto la vespa di Piero sotto casa, ma Piero è tornato?"

1. 📖 **Leggi il testo e segna le risposte corrette.**

1.	Piero chiama Milena con il suo cellulare.	V	F
2.	Milena ha avuto una brutta esperienza durante la notte.	V	F
3.	Leo è il ragazzo che aveva preso la vespa di Piero.	V	F
4.	Milena non è andata a Salerno per motivi di lavoro.	V	F
5.	Milena e Leo sono andati a una festa in un locale sui Navigli.	V	F
6.	Leo voleva accompagnare Milena a casa in macchina.	V	F
7.	Durante la festa è cominciato a piovere leggermente.	V	F
8.	È andata via la luce e si è creata una grande confusione.	V	F
9.	Milena aveva detto una bugia alla madre.	V	F
10.	Leo e Milena hanno girato in vespa per due ore.	V	F
11.	Per le strade c'era molta acqua.	V	F
12.	Il locale era al buio e c'erano tuoni e fulmini.	V	F
13.	Milena non ha ritrovato la sua borsa.	V	F
14.	Leo e Milena sono tornati a casa bagnatissimi.	V	F
15.	La mamma di Milena voleva sapere se Piero era tornato a casa.	V	F

FACCIAMO GRAMMATICA

I PRONOMI RELATIVI

CHE

Il pronome relativo *che* è invariabile e può avere funzione di **soggetto** o di **oggetto**.

(*CHE* = soggetto)   Ma chi è questa tua amica **che** viene a cena da noi stasera?

(*CHE* = oggetto)   Quella maglietta **che** hai comprato non mi piace per niente.

IL QUALE, LA QUALE, I QUALI, LE QUALI

Esistono anche i pronomi relativi *il quale*, *la quale*, *i quali*, *le quali*.
Questi pronomi possono sempre sostituire il pronome *che* soprattutto quando questo ha funzione di soggetto nella frase. Bisogna osservare, però, che sono **poco usati nella lingua parlata**. È preferibile – particolarmente nella conversazione quotidiana – usare il pronome *che*.

Il cameriere **che** (**il quale**) ci ha serviti è davvero gentile!

La ragazza **che** (**la quale**) è venuta da noi ieri è un'amica di Giovanni.

Gli amici **che** (**i quali**) partiranno con noi si chiamano Carlo e Guido.

Le persone **che** (**le quali**) frequentano questo negozio hanno buon gusto.

CUI

Il pronome *cui* è preceduto da una preposizione e **non può mai avere funzione di soggetto o di oggetto.**
Può essere sostituito da *il quale/la quale/i quali/le quali*.

Dimmi un solo motivo **per cui** (**per il quale**) dovrei restare qui!

La persona **con cui** (**con la quale**) ho parlato è il direttore?

Ho molti amici stranieri, **tra cui** (**tra i quali**) anche degli americani.

L'amica **a cui** (**alla quale**) sto scrivendo questa mail vive a New York.

2. Rileggi il testo di pag. 54 dall'inizio fino a "La vespa che aveva rubato!" e cerca tutti i pronomi relativi. Trascrivili e indica a chi o che cosa si riferiscono nel testo.

1. Con cui — con gli amici
2. _____ _____
3. _____ _____
4. _____ _____
5. _____ _____
6. _____ _____
7. _____ _____
8. _____ _____

3. Abbina le frasi della colonna A con quelle della colonna B.

A
1. (E) Vorrei vedere quella maglietta verde
2. ( ) Volevo cambiare un libro
3. ( ) Ieri ho incontrato un vecchio amico
4. ( ) Vado a casa di un collega
5. ( ) Voglio ascoltare il cd
6. ( ) Devo restituire la penna a un tipo
7. ( ) Dove sono le fotocopie

B
A. che mi ha prestato Giulio.
B. che ho appena fatto?
C. che me l'ha prestata.
D. che mi hanno regalato.
E. che è in vetrina.
F. che lavora nella mia scuola.
G. che non vedevo da tanto tempo.

4. Abbina le frasi della colonna A con quelle della colonna B.

A
1. (D) Mi piace molto la canzone
2. ( ) Ti ricordi del giorno
3. ( ) Non ricordo dove ho messo il foglietto
4. ( ) Devo riprendere i pantaloni
5. ( ) Piove sempre nei giorni
6. ( ) Mi dici il nome della fermata metro
7. ( ) Adesso ti spiego il motivo
8. ( ) Signora, mi dica il nome della persona
9. ( ) C'è una terrazza panoramica
10. ( ) Tra gli ospiti ci sono persone

B
A. con cui ha parlato.
B. a cui non piace il pesce.
C. a cui devo scendere?
D. che mi hai fatto ascoltare.
E. in cui ci siamo incontrati?
F. su cui ho scritto quel numero di telefono.
G. da cui si vede il mare.
H. in cui non prendo l'ombrello.
I. che ho portato in lavanderia.
J. per cui mi sono arrabbiata.

5. Leggi le frasi e scegli il pronome relativo giusto.

1. Non ricordo il nome del ristorante ◯ **di cui** ◯ **in cui** abbiamo mangiato qualche mese fa, ma era ottimo.
2. Dammi l'elenco di tutte le persone ◯ **su cui** ◯ **a cui** hai telefonato per informarle degli orari.
3. I pomodori ◯ **che** ◯ **a cui** hai comprato sono di ottima qualità.
4. Hai letto il numero del binario ◯ **da cui** ◯ **per cui** partirà il nostro treno?
5. Il ragazzo ◯ **che** ◯ **con cui** sono uscita ieri sera è un mio ex.
6. La segretaria ◯ **con cui** ◯ **su cui** ho parlato al telefono era molto gentile.
7. La macchina ◯ **che** ◯ **con cui** ho portato dal meccanico sarà pronta tra due giorni.
8. Non mi ha mai detto il motivo ◯ **a cui** ◯ **per cui** ha lasciato il suo lavoro.
9. Il testo di letteratura ◯ **su cui** ◯ **da cui** avete lavorato è difficile ma molto importante.
10. L'appartamento ◯ **che** ◯ **in cui** abbiamo visto ieri è piccolo, ma molto luminoso.

EPISODIO 4 ▪ 57

6. CHE O CUI?

Completa le frasi con i pronomi relativi *che* o *cui* con la preposizione adeguata.

1. Il libro ___di cui___ ti ho parlato è di un autore indiano.
2. Il motivo _____ vado in Sicilia è molto personale.
3. Le ragazze _____ ho conosciuto ieri sera sono straniere.
4. La pizzeria _____ siamo andati ieri sera è veramente buona.
5. Hai ricevuto il fax _____ ti ho mandato?
6. Questo è il vestito _____ ho messo per la festa di ieri sera e _____ ti avevo parlato.
7. Il treno _____ sono partiti è un Frecciarossa.
8. In autobus ho incontrato Marco _____ andava in ufficio.
9. La lingua _____ preferisco è il greco moderno.
10. Ecco gli amici _____ ho telefonato ieri sera!
11. Il negozio _____ vendono questi strani oggetti si trova in centro.
12. Il dentista _____ vado è veramente bravo.
13. Ho incontrato i miei amici francesi _____ vanno a Napoli.
14. Questa è la casa _____ ho abitato per tutta la mia infanzia.
15. Lo spettacolo _____ abbiamo visto ieri sera era veramente deludente.

7. Trasforma le frasi sostituendo al pronome *cui* i pronomi *il quale, i quali, la quale, le quali* come nell'esempio.

1. Ho una cosa molto importante *di cui* ___della quale___ ti devo parlare.
2. I ragazzi *con cui* _____ sono uscita ieri sera sono molto simpatici.
3. Il negozio *in cui* _____ ho comprato questo maglione ha prezzi molto economici.
4. Ti ho portato il giornale *su cui* _____ ho letto l'articolo *di cui* _____ ti avevo parlato.
5. Tutte le persone *a cui* _____ abbiamo mostrato l'appartamento, lo hanno apprezzato molto.
6. Ecco l'albergo *in cui* _____ ha alloggiato Caruso! E questa è la sua camera, *in cui* _____ ha dormito anche Lucio Dalla.
7. La ragione *per cui* _____ Lucio Dalla andò nello stesso albergo di Caruso fu un guasto alla sua barca.
8. La sera *in cui* _____ andammo alla festa di compleanno ci fu un temporale e un black out.
9. Queste sono le due foto *per cui* _____ ho ricevuto il maggior numero di like.
10. Anna è una persona *a cui* _____ dovete parlare sempre a voce alta, perché sente poco.

8. Trasforma le frasi. Comincia ogni frase con la parola evidenziata e usa un pronome relativo come negli esempi.

1. Ho comprato un vestito al mercato. **Il vestito** non è caro.
   ___Il vestito che ho comprato al mercato non è caro.___
2. Ho preso il caffè in un bar. **Il bar** è carino.
   ___Il bar in cui ho preso il caffè è carino.___
3. Ti ho parlato di un libro. **Il libro** si intitola *Il ladro di merendine*.
   _____
4. Abbiamo mandato una lettera a una scuola. **La scuola** si trova in Messico.
   _____
5. Ho messo dei pantaloni in lavatrice. **I pantaloni** erano molto sporchi.
   _____
6. Ti ho telefonato per una ragione. **La ragione** è molto importante.
   _____
7. Ho lasciato il mio cappotto su una sedia. **La sedia** è vicino alla finestra.
   _____
8. La signora Sandra ha stirato delle camicie. **Le camicie** sono nel terzo cassetto.
   _____
9. Abbiamo studiato tutto il mese in un'aula. **L'aula** è la numero 5.
   _____
10. Sono venuti alla festa bambini. **I bambini** si sono divertiti a cantare e a ballare insieme.
    _____

58 • EPISODIO 4

9. QUALCOSA DI CUI PARLARE

Lavorate in piccoli gruppi. Ognuno sceglie uno o più argomenti di cui parlare e racconta la propria esperienza.

- La persona con cui ho litigato di più
- La persona da cui ho ricevuto un regalo indimenticabile
- Una persona per cui ho perso la testa

- Qualcuno di cui vorrei sapere più cose
- Qualcuno a cui hanno dato un premio che non meritava
- L'animale a cui sono più affezionato/a

- La ragione per cui ho scelto il mio lavoro/la mia scuola/la mia università.
- Una cosa che ho fatto e di cui sono orgoglioso/a
- Il giorno in cui mi è andato tutto storto

- Il piano più alto di un palazzo su cui sono salito
- Il letto più scomodo su cui ho dormito
- Il ristorante in cui sono andato/a più volte nella vita.

- Il settore o l'associazione per cui ho lavorato come volontario
- La multa o la punizione più ingiusta che ho ricevuto
- Un luogo in cui mi piace ritornare

NOI C'ERAVAMO PRIMA!

Quella stessa sera, dopo la gita in barca, Piero esce con gli amici per andare in un famoso locale sul lungomare di Salerno. Non trovano subito posto, i tavoli sono tutti occupati e aspettano fuori che se ne liberi uno.
Il cameriere è molto indaffarato, oggi è da solo, e anche chi lavora al bancone fa un po' di confusione con gli ordini. Cecilia e Benedetta, che sono arrivate da poco, sono nello stesso bar, non hanno fretta e stanno tranquillamente chiacchierando. Vicino a loro, però, c'è qualcuno che non è molto contento del servizio. Due clienti che sono seduti proprio accanto al loro tavolo si sentono trascurati, e la donna si lamenta col suo compagno e col cameriere.

10. AUDIO 7 Ascolta la conversazione e segna le risposte corrette.

1. La donna si lamenta con il cameriere perché il tavolo è sporco. V F
2. Il cameriere non ricorda quello che i clienti hanno ordinato. V F
3. In questo locale abitualmente c'è un solo cameriere. V F
4. La donna dice che il cameriere fa troppi errori nel suo lavoro. V F
5. La donna è arrabbiata, ma vuole restare ancora nel locale. V F
6. Franco dice ad Anna di calmarsi e godersi il panorama. V F
7. Nel locale ci sono un uomo e una ragazza con i capelli rossi. V F
8. Franco indica ad Anna due ragazze che si lamentano per il cattivo servizio. V F
9. Anna dice che non è rilassata per colpa di Franco. V F
10. Franco si arrabbia con Anna. V F
11. Franco chiama il cameriere e gli chiede il conto. V F

EPISODIO 4 • 59

MA GUARDA CHI C'È!

Dopo che la coppia di clienti litigiosi è uscita dal bar, finalmente si è liberato un tavolo. Fuori c'è una piccola fila in attesa. Tra loro c'è anche Piero con i suoi amici. Il cameriere esce per chiamare le persone.

11. Inserisci le frasi nei fumetti.

1. "NOI, CI SIAMO NOI"
2. "MA GUARDA CHI C'È!"
3. "SI È LIBERATO UN TAVOLO, CHI C'ERA PRIMA?"
4. "MA CHE COINCIDENZA! CHI SE L'ASPETTAVA!"
5. "PREGO, IL TAVOLO È QUELLO, VICINO A QUELLA RAGAZZA CON I CAPELLI VIOLA!"
6. "POSSIAMO UNIRE I TAVOLI, SE VOLETE".

EPISODIO 4

FACCIAMO GRAMMATICA

IL PRONOME *CHI*

CHI?
Quale persona? Quali persone?
(**pronome interrogativo**)

CHI...
la persona che, le persone che, quelli che,
qualcuno che (**pronome misto**)

Chi può essere:

• PRONOME INTERROGATIVO

In questo caso il pronome *chi* serve a introdurre una domanda diretta o indiretta. Quando la domanda è indiretta la frase non termina con il punto interrogativo.

DOMANDE DIRETTE
Chi compra il vino per stasera?
Chi è?
Chi ha visto i miei occhiali?

DOMANDE INDIRETTE
Non so **chi** mi ha mandato questi fiori.
Dimmi **chi** ti ha raccontato queste cose.
Dimmi **chi** viene a cena stasera.

• PRONOME MISTO

In questo caso il pronome *chi* ha una doppia funzione di pronome **dimostrativo** e **relativo**.
Significa infatti: *la persona che, le persone che,
quello che, quella che, quelli che, quelle che...
qualcuno che...*

ATTENZIONE!
CHI + VERBO AL SINGOLARE

Come puoi notare in questi esempi, *chi* è sempre seguito dal **verbo al singolare**:

Chi va al lavoro in macchina ha problemi con il parcheggio.
Chi vuole venire alla festa stasera deve portare qualcosa da bere o da mangiare.
Chi naviga in Internet può avere contatti interessanti.

---

12. **CHI O CHE?**

Scegli il pronome giusto.

1. Il latte ○ che ○ chi è in frigo è scaduto.
2. Il ragazzo ○ che ○ chi ha preso la tua vespa non è un ladro.
3. Le persone ○ che ○ chi sono arrivate tardi non hanno trovato un posto.
4. Deve fare il test solo ○ che ○ chi vuole continuare il corso di lingua.
5. Secondo me ○ che ○ chi lavora in quel bar prende delle buone mance.
6. Il cameriere ○ che ○ chi ci ha serviti è molto simpatico.
7. L'esame ○ che ○ chi non ho superato era veramente difficile.
8. Devo andare a pagare una multa ○ che ○ chi scade domani.
9. In quel locale può entrare solo ○ che ○ chi ha compiuto diciotto anni.

13. Completa le frasi con *chi* o *che*.

1. __Chi__ vuole può portare il vino.
2. Le arance _____ hai comprato ieri erano più buone.
3. _____ non ha seguito la prima parte della lezione non può capire.
4. Ti presento la ragazza _____ lavora con me.
5. Non dare il numero di cellulare a una persona _____ non conosci bene.
6. I fiori _____ hai comprato sono bellissimi.
7. Puoi controllare le risposte con _____ vuoi.
8. Non so _____ ti ha detto questo, ma non è vero.
9. Ho comprato i biscotti _____ erano in offerta.
10. _____ non studia non può superare l'esame.
11. Ci sono tante persone _____ mi vogliono bene.
12. Ho prenotato un tavolo al ristorante _____ piace a te.
13. La ragazza _____ parla con Giulio è francese.
14. Non mi piace uscire con _____ arriva sempre in ritardo.
15. _____ vuole partecipare alla gita deve prenotare entro mercoledì.

14. Completa le domande con *chi* o *che* interrogativi.

1. __Chi__ viene stasera alla festa?
2. _____ sa _____ ore sono?
3. _____ volete mangiare a pranzo?
4. _____ fate dopo la scuola?
5. _____ va a prendere i bambini?
6. _____ vi accompagna a casa stasera?
7. _____ stai leggendo?
8. _____ autobus devo prendere per Piazza della Repubblica?
9. _____ di voi parla francese?
10. _____ dizionario mi consigli di comprare?
11. _____ prendete a colazione?
12. _____ ti accompagna all'aeroporto?
13. _____ pensi di questo film?
14. _____ vuole uscire con noi stasera?
15. _____ ne dici di andare a teatro?
16. _____ vino preferisci, bianco o rosso?

15. CHI TROVA UN AMICO TROVA UN TESORO

Abbina le frasi della colonna A con quelle della colonna B per ottenere dei proverbi.

A
1. C Chi trova un amico
2. ◯ Chi dorme
3. ◯ Chi va con lo zoppo
4. ◯ Chi troppo vuole
5. ◯ Chi fa da sé
6. ◯ Chi ha tempo
7. ◯ Chi va piano

B
A. fa per tre.
B. nulla stringe.
C. trova un tesoro.
D. non piglia pesci.
E. non aspetti tempo.
F. va sano e va lontano.
G. impara a zoppicare.

16. Ora trascrivi ogni proverbio sotto la frase che spiega il suo significato.

1. Le persone che vogliono troppo non riescono ad avere niente.

2. Si riesce meglio a fare qualcosa da soli che con l'aiuto di altri.

3. Quando si deve fare qualcosa è bene non rimandare e fare subito quello che si deve fare.

4. Chi non è attivo e non si dà da fare, non ottiene nessun risultato.

5. È bene non fare le cose in fretta ed essere prudenti se si vuole raggiungere un obiettivo.

6. Trovare un amico è una grande fortuna.

7. Se si frequentano persone che si comportano male, si diventa come loro.

FACCIAMO GRAMMATICA

VERBI PRONOMINALI

In italiano alcuni verbi sono detti **pronominali** perché **si usano con pronomi** che danno al verbo un particolare significato:

ANDARSENE   SIGNIFICA → "andare via da un luogo"

NON POTERNE PIÙ   SIGNIFICA → "non sopportare più qualcosa o qualcuno"
"essere stufo di qualcosa o qualcuno"

	ANDARSENE	NON POTERNE PIÙ
io	me ne vado	non ne posso più
tu	te ne vai	non ne puoi più
lui/lei	se ne va	non ne può più
noi	ce ne andiamo	non ne possiamo più
voi	ve ne andate	non ne potete più
loro	se ne vanno	non ne possono più

EPISODIO 4 ■ 63

PER COMUNICARE
IN ITALIANO

Per esprimere **stanchezza** e **scontento**

- UFFA! NON SOPPORTO PIÙ QUESTO LAVORO!
- BASTA! SONO STUFO, STANCO DI QUESTO LAVORO!
- UFFA! NON NE POSSO PIÙ DI QUESTO LAVORO!

17. NON NE POSSO PIÙ, ME NE VADO!

Completa i dialoghi con i verbi *andarsene* e *non poterne più* al presente indicativo.

1. ▶ Perché Maurizio _____ da casa?
   ▶ Beh, _____ perché non va più d'accordo con i suoi genitori e preferisce vivere da solo.
2. ▶ Perché (voi) _____ così presto? La festa è appena cominciata!
   ▶ (noi) _____ perché domani mattina partiamo in aereo prestissimo.
3. ▶ Uffa! Non _____ più di questo rumore, non riesco a lavorare!
   ▶ Hai ragione, anche noi _____! Facciamo una pausa.
4. ▶ Ragazzi, adesso (io) _____. Ci vediamo domani!
   ▶ Ciao Luca, a domani!
5. ▶ Uffa! Tutte le mattine la metro è strapiena!
   ▶ È vero, la gente _____ più di viaggiare in queste condizioni!
6. ▶ Finalmente domani parto per le vacanze!
   ▶ Ah, sì? E dove _____ di bello?

18. QUANDO QUALCOSA NON VA...

Formate dei gruppi di 3 persone. Ogni studente assume uno dei tre ruoli. Mettete in scena una di queste situazioni.

❶ AL RISTORANTE

Un uomo e una donna ordinano da bere e da mangiare, ma passa molto tempo e non ricevono niente. Si lamentano con il cameriere. Infine decidono di andarsene. In quel momento arrivano i loro piatti.

Cliente A	È passato molto tempo da quando avete ordinato e ancora non arriva nulla. Lamentati con il tuo partner. È lui che ha scelto il ristorante.
Cliente B	Di' alla tua partner che ha ragione, chiama il cameriere e chiedigli di portare almeno l'acqua frizzante.
Cameriere	Scusati per l'attesa e torna subito con l'acqua e il pane.
Cliente A	Noti che l'acqua che stai bevendo non è frizzante ma liscia e chiedi al cameriere di cambiarla.
Cameriere	Scusati e cambia l'acqua.
Cliente B	Siete stanchi di aspettare, chiedi al cameriere quanto tempo manca per avere i piatti ordinati.
Cameriere	Spiega che in cucina c'è qualche problema perché un aiuto cuoco oggi è malato.
Cliente A	Chiedi quanto tempo devi aspettare.
Cameriere	Rassicura i clienti, puoi dire che manca poco, che i loro piatti sono quasi pronti.
Cliente A	Sono passati dieci minuti e non arriva niente. Di' al tuo partner che vuoi andare via, sei stanca di aspettare.
Cliente B	Cerca di calmare la tua partner, spiega che ormai è tardi, a quest'ora i ristoranti non prendono più ordinazioni, tu hai fame e vuoi restare qui.
Cliente A	Sei arrabbiata, ti alzi, saluti il tuo partner.
Cameriere	Vedi la cliente che sta andando via mentre arrivi con il suo piatto. La chiami e la inviti a sedersi.

② IN ALBERGO

Due clienti arrivano in un albergo. Hanno preso una stanza doppia. Non trovano gli asciugamani e il bagno è sporco. Chiamano la reception e si lamentano. Il portiere si scusa, ma non può aiutarli. Uno dei due vuole lasciare l'albergo. Il portiere gli offre di cambiare stanza.

Cliente A	Chiedi le chiavi della vostra stanza.
Portiere	Consegna la chiave della stanza numero 36 e spiega che si trova al terzo piano, ma l'ascensore purtroppo si è appena rotto.
Cliente B	Lamentatati per il disservizio.
Cliente A	Sei arrivato in camera. Fa molto caldo. Vuoi fare una doccia, ma non trovi gli asciugamani e la doccia è sporca. Lamentati con il tuo partner.
Cliente B	Di' al tuo partner di guardare bene, forse gli asciugamani sono nell'armadio.
Cliente A	Rispondi che non solo gli asciugamani non ci sono, ma che la doccia è sporca.
Cliente B	Calma il tuo partner dicendo che la doccia non è sporca, ma un po' vecchia. Di' che deve calmarsi.
Cliente A	Sei arrabbiato, di' al tuo partner di risolvere la situazione e che sei già scontento della stanza e vuoi cambiarla.
Cliente B	Chiama la reception e spiega il problema della doccia e degli asciugamani.
Portiere	Rispondi alla richiesta del cliente. Digli che forse si sbaglia, che deve cercare meglio ma che, se vuole, può scendere a prendersi da solo gli asciugamani. Sono in un mobile vicino alla reception.
Cliente A	Chiedi al tuo partner quando arrivano gli asciugamani in stanza.
Cliente B	Spiega cosa ti ha detto il portiere alla reception.
Cliente A	Sei molto arrabbiato e vuoi lasciare l'albergo per il cattivo servizio.
Cliente A e B	Andate alla reception e chiedete indietro i documenti e i soldi.
Portiere	Ti scusi da parte dell'albergo, ma spieghi che non è colpa tua, che la signora delle pulizie è andata via due ore prima e forse non ha finito il suo servizio. Offri un'altra stanza libera.
Cliente A	Non vuoi accettare l'offerta.
Cliente B	Vuoi accettare l'offerta.

19. RECENSIONI DA INTERNET

Leggi queste due recensioni dello stesso ristorante. Segna le cose che il primo cliente ha apprezzato e quelle che non sono piaciute al secondo cliente.

Ottimo e abbondante ●●●●○

Ci sono stata con il mio compagno a cena, pesce ottimo, porzioni abbondanti, personale gentile e simpatico, e finale a sorpresa con vasta scelta di amari fatti in casa! Ritorneremo sicuramente!

Che schifo! ●○○○○

Qualità scarsissima, servizio pessimo, conto senza nessuna logica. Locale posizionato in una traversa della via del mare, sperduto nel nulla, con una qualità del cibo al livello di una mensa.
Soprattutto, un locale che "lavora" ininterrottamente per cercare di aumentare le recensioni su Tripadvisor. Mi sembra che si preoccupino molto dei commenti e poco della qualità dei piatti. Insomma, di questo locale non si salva nulla. Scriveranno sicuramente qualcosa per giustificarsi, ma non fidatevi, andate da un'altra parte.

da www.tripadvisor.it

	CLIENTE 1 Apprezza	CLIENTE 2 Si lamenta di
1. Qualità dei prodotti	○	○
2. Porzioni	○	○
3. Servizio e gentilezza del personale	○	○
4. Posizione del ristorante	○	○
5. Conto/ prezzi	○	○
6. Scelta dei piatti	○	○

EPISODIO 4 • 65

20. SCRIVERE UNA RECENSIONE

Lo consiglio davvero!
Immagina di essere stato in un ristorante di cui hai un'ottima opinione. Scrivi una recensione positiva.

Lo sconsiglio davvero!
Immagina di essere stato in un ristorante di cui hai una pessima opinione. Scrivi una recensione negativa.

UN CONDOMINIO SOLIDALE IN CUI TUTTI SI CONOSCONO

di LAURA SERAFINI

FOSSANO (CUNEO) - Un condominio in cui tutti si conoscono, si aiutano, condividono le difficoltà quotidiane, ma anche i compleanni e le feste. In cui c'è chi accompagna i bimbi a scuola, chi fa la spesa per sé e per il vicino, chi mette a disposizione il proprio tempo per aiutare i più piccoli a fare i compiti. Una nuova realtà che sta nascendo nel palazzo «La nova corte» a Fossano, nel cuneese.

L'obiettivo è creare un condominio «solidale» e per trovare gli inquilini giusti la società Open Srl ha pubblicato un bando con un questionario per individuare la disponibilità.

A disposizione ci sono 13 bilocali, 15 trilocali e 3 quadrilocali, tutti dotati di box auto e cantina, per cui sono previsti canoni mensili a partire da 300, 370 e 450 euro. Destinatari del bando sono nuclei familiari a basso reddito, giovani coppie, anziani in condizioni sociali o economiche svantaggiate, studenti fuori sede, immigrati regolari a basso reddito, residenti da almeno dieci anni nel territorio nazionale. Tutti, però, devono rendersi disponibili a vivere in un condominio caratterizzato da condivisione, accoglienza e solidarietà.

I progetti solidali saranno studiati insieme ai futuri inquilini, ma le proposte variano dal babysitteraggio alla spesa per gli anziani, dalla creazione di un gruppo di acquisto solidale al bike-sharing del palazzo.

C'è già uno spazio comune da utilizzare per feste, compleanni, come postazione computer, per installare asciugatrici e lavatrici a uso comune.

«L'idea di avere qualcuno che ti dia una mano con i bambini è stupenda - racconta Alice, impiegata con due figli. - Una volta era più facile fare amicizia con il vicino di casa. Sapere che tutti in quel palazzo hanno voglia di creare una comunità ti fa venire voglia di andarci a vivere».

Tra gli interessati c'è Giovanni, che è anziano e ha un figlio disabile: «Se qualcuno fosse disponibile ad aiutarmi nella spesa gli sarei grato, in cambio potrei aiutare i ragazzi con i compiti».

«Dovrei trasferirmi a Fossano per lavoro ma non conosco nessuno - aggiunge Luca. - Vivere in un condominio in cui c'è amicizia e collaborazione ti incoraggia a fare il trasloco».

tratto da www.lastampa.it

21. 📖 **Leggi l'articolo e segna le risposte corrette.**

1. Si parla di un condominio in cui
   a. ◯ si fanno solo feste.
   b. ◯ la gente si conosce, si aiuta, organizza feste.

2. Il condominio si trova in un palazzo
   a. ◯ a Fossano in provincia di Cuneo.
   b. ◯ a Gallarate in provincia di Milano.

3. Per cercare gli inquilini la società Open Srl
   a. ◯ ha pubblicato un annuncio.
   b. ◯ ha pubblicato un bando.

4. Chi vuole vivere in questo condominio deve
   a. ◯ rispondere a un questionario.
   b. ◯ compilare un modulo.

5. Nel condominio sono disponibili
   a. ◯ solo monolocali.
   b. ◯ appartamenti di 2, 3, 4 stanze.

6. L'affitto degli appartamenti è variabile tra
   a. ◯ 300 e 450 euro mensili.
   b. ◯ 500 e 850 euro mensili.

7. Può abitare in questo condominio solo
   a. ◯ chi è disponibile alla condivisione e non ha problemi economici.
   b. ◯ chi è disponibile alla condivisione e appartiene a categorie in difficoltà.

8. Possono partecipare al bando
   a. ◯ tutti gli studenti.
   b. ◯ solo gli studenti che vengono da fuori.

9. Gli immigrati possono partecipare al bando
   a. ◯ se sono residenti in Italia da 10 anni.
   b. ◯ Se sono residenti in Italia da 5 anni.

10. I progetti solidali prevedono
    a. ◯ babysitteraggio, spesa per anziani, gruppo di acquisto, bike-sharing.
    b. ◯ babysitteraggio, spesa per anziani, gruppi di studio, car-sharing.

11. Alice apprezza la possibilità di avere
    a. ◯ aiuto per le pulizie.
    b. ◯ aiuto per i bambini.

12. A Giovanni
    a. ◯ serve aiuto per la spesa e può aiutare i ragazzi a fare i compiti.
    b. ◯ serve aiuto per il figlio disabile e può fare la spesa per altri.

13. Luca deve trasferirsi a Fossano
    a. ◯ dove vivono alcuni parenti.
    b. ◯ dove non conosce nessuno.

EPISODIO 4 • 67

EPISODIO 5

Sagre curiose e feste religiose

Agosto è il mese delle sagre, dei santi e delle processioni per mari e per monti. Il Sud si riempie di turisti e tornano per le vacanze anche i numerosi abitanti che durante l'anno si spostano nelle città del Nord per lavoro o per studio.

Ad agosto si uniscono sacro e profano, santi protettori e piatti tipici nei paesi festosi di tutta la penisola. Al Sud si illuminano a festa paesi arroccati sulle colline o distesi di fronte al mare.

Per le strade sfilano le bande musicali e nelle piazze giovani e vecchi arzilli ballano allegramente al ritmo di antiche danze popolari, come la pizzica o la tarantella, accompagnati da tamburi, tamburelli, fisarmoniche e organetti. Ogni paese unisce al culto religioso per il santo patrono la diffusione di prodotti tipici, non troppo costosi, cucinati e venduti nelle piazze chiassose e nelle vie del centro.
Formaggi, pesce, fritture e primi piatti appetitosi, vini e dolciumi con nomi fantasiosi spesso legati ai dialetti e alle tradizioni locali rallegrano l'estate e richiamano molte persone dai dintorni e anche da lontano.
Con un po' di fortuna è anche possibile assistere a una processione sul mare, con la statua di una Madonna protettrice caricata su una barca, seguita dai fedeli con centinaia di imbarcazioni tra le onde, in una scenografia naturale indescrivibile a parole.

1. 📖 **Leggi il testo e abbina gli elementi della colonna A con quelli della colonna B. Confronta con i compagni i tuoi risultati.**

A
1. (G) Agosto è il mese
2. ○ Il Sud si riempie
3. ○ Tornano per le vacanze
4. ○ Ad agosto si uniscono sacro e profano,
5. ○ Al Sud si illuminano a festa
6. ○ Per le strade sfilano
7. ○ Nelle piazze
8. ○ Ogni paese unisce al culto religioso per il santo patrono
9. ○ È anche possibile assistere a una

B
A. santi protettori e piatti tipici nei paesi festosi.
B. le bande musicali.
C. di turisti.
D. giovani e vecchi arzilli ballano allegramente.
E. la diffusione di prodotti tipici.
F. anche i numerosi abitanti.
G. delle sagre, dei santi e delle processioni.
H. processione sul mare con la statua di una Madonna protettrice.
I. paesi arroccati sulle colline o distesi di fronte al mare.

2. 📖 **Segna le risposte corrette.**

1. Quali danze sono citate nel testo?
   ○ il valzer   ○ la tarantella
   ○ la pizzica   ○ il tango
   ○ il saltarello   ○ la polca

2. Quali strumenti musicali sono citati nel testo?
   ○ chitarre   ○ fisarmoniche
   ○ tamburi   ○ mandolini
   ○ tamburelli   ○ organetti

3. Quali cibi e bevande sono citati nel testo?
   ○ verdure   ○ primi piatti
   ○ formaggi   ○ vini
   ○ pesce   ○ dolciumi
   ○ frutta   ○ caffè
   ○ fritture   ○ carne

• FACCIAMO
GRAMMATICA

AGGETTIVI IN -*OSO*

Osserva la **forma** di alcuni **aggettivi** presenti nel testo:

... **numerosi** abitanti
... paesi **festosi**
... piazze **chiassose**

Come puoi notare, questi aggettivi terminano col suffisso **-OSO** e derivano dai sostantivi *numero*, *festa* e *chiasso*. Molti altri aggettivi in italiano si formano allo stesso modo:

NOIA → NOI-**OSO/A/I/E**
PAURA → PAUR-**OSO/A/I/E**
COSTO → COST-**OSO/A/I/E**

Il suffisso *-OSO* si aggiunge alla **radice del sostantivo**. Per ottenere la radice si deve **eliminare la vocale finale**.

70 • EPISODIO 5

3. Prova a formare gli aggettivi da questi sostantivi e, se lo conosci, spiega il loro significato.

1. speranza
2. chiasso
3. rumore
4. studio
5. meraviglia
6. favola
7. rabbia
8. dubbio
9. dispetto
10. rispetto
11. difetto
12. orgoglio
13. coraggio
14. delizia
15. dolore
16. vanità

4. Ora osserva gli aggettivi che hai formato e prova a classificarli negli spazi sotto dividendoli in aggettivi con significato di valore positivo e aggettivi con significato di valore negativo.

QUALITÀ POSITIVE

QUALITÀ NEGATIVE

5. 💬 **COM'È SECONDO TE?**

Trova l'aggettivo più adatto per descrivere ciascuna delle situazioni qui sotto. Poi confrontati con un compagno / una compagna.

- un bambino che rompe i giocattoli dei suoi compagni
- un luogo dove c'è un pericolo
- una persona che fa tutto troppo in fretta
- una persona che ha paura di tutto
- una persona che non ha paura di nulla
- un intervento chirurgico
- un cielo pieno di nuvole
- una discoteca il sabato sera
- un bellissimo tramonto estivo sul mare
- un ragazzo che si rivolge a persone più anziane sempre con il giusto tono
- qualcuno che è molto fiero delle sue origini
- il motore di una macchina che non funziona
- una persona eccessivamente attenta all'abbigliamento, all'aspetto estetico
- un gruppo di persone che parlano tutte insieme a voce troppo alta
- una granita comprata nella migliore gelateria di Palermo

EPISODIO 5 ▪ 71

UN GUASTO RIPARABILE!

Max e Gino, i due giornalisti di *Radio 20*, hanno girato per alcune settimane alla scoperta di feste e sagre nei piccoli paesi del Sud Italia. Ora chiedono al pubblico di raccontare le loro curiose esperienze rispetto alle sagre e alle feste di paese che hanno visitato.

6. **AUDIO 8** Ascolta l'audio e segna le risposte corrette.

1. Max, Gino e Cecilia si sono conosciuti in treno. V F
2. Cecilia aveva perso un cagnolino. V F
3. Cecilia chiama da Milano. V F
4. Cecilia stava facendo un viaggio dalla Calabria alla Puglia. V F
5. La macchina ha avuto un guasto. V F
6. Era domenica e il telefono non funzionava. V F
7. Si è fermato un uomo che andava in bicicletta. V F
8. L'uomo che si è fermato conosceva un meccanico. V F
9. L'uomo li ha accompagnati a Marina di Gioiosa. V F
10. Nel paese c'era una festa religiosa. V F
11. Cecilia e il suo amico hanno visto una processione a mare. V F
12. Sono rimasti in paese per tre giorni. V F
13. Il guasto della macchina non era riparabile. V F
14. Cecilia viaggiava con Piero, il controllore del treno. V F
15. Gino e Max invitano Cecilia in radio. V F

7. **AUDIO 8** Nel dialogo radiofonico sono stati usati questi aggettivi. Inseriscili nella frasi sotto. Poi riascolta il dialogo e verifica.

- inutilizzabile • incredibili • riparabile
- impensabile • incredibile • insopportabile
- indimenticabile

1. Faceva un caldo _____.
2. Il telefono era _____.
3. Era _____ trovare qualcuno.
4. C'era una folla _____.
5. Le processioni con le Madonne sul mare si fanno in quasi tutte le città di mare della Calabria, e ce ne sono di più belle, ma per noi era la prima e per questo resta _____.
6. Il guasto era _____.
7. Sagre, feste e processioni, forza, raccontateci le più _____.

8. Osserva la forma degli aggettivi dell'esercizio precedente e completa le affermazioni scegliendo la soluzione che ti sembra adeguata.

1. Derivano da ○ verbi.   ○ sostantivi.
2. Si formano con *-abile* quando il verbo è in ○ -ARE.   ○ -ERE.
3. Si formano con *-ibile* quando il verbo è in ○ -ARE.   ○ -ERE.
4. Il contrario si forma con il prefisso _____.
5. Se il verbo comincia con *p-* il prefisso *in-* diventa _____.

72 • EPISODIO 5

FACCIAMO GRAMMATICA

AGGETTIVI IN -*ABILE*, -*IBILE*

In italiano esistono numerosi aggettivi che terminano con -**ABILE** o -**IBILE**, come puoi notare in questi esempi:
- Questo mistero non è facilmente **SPIEGABILE**.
- Cerca di raccontarmi una storia più **CREDIBILE**!
- Questo pezzo del motore è facilmente **SOSTITUIBILE**.

Questi aggettivi **derivano** generalmente **da verbi** e si formano con due suffissi diversi, aggiunti alla radice del verbo:
- -*ABILE* per i verbi che terminano in -**ARE**
- -*IBILE* per i verbi che terminano in -**ERE** o -**IRE**

Per formare il **contrario** di questi aggettivi basta aggiungere il prefisso **IN**- all'inizio della parola.

VERBO	AGGETTIVO	CONTRARIO	SIGNIFICATO
SPIEG**ARE**	SPIEG-**ABILE**	**IN**-SPIEG-**ABILE**	(che può/non può essere spiegato)
CRED**ERE**	CRED-**IBILE**	**IN**-CRED-**IBILE**	(che può/non può essere creduto)
SOSTITU**IRE**	SOSTITU-**IBILE**	**IN**-SOSTITU-**IBILE**	(che può/non può essere sostituito)

NOTA
Quando il prefisso **IN**- precede le consonanti *b* o *p*, si trasforma in **IM**-.

Quando precede le consonanti *r*, *l* o *m* si assimila a esse.

in + bevibile → **imb**evibile
in + ripetibile → **irr**ipetibile
in + leggibile → **ill**egibile

9. Forma gli aggettivi che derivano da questi verbi aggiungendo -*abile* o -*ibile* e scrivi i contrari.

	VERBO	AGGETTIVO	CONTRARIO
1.	accettare		
2.	amare		
3.	attaccare		
4.	lavare		
5.	leggere		
6.	mangiare		
7.	paragonare		
8.	pensare		
9.	preferire		
10.	prevedere		
11.	realizzare		
12.	rimborsare		
13.	riparare		
14.	risolvere		
15.	scaricare		
16.	sopportare		
17.	trattare		
18.	vivere		

NOTA!
Alcuni aggettivi hanno una formazione irregolare:

FARE	→	FATTIBILE	→	INFATTIBILE
POTERE	→	POSSIBILE	→	IMPOSSIBILE
BERE	→	BEVIBILE	→	IMBEVIBILE
DIRE	→	DICIBILE	→	INDICIBILE

Esistono, poi, due aggettivi molto usati quando si parla di cose da mangiare o di acqua:
POTABILE (che si può bere)
COMMESTIBILE (che si può mangiare)

ACQUA NON POTABILE

FUNGHI NON COMMESTIBILI

10. UN ESERCIZIO FATTIBILE!

Nelle seguenti frasi, inserisci gli aggettivi in *-abile* e *-ibile* o il loro contrario, scegliendo tra quelli dati nell'esercizio precedente.

1. Giorgio, sta' tranquillo e non fare drammi! Il tuo problema è _____ più facilmente di quanto tu non creda!
2. Questa minestra è troppo salata! È davvero _____!
3. Signora, purtroppo ha rinunciato troppo tardi al suo viaggio, ora il suo biglietto non è più _____!
4. Ma cosa c'è scritto in questa ricetta? Non ci capisco niente, la scrittura di questo dottore è veramente _____.
5. I proprietari chiedono 500.000 euro per vendere la loro casa. Per me è troppo, ma l'agenzia dice che il prezzo non è _____.
6. Il tuo lavoro non è _____ al mio, è molto meno stressante.
7. Il traffico, lo smog, l'inquinamento acustico rendono le grandi città veramente _____.
8. Marcello è sempre gentile. È una persona davvero _____!
9. Complimenti! Il suo progetto è _____ con poca spesa e in tempi brevi.
10. Lucia, non bere l'acqua di questa fontanella! Secondo me non è _____.
11. Basta! Smettetela! State facendo un chiasso _____!
12. Ho rifiutato quel lavoro perché lo stipendio era veramente _____!
13. Il tecnico mi ha detto che il guasto alla lavatrice fortunatamente è _____.
14. Questa camicetta non è _____ in lavatrice: è un tessuto molto delicato!
15. Questo testo è facilmente _____ da Internet.

74 ▪ EPISODIO 5

11. 💬 INCREDIBILE, IMPREVEDIBILE, INDIMENTICABILE...

Lavorate in piccoli gruppi. Ognuno di voi può scegliere gli argomenti che preferisce tra quelli della lista per parlarne con gli altri.

- la persona più imprevedibile
- il quartiere più invivibile della tua città
- la storia più incredibile
- il libro più illeggibile
- la persona più intrattabile
- la persona più insopportabile
- il sogno più irrealizzabile
- un/a amico/a insostituibile
- un viaggio indimenticabile

PER COMUNICARE
IN ITALIANO

RIPRENDERE UN CONTATTO, RITROVARSI, INVITARSI

Per spiegare chi sono	Ciao, **sono** Cecilia, **ci siamo conosciuti** in treno, ricordate? **Sono la ragazza che** aveva perso l'orecchino!	CI SIAMO INCONTRATI / CI SIAMO VISTI / CI SIAMO PRESENTATI...
Per segnalare che riconosco e mi ricordo di qualcuno	**Ah sì,** Cecilia con il cagnolino, **che piacere risentirti**, da dove ci chiami?	CHE BELLO / È UN PIACERE / CHE PIACERE / MI FA PIACERE RISENTIRTI / RIVEDERTI!
Per proporre un nuovo incontro	**Vienici a trovare** in radio, se sei a Bologna, **così** ci racconti la tua storia.	RIVEDIAMOCI PRESTO! PERCHÉ NON CI RIVEDIAMO...?

CECILIA — **CONDUTTORE**

12. 💬 E ORA SI RECITA!

Lavorate in coppia. Uno studente ha il ruolo di Cecilia e l'altro quello del conduttore della radio. Imparate le battute del loro dialogo (AUDIO 8) e mettete in scena la situazione. Poi invertite i ruoli e recitate ancora la scena.

13. RINCONTRARE, RISENTIRE QUALCUNO...

Lavorate in coppia. Immaginate di rincontrare o risentire una persona che potrebbe non ricordarsi di voi. Scegliete una di queste situazioni.

PER STRADA
Giovanni rivede Giulia. Quando si sono conosciuti erano all'università seduti uno a fianco all'altra. Lui le aveva prestato il suo iphone perché quello di Giulia era scarico.

PER TELEFONO
Ilaria telefona a Valerio. Si sono conosciuti in treno da Roma a Reggio Calabria. Lei non aveva né il biglietto, né i soldi per pagarlo.

IN TRENO
Marta rivede Francesco. Si sono conosciuti a una festa. Lei aveva fatto cadere un bicchiere di vino sulla sua camicia.

A UNA FESTA
Giacomo rivede Sara. Si sono conosciuti in vacanza a Taormina in Sicilia. Lui faceva il barista e preparava ottimi cocktail.

14. QUINDI NON ERI SOLA...

Osserva l'uso di *quindi* nel dialogo.

"E la macchina l'avete abbandonata?"
"No, il meccanico è stato gentile, ci ha riaccompagnati alla macchina e per fortuna il guasto era riparabile".
"Cecilia, ma tu dici sempre *noi*, **quindi** non eri sola, con chi eri?"
"Beh, magari lo conoscete, era Piero, il controllore del treno su cui viaggiavate anche voi!"

> La frase che comincia con *quindi* è la ○ **causa**
> ○ **conseguenza**
> di quello che Max dice nella frase precedente.

FACCIAMO
GRAMMATICA

QUINDI, ALLORA, DUNQUE, PERCIÒ...

QUINDI, ALLORA, DUNQUE sono elementi che collegano due frasi e stabiliscono un rapporto di conseguenza tra la prima e la seconda frase. Introducono la conclusione logica di una premessa. Hanno lo stesso significato di **PERCIÒ**, che abbiamo già visto nel livello A2.
Osserva questi esempi:

- Non avevamo voglia di uscire — QUINDI — siamo rimasti a casa.
- Avevamo mangiato troppo a pranzo — DUNQUE — abbiamo saltato la cena.
- La fabbrica è in crisi — PERCIÒ — molti operai saranno licenziati.
- Non mi piace la montagna — QUINDI — vado sempre in vacanza al mare.
- Hai deciso tu di studiare matematica e — ALLORA — non lamentarti se è difficile!

76 ■ EPISODIO 5

15. SEMPRE ALL'ULTIMO MINUTO!
Scegli il connettivo giusto.

Io e Maria siamo uscite di casa molto presto ○ **perché** ○ **perciò** ○ **ma** dovevamo prendere un autobus che passa solo due volte al giorno, ○ **dunque** ○ **ma** ○ **perché** non potevamo perderlo.

Mentre andavamo a piedi lungo la strada senza marciapiedi, Maria si è accorta di aver lasciato a casa gli occhiali da sole, ○ **ma** ○ **perciò** ○ **però** doveva correre a prenderli. Io le ho detto che doveva rinunciare agli occhiali per non rischiare di perdere l'autobus, ○ **perciò** ○ **ma** ○ **perché** lei mi ha risposto: "No, no, senza occhiali io non vado da nessuna parte!".

Mi ha lasciato la valigia ed è corsa indietro verso casa.

Sono passati solo pochi minuti, ○ **perché** ○ **ma** ○ **allora** a me sono sembrati un tempo infinito.

A un certo punto ho visto un autobus arrivare da lontano e ho pensato che fosse il nostro, ○ **allora** ○ **perché** ○ **ma** ho preso le due valigie e ho cominciato a correre verso la fermata.

Ero stremata, ○ **quindi** ○ **ma** ○ **perché** ho continuato a correre verso l'autobus, che si è fermato.

Quando sono arrivata ero sudata e senza fiato e l'autista, tutto calmo, mi ha detto: "Buongiorno, tranquilla... tranquilla, che l'avevo vista!"

"Grazie, grazie! Va a Marina di Camerota, vero?" ho chiesto all'autista.

In quel momento è arrivata anche Maria di corsa e tutta affannata.

"Dovete andare a Marina di Camerota? ○ **Allora** ○ **Perché** ○ **Perciò** dovete prendere l'autobus nell'altra direzione, la fermata è un po' indietro".

"Oh no! È dall'altra parte, ○ **quindi** ○ **ma** ○ **perché** dobbiamo attraversare la strada!" ha detto Maria.

"Dai, sbrigati che sta per passare!" le ho risposto, fuori di me.

Maria ha ripreso la sua valigia e mi ha seguita mentre cercavo di attraversare la strada tra moto e macchine in corsa.

"Lo vedi che a volte troppo anticipo non serve?!"

"Già – ho risposto io – ○ **ma** ○ **perciò** ○ **quindi** chi è che aveva detto che quella era la fermata giusta"?

Dopo un po' è arrivato il nostro autobus, siamo finalmente salite e, quando si è ripresa, Maria mi ha detto: "Sei tranquilla adesso? Bene, io invece sono stanchissima ○ **perciò** ○ **ma** ○ **perché** ora dormo, svegliami all'arrivo, per favore!"

QUANTI LIKE HAI PRESO?

16. AUDIO 9 Ascolta l'audio e segna le informazioni che senti.

1. Gli ascoltatori sono tornati dalle vacanze
   - ○ abbronzati e riposati.
   - ○ abbronzati e divertiti.

2. Alla radio hanno ricevuto tante segnalazioni di
   - ○ luoghi sconosciuti e piatti esotici.
   - ○ luoghi meravigliosi e piatti deliziosi.
   - ○ spiagge sabbiose o rocciose.
   - ○ spiagge famose o isolate.

3. Qualcuno ha trascorso vacanze
   - ○ meravigliose e divertenti.
   - ○ disastrose o piovose.

4. Quando non c'erano i social
   - ○ c'era più solitudine di oggi.
   - ○ c'era la sorpresa che oggi non c'è più.

5. In vacanza si dimenticavano
   - ○ i luoghi e le persone di sempre.
   - ○ il lavoro e le preoccupazioni.

6. Si mandavano
   - ○ cartoline che non sempre arrivavano.
   - ○ lettere con racconti delle avventure della vacanza.

7. Al ritorno dalle vacanze
   - ○ si guardavano le foto stampate, di carta.
   - ○ si proiettavano le diapositive.

8. Dal fotografo
   - ○ si portavano le foto da ritoccare.
   - ○ si portava il rullino da sviluppare.

9. Le foto delle vacanze
   - ○ si guardavano e si commentavano con gli amici.
   - ○ si attaccavano in un album.

10. Il conduttore invita gli ascoltatori a parlare
    - ○ della loro foto delle vacanze preferita.
    - ○ della loro foto più apprezzata sui social.

17. AUDIO 9 Ascolta più volte la trasmissione radio e completa il testo con le parole che mancano.

> **Gino:** Cari ascoltatori, eccoci di nuovo dopo le vacanze. Siete tornati tutti, _____, _____ e _____ per ricominciare? Noi di *Radio 20* siamo stati sempre con voi e abbiamo ricevuto tante vostre telefonate e tante segnalazioni di luoghi _____, piatti _____, _____ spiagge _____ o _____.
> Per i più sfortunati sono state vacanze _____, o anche _____: c'è chi si è ammalato, c'è qualcuno a cui _____ il cellulare, o chi _____ le valigie che _____ dopo una settimana...

> **Max:** Ma, ricordate _____ non c'erano i social? _____, vero? Però _____ che oggi abbiamo perso: la _____! Cioè, _____ in vacanza, _____ alle spalle i soliti luoghi e i soliti amici, _____ cartoline che a volte arrivavano a volte no... e al ritorno _____ rivedersi per raccontarsi le avventure, gli incontri, e _____ le foto, quelle stampate, di carta.

78 • EPISODIO 5

18. 💬 **LA TUA FOTO PIÙ CLICCATA...**

Sicuramente anche tu sei in qualche social. Lavora in coppia con un compagno / una compagna.
Pensa a una foto che hai pubblicato e che ha avuto molto successo. Descrivi la foto che ha ricevuto il maggior numero di *like* o di commenti.
Nella descrizione ricorda di includere i punti elencati.

- cosa o chi si vede nella foto
- dove e quando l'hai scattata
- qual era la situazione
- perché l'hai pubblicata
- i commenti che ti hanno fatto più piacere
- il numero di *like* che hai preso

PER COMUNICARE
IN ITALIANO

RICORDARE E VALUTARE IL TEMPO PASSATO

Per rievocare un tempo passato
- (TI) RICORDI / (VI) RICORDATE I TEMPI, IL TEMPO IN CUI...
- (TI) RICORDI / (VI) RICORDATE QUANDO...
- (TI) RICORDI / (VI) RICORDATE QUELLA VOLTA IN CUI... QUELLA VOLTA CHE...

Per dire che sembra molto lontano
- SEMBRA UN SECOLO! SEMBRA UN'ETERNITÀ!

Per dire che sembra molto vicino
- (MI) SEMBRA IERI!
- MI RICORDO COME FOSSE IERI!
- IL TEMPO È VOLATO!
- È COME SE IL TEMPO NON FOSSE PASSATO! / SI FOSSE FERMATO!

---

19. SEMBRA IERI...

Completa i dialoghi con le espressioni presentate qui sopra.

1. ▶ Rossana, ti ricordi i _____ andavamo a scuola?
   ▶ Eh, sì! Sembra un _____! Eravamo giovani, quante cose sono cambiate da allora!
   ▶ Hai ragione! Sembra proprio un' _____!
2. ▶ Luigi, _____ quella volta _____ perdemmo l'aereo per Londra? Che avventura!
   ▶ Come no! Io mi ricordo tutto benissimo! Mi _____ ieri, eppure sono già passati sei anni!
3. ▶ Sai Carla, se penso che mia figlia ha già vent'anni, quasi non riesco a crederci! Il tempo _____!
   ▶ Ti capisco, anche a me _____ che i miei figli erano bambini e ora sono adulti!
4. ▶ Mi ricordo ancora _____ fosse _____ il giorno _____ ho iniziato a lavorare qui.
   ▶ Accidenti, che memoria! Sono passati 35 anni!
5. ▶ _____ come era romantico Guido quando ci siamo conosciuti?
   ▶ Certo, mi ricordo quella _____ ti fece arrivare un enorme mazzo di rose rosse. Eravamo tutte invidiose!
   ▶ Beh, non ci crederai, ma non è cambiato affatto! È come se il tempo _____!
   ▶ Sei davvero fortunata!

EPISODIO 5 • 79

Angelo Faustino Russo in Notizie Curiose

ARRIVA IL MARITO IN AFFITTO PER I LAVORI IN CASA

Montare le mensole, aggiustare un'anta dell'armadio, sistemare le prese elettriche, stringere i rubinetti e perfino cambiare uno pneumatico alla macchina in caso d'emergenza. Questi, e tanti altri, i lavori svolti dai "mariti in affitto", un fenomeno crescente anche in Italia.

Sembra il titolo di una divertente **commedia americana**, in cui la protagonista, giovane e bella donna in carriera, deve far ritorno al paesino natio e decide di affittare un accompagnatore che presenterà ai suoi genitori come suo marito.
E invece si tratta di una **nuova iniziativa** già da tempo presente in Europa e che ora sta **spopolando** anche in **Italia**. Un volenteroso ed esperto uomo che per pochi euro **aggiusta** le persiane, **monta** le mensole, **imbianca** una parete un po' troppo sporca, **ripara** una presa elettrica o la serratura di una porta. Proprio come dovrebbe fare un perfetto **uomo di casa**.
Basta **chiamare** l'agenzia più vicina e in pochi minuti arriva uno specialista dei **lavoretti** di **riparazione domestica** in grado di sostituire anche la batteria dell'auto o cambiare una **gomma bucata**, con la stessa professionalità di un tecnico del team Ferrari.
Il **costo**? Va dai **20 ai 30 euro all'ora**. Una soluzione, questa, che piace non solo alle sempre più numerose donne single, ma anche a quelle sposate con un marito più interessato ai libri o alle partite di calcio che alle riparazioni. Spesso anche uomini impegnati nel lavoro ricorrono a queste agenzie perché non hanno il tempo o la possibilità per fare le riparazioni casalinghe.
Ma l'**85% di richieste** d'aiuto arriva da donne, per metà **sposate** e per metà **single**. La soddisfazione è comune alle tante utenti, come ha dichiarato una giovane donna sposata di Milano:
"Da circa un anno uso il servizio e mi trovo benissimo, mi hanno montato le mensole e imbiancato la cucina. Mio marito non sarebbe in grado di fare nulla".
Curiosa la motivazione fornita da un'altra ragazza: "Dopo essermi lasciata con il mio fidanzato ho bucato una gomma. Avrei dovuto richiamarlo per farmi aiutare, per fortuna mia madre mi ha dato il numero dei "mariti in affitto". È arrivato un signore rapidissimo, così ho risolto senza chiedere favori a nessuno".

tratto da www.urbanpost.it

20. **Leggi il testo e scegli la risposta giusta.**

1. I mariti in affitto possono fare tanti lavori diversi in casa di altri. — V F
2. Il marito in affitto è un uomo che giovani donne in carriera presentano ai loro genitori. — V F
3. L'iniziativa del marito in affitto nasce in Europa e ora è molto richiesta anche in Italia. — V F
4. Il marito in affitto è una persona con poca esperienza. — V F
5. Quali lavori fa il marito in affitto?
   ○ aggiusta le persiane ○ monta le mensole ○ imbianca una parete
   ○ cucina un pranzo ○ ripara una presa elettrica
6. Il marito in affitto si deve prenotare con molte settimane di anticipo. — V F
7. Può anche cambiare la batteria o una gomma bucata di un'automobile. — V F
8. Il costo dei lavori è di minimo 50 euro l'ora. — V F
9. Solo le donne single chiamano il marito in affitto. — V F
10. A volte anche gli uomini, se non hanno tempo, chiamano il marito in affitto. — V F

COME NASCE L'IDEA
DEL MARITO IN AFFITTO

Giovanni Grassetto è un imprenditore di Padova che dirige i lavori in un cantiere edile ma la crisi nel settore gli ha lasciato molto **tempo libero** a disposizione. Così ha deciso di organizzarsi con i propri collaboratori e ha inventato questa nuova attività, chiamata "**marito a ore**". L'idea del nome non è una casualità: "*È un'idea avuta con degli amici, nasce come una provocazione ma colpisce molto. Anche se* – precisa, meravigliato, l'imprenditore padovano – *la prima telefonata è stata quella di un amministratore di condominio*".

Gianluca Zilianti, invece, è un "**marito in affitto**" di Torino che, non senza un pizzico di orgoglio, dichiara: "*Ero così efficiente in casa che tutte le amiche di mia moglie scherzando le chiedevano se ero in prestito. Così è diventato un "lavoro".*"

tratto da www.urbanpost.it

21. Leggi *Come nasce l'idea del marito in affitto* e segna la risposta giusta.

1. L'idea è venuta a un uomo di Padova che era ○ un agricoltore. ○ un imprenditore edile.
2. In quel momento i suoi affari andavano ○ molto bene. ○ non molto bene.
3. Giovanni Grassetto aveva ○ molto tempo libero. ○ poco tempo libero.
4. Lui ha inventato l'attività del marito a ore ○ da solo. ○ insieme agli amici.
5. La prima telefonata ricevuta era di ○ un uomo. ○ una donna.
6. Luca Ziliani è un uomo che in casa ○ sa fare lavoretti. ○ non sa fare niente.
7. Le amiche di sua moglie volevano ○ prenderlo in affitto. ○ avere da lui del denaro.

22. QUALE COSA NON FA?

Cerca l'intruso! Cerca l'attività da escludere per ogni mestiere.

giardiniere
• taglia l'erba • pota le piante • rastrella le foglie • annaffia i fiori • asciuga i capelli

falegname
• conosce molti tipi di legno • costruisce mobili • usa chiodi • dipinge pareti • usa la sega

elettricista
• ripara la doccia • controlla impianti elettrici • collega fili • monta prese elettriche

idraulico
• ripara rubinetti • mette tubi • innaffia le piante • elimina perdite di acqua • ripara lo scarico del WC

traslocatore
• smonta mobili • riempie scatoloni • taglia l'erba • trasporta mobili e scatole • imballa oggetti

meccanico
• smonta mobili • fa la revisione annuale alla macchina • ripara guasti ai motori • controlla i freni

tuttofare
• fa piccole riparazioni • imbianca le pareti • ripara serrande • ripara piccoli guasti elettrici • costruisce case

EPISODIO 5 • 81

23. Leggi le richieste e le offerte di lavoro. Quali offerte sono compatibili con le due diverse richieste?

TUTTOFARE A DOMICILIO PER RIPARAZIONI DOMESTICHE

Richieste

1. Cerco un **giardiniere economico** per sistemarmi il giardino. È il giardinetto di una villetta a schiera. Al momento sarà il lavoro di un giorno, però in futuro potrei avere bisogno di nuovo dell'aiuto del giardiniere per il mantenimento. L'erba la taglio io, bisogna potare qualche pianta. Cerco preferibilmente persone con esperienza, no apprendisti. Ho bisogno del servizio questo mercoledì per circa cinque ore. Se non rispondo al telefono, per favore, lasciate un messaggio in segreteria e sarete richiamati.

2. Salve, sto cercando **un imbianchino**. Se saremo soddisfatti, in futuro lo chiameremo di nuovo per lavori simili. Bisogna pulire e sistemare tutto dopo il lavoro. I materiali li pagherò io. Le cose da fare sono: preparare le stanze, mettere il cellophane sui mobili e sul pavimento, dipingere le pareti. Ho bisogno del servizio martedì prossimo.

Offerte

A. ESPERIENZA VENTENNALE COME TUTTOFARE
Ho 32 anni, ho lavorato per varie aziende di idraulica, restauro, falegnameria, tinteggiature, eseguo qualsiasi lavoro di ristrutturazione dentro e fuori casa, negozi, uffici, ristoranti.

B. MARITO IN AFFITTO
Salve, mi chiamo Fernando, sono un marito in affitto per lavori di manutenzione della vostra casa. Non sapete come fare? Per qualsiasi cosa dobbiate fare in casa affidatevi a me: 20 anni di esperienza, affidabilità, onestà e serietà.

C. RIPARAZIONI CASALINGHE! ESPERTO TUTTOFARE
per problemi domestici di ogni genere: serrature, vetri rotti, tapparelle, rubinetti, scarichi, porte, finestre, interruttori, prese elettriche ecc. Imbiancare - verniciare - giardinaggio - ecc. Inoltre effettuo piccoli traslochi, svuoto cantine ecc.

D. TUTTOFARE OFFRESI
Stanchi di litigare con vostra moglie perché in casa ci sono tante piccole riparazioni da fare e tutto cade a pezzi? Allora avete trovato la persona giusta, io mi occuperò di far ritornare nuova la vostra casa! Lavoretti in casa, infissi, lampadine, prese, imbianchino, montaggio/smontaggio mobili, piccoli interventi idraulici ecc.

E. MICHELE TUTTOFARE
Salve, mi chiamo Michele. Svolgo qualsiasi tipo di lavoro domestico: tinteggiatura interni, lavori di muratura, elettricista, idraulica ecc. Preciso e puntuale, massima serietà, pluriennale esperienza.

tratto da www.cronoshare.it

gioco

24. CHI PUÒ AIUTARMI?

La classe è divisa in due parti: **metà classe ha un problema**, l'altra metà è formata da artigiani, operai che **possono risolvere il problema**. Tutti si muovono in classe per **cercare aiuto** o **per offrire servizi**.

STUDENTI CHE HANNO UN PROBLEMA

L'insegnante assegna a ogni studente della prima metà un riquadro dove sono illustrati i suoi problemi.

STUDENTI CHE POSSONO RISOLVERE IL PROBLEMA

L'insegnante assegna a ciascuno studente della seconda metà un ruolo, ad esempio idraulico, falegname ecc. (i ruoli sono a pag. 84).
Gli studenti che hanno un problema devono girare per la classe e cercare una persona che può aiutarli. Ad esempio, una persona può dire: "*HO UN PROBLEMA, la serratura della porta è rotta, lei mi può aiutare?*"
Se incontra la persona giusta, l'altro può dire: "*Sì, certo*" e i due cominciano a parlare.
Se incontra una persona che non può aiutarlo, l'altro può dire: "*Mi dispiace, io sono un idraulico, non so riparare le porte*".
Anche gli studenti che offrono servizi possono chiedere ad altri se hanno bisogno di loro.
Ad esempio: *Io sono un idraulico, posso aiutarla?*
Se l'altro ha bisogno di lui, può dire: "*Sì, certo!*" e inizia a parlare.
Se l'altro non ha bisogno di lui, può dire: "*No grazie!*" ecc.

HO UN PROBLEMA!

EPISODIO 5 • 83

IO POSSO AIUTARLA!!!

A Sono un *idraulico*
Chiedi qual è il problema, dove abita la persona, quando devi / puoi andare e di' il tuo prezzo

B Sono un *falegname*
Chiedi qual è il problema, dove abita la persona, quando devi / puoi andare a vedere la casa

C Sono un *elettricista*
Chiedi qual è il problema, dove abita la persona, quando devi / puoi andare a vedere la casa

D Sono un *giardiniere*
Chiedi qual è il problema, quanto lavoro c'è da fare, quando devi / puoi andare a vedere il giardino

E Sono un *tuttofare*
Puoi fare il fabbro, riparare serrature, cambiare vetri, riparare serrande rotte e imbiancare. Chiedi l'indirizzo per andare a vedere se puoi risolvere il problema

F Ho un furgone per *trasporti* e *traslochi*
Puoi imballare e trasportare, ma non hai un grande furgone, chiedi l'indirizzo, quante cose devono trasportare, a che piano, e quando devono traslocare, guarda l'agenda per vedere se sei libero

PER COMUNICARE IN ITALIANO

SEGNALARE UN GUASTO

- **Per segnalare un guasto**
  - MI SI È ROTTO/A IL FRIGORIFERO, LA LAVATRICE
  - C'È UN GUASTO AL FRIGORIFERO, ALLA LAVATRICE
  - NON (MI) FUNZIONA PIÙ IL FRIGORIFERO, LA LAVATRICE
  - NON FUNZIONA PIÙ LA CENTRIFUGA, IL CONGELATORE...

- **Per chiedere precisazioni**
  - CHE COSA È SUCCESSO?
  - CHE TIPO DI GUASTO?

- **Per rispondere**
  - NON SI ACCENDE...
  - PERDE ACQUA...

- **Per sapere se si può risolvere il problema**
  - SECONDO LEI, SI PUÒ RIPARARE? È RIPARABILE?

- **Per rispondere**
  - SÌ, CERTO! NON È UN GROSSO PROBLEMA! È UN GUASTO RIPARABILE. BASTA / SI DEVE SOSTITUIRE / CAMBIARE / RIPARARE UN PEZZO.

- **Per chiedere il parere del tecnico**
  - SECONDO LEI, VALE LA PENA DI / CONVIENE RIPARARLO/LA O È MEGLIO RICOMPRARLO / RICOMPRARLA

- **Per dare un parere negativo**
  - NO, PURTROPPO NON È RIPARABILE!
  - NO, LA RIPARAZIONE COSTA TROPPO.
  - NON VALE LA PENA DI RIPARARLO/LA. LE CONSIGLIO DI RICOMPRARLO/LA
  - NON LE CONVIENE...

- **Per dare un parere positivo**
  - SÌ, CERTO. PUÒ DURARE ANCORA QUALCHE ANNO!

AUDIO 10

AGOSTO IN CALABRIA CON WANDA

25. Ascolta l'intervista a Wanda Tassone e rispondi alle domande.

1. Wanda è
   - ○ siciliana.
   - ○ calabrese.

2. Pizzo Calabro si trova sulla costa
   - ○ tirrenica.
   - ○ ionica.

3. Le coste di Pizzo sono
   - ○ tutte sabbiose.
   - ○ sabbiose e rocciose.

4. Wanda parla di
   - ○ un castello e una chiesetta.
   - ○ un museo e un palazzo medievale.

5. I prodotti più famosi sono
   - ○ salmone e cannoli.
   - ○ gelato e tonno.

6. Il gelato tipico di Pizzo si chiama
   - ○ tartufo nero.
   - ○ porcino nero.

7. La tonnara è il luogo
   - ○ dove si lavora il tonno.
   - ○ dove si mangia il tonno.

8. Il mese migliore per visitare Pizzo è
   - ○ ottobre.
   - ○ agosto.

9. A Pizzo in agosto si svolgono
   - ○ molti concerti jazz.
   - ○ molte sagre.

10. La fileja è
    - ○ una tipica pasta calabrese.
    - ○ un tipico salume calabrese.

11. Il tonno a Pizzo si combina con
    - ○ tartufi, peperoni, aglio.
    - ○ cipolle, carciofi, 'nduja.

12. La 'nduja è fatta con
    - ○ interiora di maiale e peperoncino.
    - ○ interiora di agnello e melanzane.

26. ✏ **FESTE E SAGRE DEI PAESI TUOI...**

Scrivi un breve testo per descrivere una sagra o una festa caratteristica della tua città o del tuo Paese. Tieni conto di queste indicazioni.

- ▸ Come si chiama la festa o la sagra?
- ▸ In che periodo si svolge?
- ▸ È una tradizione storica?
- ▸ Si mangiano prodotti o dolci tipici?
- ▸ Ci sono musica o balli?
- ▸ Ci sono addobbi e luci nelle strade?
- ▸ Le persone si vestono in modo particolare?
- ▸ Ci sono giochi o competizioni?
- ▸ È una festa adatta ai bambini?

EPISODIO 5 ▪ 85

EPISODIO 6 Venezia, camera con vista

Settembre è un mese bellissimo, è la parte più mite dell'estate.
L'aria è appena più fresca e non si soffre più l'afa.
Ritorna pian piano la vita nelle città, si riaprono le scuole, ma le vacanze non sono ancora finite del tutto.
Nei primi giorni di settembre Venezia, ancora estiva, si prepara per mostrare al mondo la sua bellezza.
Insieme ai tanti fotografi e pittori che da sempre continuano a immortalarla, e ai tanti turisti che la consumano con le scarpe e con i loro scatti fotografici, ecco che arrivano le grandi telecamere e i tappeti rossi per le star del cinema di tutto il mondo che sfilano tra le calli e la laguna; è la settimana del Festival del Cinema, che si conclude con il premio del Leone d'oro per i migliori di ogni categoria: registi, attori, musicisti, costumisti, truccatori.

Un tempo era difficile trovare un albergo in questo periodo, ora con Internet e tutte le reti social è più facile trovare un posto per dormire. Alice non è più tornata a Venezia dai tempi della scuola, per questo Cinzia ha scelto di regalarle un viaggio a Venezia per il suo compleanno. Il compleanno di Alice è il 23 agosto, ma il viaggio a Venezia è stato organizzato per settembre.
Siccome Cinzia fa la fotografa, ha pensato di approfittare della settimana del Festival per scattare un po' di foto.
Come tutti i fotografi, anche lei spera di riuscire a fotografare qualche celebrità sullo sfondo dei ponti e dei palazzi veneziani.
La camera del loro albergo dà su una piazza incantevole, Santa Maria Formosa, nel sestiere Castello, un po' lontano dalla folla di piazza San Marco e del ponte di Rialto. Dalla finestra si può godere della vista della piazzetta: i caffè con i tavoli all'aperto, il venditore di frutta e di fiori e i passanti che ammirano tranquillamente la bellezza architettonica di questo campiello, dove alcuni bambini giocano a pallone.

1. 📖 **Leggi il testo e segna le risposte corrette.**

    1. Settembre è un mese piacevole perché non è troppo caldo. V F
    2. A settembre tutti sono ancora in vacanza. V F
    3. In questo periodo a Venezia ci sono solo turisti. V F
    4. Il Festival del Cinema di Venezia dura due settimane. V F
    5. Il premio finale del Festival del Cinema si chiama Leone d'oro. V F
    6. Il premio va solo ai migliori registi e attori. V F
    7. In questo periodo è sempre molto difficile trovare un posto per dormire. V F
    8. Alice va spesso a Venezia. V F
    9. Cinzia ha regalato ad Alice un viaggio a Venezia per il suo compleanno. V F
    10. Il viaggio è stato organizzato proprio nel giorno del compleanno di Alice. V F
    11. Cinzia fa la fotografa e spera di riuscire a fotografare qualche personaggio famoso. V F
    12. La camera di Cinzia e Alice dà su una tipica piazzetta veneziana. V F
    13. La piazzetta è deserta e silenziosa. V F

2. 📖 **Osserva queste frasi tratte dal testo che hai letto.**

    > Insieme ai tanti fotografi e pittori che da sempre **continuano a immortalarla**...

    > ... Cinzia **ha scelto di regalarle** un viaggio a Venezia

    > Siccome Cinzia fa la fotografa, **ha pensato di approfittare** della settimana del Festival...

    > ... anche lei **spera di riuscire a fotografare** qualche celebrità...

    I verbi evidenziati sono seguiti da un altro verbo al modo _____.
    Tra i due verbi c'è sempre una preposizione che può essere _____ oppure _____.

3. **Ora indica con una freccia le preposizioni che stanno dopo questi verbi, quando sono seguiti da un infinito.**

    - continuare
    - scegliere
    - pensare
    - sperare
    - riuscire

    A   DI

FACCIAMO GRAMMATICA

VERBI CON PREPOSIZIONI

Nella maggior parte dei casi, quando un **verbo è seguito da un infinito** le due preposizioni possibili sono **A** oppure **DI**.

- Valerio, **smetti di** guardare questo film noioso!
- Gianni mi **ha proposto di** andare a Venezia con lui.
- **Sta cominciando a** piovere e io non ho un ombrello.

88 ▪ EPISODIO 6

Ecco alcuni esempi dei verbi più usati con **A** o **DI** + **VERBO ALL'INFINITO**.

a: cominciare, iniziare, continuare, provare, incoraggiare, aiutare, stimolare, riuscire, abituarsi, convincere, obbligare, imparare, sbrigarsi, andare, mettersi

di: finire, terminare, smettere, tentare, cercare, pensare, credere, immaginare, ricordare / ricordarsi, dimenticare / dimenticarsi, ordinare, proporre, consigliare, sperare, chiedere / domandare, scegliere, decidere

4. DI O A?

Completa le frasi con le preposizioni DI o A.

1. Spero _____ arrivare in tempo alla stazione.
2. Il dietologo mi ha ordinato _____ fare degli esami del sangue.
3. Abbiamo pensato _____ organizzare una festa al parco per il compleanno di Paolo.
4. Dovete abituarvi _____ sopportare questo clima, qui fa sempre molto caldo ed è anche umido.
5. Ho provato _____ chiamarti diverse volte, ma il tuo cellulare era sempre spento o non raggiungibile.
6. Credo _____ aver lasciato l'ombrello al bar, perché quando siamo usciti aveva smesso _____ piovere.
7. Quel ragazzo è davvero maleducato e non ha ancora imparato _____ vivere!
8. Nessuno ti obbliga _____ studiare medicina, ma se lo vuoi fare devi impegnarti di più.
9. Ricordatevi _____ spegnere tutte le luci prima di uscire.
10. Ragazze, sbrigatevi _____ vestirvi, stiamo per uscire!
11. Mio figlio ha già iniziato _____ camminare, e ora devo essere molto più attenta.
12. Mentre io vado _____ fare la spesa, voi continuate _____ mettere in ordine la vostra stanza.
13. I miei amici mi hanno molto incoraggiata _____ fare la cantante. Mi hanno anche aiutata _____ farmi pubblicità nei locali.
14. I ladri hanno tentato _____ forzare la porta ma è suonato l'allarme. Dopo qualche giorno sono tornati e hanno provato _____ entrare dalla finestra.
15. La polizia è riuscita _____ trovare i responsabili del furto nella tabaccheria.
16. Ieri ho cominciato _____ leggere un libro che mi sta appassionando.
17. Marco e Caterina hanno deciso _____ andare a vivere in campagna.
18. Non mi convincerai mai _____ indossare questo bruttissimo vestito!
19. Luca mi ha chiesto _____ accompagnarlo in macchina all'aeroporto.
20. Ieri avevo tempo e mi sono messo _____ stirare tutte le mie camicie.
21. Mamma, non puoi obbligarmi _____ fare quello che vuoi tu!

5. Osserva queste frasi presenti nel testo alle pp. 86-87.

...il premio del Leone d'oro per i migliori **di ogni** categoria. → Si può anche dire: "di **tutte le** categorie"

Come **tutti i** fotografi... → Si può anche dire: "come **ogni** fotografo"

Ora scegli la risposta corretta.
1. *Ogni* è sempre ○ singolare. ○ plurale.
2. *Ogni* è ○ variabile. ○ invariabile.
3. Tra l'aggettivo *ogni* e il sostantivo che segue ○ c'è l'articolo. ○ non c'è l'articolo.
4. Tra gli aggettivi *tutti* e *tutte* e il sostantivo che segue ○ c'è l'articolo. ○ non c'è l'articolo.

6. OGNI / TUTTI, TUTTE

Trasforma come nell'esempio.

1. Ogni bambino ama giocare. — *Tutti i bambini amano giocare.*
2. Ogni mattina bevo un caffè.
3. Ogni attore vorrebbe ricevere il Leone d'oro.
4. Ogni attrice vorrebbe ricevere il Leone d'oro.
5. Ogni giorno lavoro dalle nove alle cinque.
6. Ogni anno faccio un viaggio all'estero.
7. Ogni camera ha un condizionatore.
8. Ogni tavolo è già prenotato.
9. Ogni sera bevo una camomilla.
10. Ogni sport fa bene alla salute.
11. Ogni partecipante alla maratona deve indossare la maglia con un numero.

FACCIAMO GRAMMATICA

OGNI / TUTTI, TUTTE (AGGETTIVI INDEFINITI)

L'aggettivo **ogni** si può sostituire con **tutti i / tutti gli** per il maschile e **tutte le** per il femminile.

Ogni aul**a** ha una lavagna → **Tutte le aule** hanno una lavagna.
Ogni student**e** ha un libro → **Tutti gli studenti** hanno un libro.
Ogni tavol**o** ha un computer → **Tutti i tavoli** hanno un computer.

Come puoi notare, **ogni** è sempre seguito da un **sostantivo al singolare**.

OGNI RAGAZZO

TUTTI I RAGAZZI

GUARDA QUEI DUE SEDUTI AL BAR!

Alice è entusiasta di essere a Venezia e non smette di ringraziare Cinzia e farle i complimenti per la scelta dell'albergo. A un tratto, affacciata alla finestra della camera, vede qualcosa di strano nel bar di sotto e chiama Cinzia.

7. AUDIO 11 Ascolta il dialogo e metti le vignette nell'ordine giusto.

8. AUDIO 11 Ascolta ancora il dialogo e segna chi lo fa o lo dice: A (Alice), C (Cinzia), N (nessuno).

1. Vede due persone sedute a un tavolo del bar che sembrano ferite e chiama l'amica a guardare.
2. Non vuole andare a guardare alla finestra perché sta facendo una doccia.
3. Va a guardare alla finestra ma vede un altro tavolo dove riconosce due attori famosi.
4. Va a guardare alla finestra e chiama un'ambulanza per soccorrere i feriti.
5. Dice che le persone al tavolo non sono ferite ma sono studenti della scuola di trucco.
6. Dice che il trucco dei due studenti è perfetto.
7. Dice che gli attori sono già andati via dal bar.
8. Dice che vuole andare a fare delle foto.
9. Dice che non può fare foto perché la macchina fotografica è rotta.
10. Dice all'amica che forse anche i due attori famosi al bar non sono veri.
11. Dice all'amica di prepararsi per uscire per la cena.
12. Ha prenotato un ristorante dove vuole arrivare prima del tramonto.
13. Dice che è noioso rimanere in casa a guardare dalla finestra.
14. Dice che ama guardare la piazza meravigliosa dalla finestra.

EPISODIO 6 • 91

9. AUDIO 11 Riascolta più volte il dialogo tra Alice e Cinzia e completa con le parole mancanti.

▶ Cinzia, _____ seduti al bar! La ragazza ha un braccio insanguinato e il ragazzo ha un grosso bernoccolo in testa!
▶ _____, non li vedo, _____?
▶ _____ seduti _____ lì _____, vedi?
▶ No! Ah, ma guarda chi vedo, no, non è possibile! Dai, _____ è Valeria Barile e lui, _____ Richard Bloom! Aspetta, che ora prendo la macchina fotografica e scendo!
▶ Ma di _____ parli?
▶ _____, vedi, il terzo _____.
▶ No, io dicevo _____, _____.

10. E ORA SI RECITA!

Preparate lo spazio: due persone sono sedute a un tavolo e un po' lontano altre due persone che hanno il ruolo di Cinzia e Alice stanno in piedi e guardano verso di loro. Mettete in scena il dialogo trascritto sopra con le battute di Cinzia e Alice. Poi invertite i ruoli: chi era seduto al tavolo recita il dialogo e viceversa.

CINZIA ALICE

PER COMUNICARE
IN ITALIANO

PER INDICARE E LOCALIZZARE COSE E PERSONE NELLO SPAZIO

LA VEDI **QUELLA** PIANTA?

QUALE? **QUELLA** SUL TAVOLO?

NO, DICEVO **QUELL'ALTRA**! **QUELLA** PER TERRA, ACCANTO AL TAVOLO!

LO VEDI **QUEL** RAGAZZO?

QUALE? **QUELLO** MORO, SEDUTO AL TAVOLINO DEL BAR, LÌ A DESTRA?

NO, DICEVO **QUELL'ALTRO**! **QUELLO** BIONDO, IN PIEDI VICINO ALLA PORTA!

92 • EPISODIO 6

CENA AL TRAMONTO AL *PARADISO PERDUTO*

Cinzia vuole approfittare di ogni momento per fare le sue foto, ma per festeggiare il compleanno di Alice ha prenotato in un locale molto particolare, lungo un canale, un po' lontano dall'albergo e fuori dal trambusto del centro.
Il locale è *Il Paradiso perduto*, un bacaro, nel rione Cannaregio. Un tempo i bacari erano osterie storiche popolari sempre piene di studenti universitari. Oggi alcuni sono diventati locali famosi e alla moda e molti turisti, che forse li hanno scoperti per caso, fanno il passaparola ai loro amici. Alice e Cinzia fanno una lunga passeggiata tra le calli e i *porteghi* secondari, sono lontane dal tragitto delle grandi masse (San Marco, Ponte di Rialto) e quando arrivano al *Paradiso perduto* il sole sta per tramontare. Sia fuori che dentro il locale c'è un'atmosfera bellissima, l'acqua del canale e il cielo si tingono di rosso e quest'angolo di Venezia sembra davvero un paradiso. Per fortuna hanno riservato uno dei pochi tavoli all'aperto, è quasi impossibile trovare posto se non si prenota molto prima!
Al bancone, affollatissimo, si può scegliere di tutto: il cibo è molto particolare, soprattutto pesce, alici fritte, baccalà, tanti tipi di vegetali, polpette e polenta. I camerieri sono indaffaratissimi a versare fiumi di vino e spritz nei calici di vetro e nei bicchieri di plastica a giovani e meno giovani che si fanno strada con le mani alzate.
Sul tavolo di Alice e Cinzia c'è un vaso con dei fiori di campo. Anche loro si siedono con due calici di spritz, arancioni come il cielo, poi iniziano a farsi portare dal cameriere tanti ottimi assaggi, invidiate da tutte le persone che arrivano e non riescono a trovare posto. Il locale all'interno è strapieno. Molti prendono cartocci di cibo e bicchieri ed escono fuori dal locale, sulle sponde del canale, mentre arriva la sera e la città si accende di luci che si riflettono nella laguna.

11. Leggi il testo e segna le risposte corrette.

1. Alice e Cinzia festeggiano il compleanno di Alice in un
   - a. ○ locale centralissimo.
   - b. ○ locale un po' lontano dal centro.

2. Il locale si chiama
   - a. ○ *Il Paradiso perduto*.
   - b. ○ *Il Paradiso della cucina veneziana*.

3. Un tempo i *bacari* erano
   - a. ○ osterie popolari frequentate da studenti.
   - b. ○ locali famosi frequentati da turisti.

4. Alice e Cinzia stanno passeggiando
   - a. ○ tra calli e porteghi secondari.
   - b. ○ vicino Piazza San Marco.

5. Quando arrivano al ristorante
   - a. ○ è ora di pranzo.
   - b. ○ è quasi sera.

6. Fuori dal locale
   - a. ○ c'è un'atmosfera triste.
   - b. ○ c'è un'atmosfera bellissima.

7. Cinzia e Alice hanno un tavolo
   - a. ○ in una saletta interna.
   - b. ○ all'aperto.

8. Al bancone, tra i cibi proposti ci sono
   - a. ○ alici fritte, baccalà, vegetali, polpette e polenta.
   - b. ○ alici fritte, orata, insalate, spaghetti e polenta.

9. I camerieri sono indaffaratissimi
   - a. ○ a servire birra e liquori.
   - b. ○ a versare fiumi di vino e spritz.

10. Alice e Cinzia bevono
    - a. ○ due calici di spritz di colore arancione.
    - b. ○ due calici di vino rosato.

11. Al *Paradiso perduto*
    - a. ○ tutti i clienti siedono ai tavoli.
    - b. ○ alcuni clienti non trovano posto ai tavoli.

12. Alcuni escono fuori dal locale
    - a. ○ con cartocci di cibo e bicchieri.
    - b. ○ con pizze e bicchieri.

12. DOVE?

Abbina gli elementi delle due colonne: troverai espressioni che riguardano lo spazio, che esprimono il *dove* con l'uso delle preposizioni. Le frasi sono prese dal testo che hai già letto.

A
1. (L) lungo
2. ○ lontano
3. ○ nel
4. ○ una lunga passeggiata
5. ○ fuori
6. ○ al
7. ○ versare fiumi di vino e spritz
8. ○ sul
9. ○ tavoli
10. ○ sulle
11. ○ luci che si riflettono
12. ○ all'

B
- A. tavolo di Alice e Cinzia
- B. rione Cannaregio
- C. dall'albergo
- D. nei calici di vetro
- E. nella laguna
- F. all'aperto
- G. tra le calli
- H. sponde del canale
- I. interno
- L. un canale
- M. dal trambusto del centro
- N. bancone

94 ▪ EPISODIO 6

CURIOSITÀ VENEZIANE
Che cos'è il bacaro?

Il **bacaro** è un locale che ricorda molto le vecchie osterie, senza tanti fronzoli e dove è possibile mangiare i **cicheti veneziani** (assaggini prevalentemente di pesce che vengono esposti su lunghi banconi in legno) accompagnati da **un'ombra de vin** (un bicchiere di vino, nero o bianco) oppure da un aperitivo puramente veneto ma ormai internazionale come lo **spritz** (quello veneziano e quello padovano sono insuperabili!).

Ma il bacaro è anche un luogo dove passare qualche ora in compagnia, tra bicchieri di vino e risate. Insomma, andar per bacari è una cosa veramente unica da fare almeno una volta nella vita, e soprattutto è un modo speciale e diverso di vedere Venezia.

tratto da sites.google.com

Il nome **bacaro** viene dai *bacari* (singolare: *bacaro*), un termine che, probabilmente, deriva da **Bacco**, dio del vino. Secondo un'altra teoria, deriverebbe da *far bàcara*, espressione veneziana che significa "festeggiare".

Bacari era il nome che in passato si dava ai vignaioli e ai vinai che andavano a Venezia con un barile di vino da vendere in Piazza San Marco insieme con dei piccoli spuntini. Il bicchiere di vino che si beveva si chiamava *ombra* perché i venditori seguivano l'ombra del campanile per proteggere il vino dal sole.

---

13. **CHE COSA SIGNIFICA BACARO?**

Leggi i testi e poi scegli la risposta corretta.

1. Il bacaro è un locale
   a. ○ di lusso.
   b. ○ piuttosto semplice.

2. I "cicheti veneziani" sono
   a. ○ piccole quantità di cibo.
   b. ○ abbondanti porzioni di cibo.

3. Nei bacari si mangia
   a. ○ prevalentemente carne.
   b. ○ prevalentemente pesce.

4. "L'ombra de vin" è
   a. ○ una bottiglia di vino.
   b. ○ un bicchiere di vino.

5. Lo spritz è un aperitivo
   a. ○ tipicamente lombardo.
   b. ○ tipicamente veneto.

6. La parola *bacaro* deriva
   a. ○ dal nome di un dio o da un'espressione veneziana.
   b. ○ dal nome del baco da seta.

7. I bacari in passato erano
   a. ○ artigiani che vendevano oggetti in Piazza San Marco.
   b. ○ vignaioli che vendevano vino e cibo in Piazza San Marco.

FACCIAMO GRAMMATICA

ESPRESSIONI LOCATIVE
(PER DIRE DOVE SI TROVANO COSE E PERSONE NELLO SPAZIO)

DIETRO / DAVANTI / SOTTO / SOPRA / DENTRO + **A**

DIETRO / DAVANTI / SOTTO / SOPRA / DENTRO + **sostantivo**

Queste espressioni possono essere seguite dalla preposizione *A*, ma si possono anche usare **senza** la preposizione *A*, seguite direttamente dal sostantivo.

- **Dietro al tavolo**
- **Dietro il tavolo**] c'è una pianta.

- **Sopra al tavolo**
- **Sopra il tavolo**] ci sono molti bicchieri.

- **Davanti alla chiesa**
- **Davanti la chiesa**] c'è una bella piazzetta.

- **Dentro alla borsa**
- **Dentro la borsa**] c'è il mio cellulare.

- **Sotto al tavolo**
- **Sotto il tavolo**] c'è il gatto che gioca.

INTORNO / VICINO / ACCANTO + **A**
- I bambini corrono **intorno alla** fontana.
- **Vicino al** bar c'è il supermercato.
- **Accanto alla** farmacia c'è un buon ristorante.

LONTANO / FUORI + **DA**
- Abito molto **lontano dal** centro.
- Esci **fuori dalla** mia stanza!

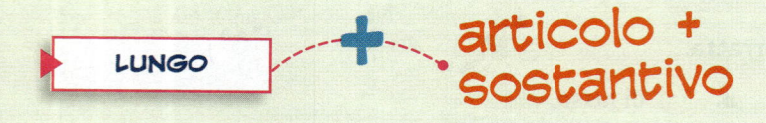

LUNGO + **articolo + sostantivo**
- Molte persone passeggiano **lungo la** spiaggia.

ALL'INTERNO / ALL'ESTERNO + **DI**
- **All'interno del** bar tutti i tavoli sono occupati.
- **All'esterno del** bar ci sono due tavoli liberi.

DIETRO, SOTTO, SOPRA, DENTRO quando sono seguiti da **pronomi personali** prendono la preposizione *DI*.

- **Dietro di noi** c'erano molte altre persone in fila.
- **Dentro di me**, sapevo di non amarlo più.
- Erano sdraiati sul prato e **sopra di loro** c'era solo l'immenso cielo azzurro.
- Guardavo dal finestrino dell'aereo e **sotto di noi** c'erano bellissime nuvole.

14. SOPRA LA PANCA LA CAPRA CAMPA, SOTTO LA PANCA LA CAPRA CREPA...

Guarda i disegni e completa le frasi con le espressioni locative del box precedente.

1. La capra bianca è _____ panca.
2. La capra gialla è _____ panca.
3. La capra nera è _____ panca.
4. La capra marrone è _____ panca.

5. Le capre bianche sono _____ recinto.
6. La capra nera è _____ recinto.
7. Le capre gialle camminano _____ recinto.
8. Le capre marroni camminano _____ fiume.
9. Il cane sta _____ capre.
10. Il lupo sta _____ capre.

EPISODIO 6 • 97

15. Completa i dialoghi con le espressioni indicate.

AL RISTORANTE
- all'aperto
- accanto alla • vicino alla
- lontano dalla

▶ Buonasera, avete un tavolo libero per due?
▶ Certo signori, va bene quello _____ porta?
▶ Beh, sarebbe meglio di no, forse c'è troppo via vai di gente che entra ed esce. Non ce n'è un altro un po' più _____ porta?
▶ Allora, posso proporvi quello lì in fondo _____ finestra, che ne dite?
▶ Beh, è sicuramente meglio, sembra più tranquillo... ma scusi, ci sono tavoli disponibili anche fuori? Stasera fa abbastanza caldo, forse è più piacevole cenare _____.

IN CASA
- davanti agli • sotto al
- dietro al

▶ Elena, ma dove diavolo hai messo l'ammorbidente per la lavatrice?
▶ Al solito posto, nel mobiletto _____ lavandino!
▶ Ma non riesco a trovarlo!
▶ Guarda bene, dovrebbe essere _____ detersivo e per questo non lo vedi.
▶ Accidenti, eccolo! Ce l'avevo _____ occhi!

FACCIAMO GRAMMATICA

PREPOSIZIONI ARTICOLATE: RIEPILOGO

Le preposizioni semplici sono: **DI, A, DA, IN, CON, SU, PER, TRA/FRA**.
Quando le preposizioni semplici incontrano un articolo determinativo si uniscono all'articolo.
Solo le preposizioni **PER** e **TRA/FRA** restano **separate dall'articolo**.
La preposizione **CON** può avere sia la forma articolata (meno usata) sia quella non articolata (più usata).
Ecco lo schema delle preposizioni articolate. Osserva come si trasformano le preposizioni **IN** e **DI**:

IN → NE...   DI → DE...

	IL	LO	L'	LA	I	GLI	LE
DI	del	dello	dell'	della	dei	degli	delle
A	al	allo	all'	alla	ai	agli	alle
DA	dal	dallo	dall'	dalla	dai	dagli	dalle
IN	nel	nello	nell'	nella	nei	negli	nelle
CON	con il	con lo	con l'	con la	con i	con gli	con le
	col	collo	coll'	colla	coi	cogli	colle
SU	sul	sullo	sull'	sulla	sui	sugli	sulle
PER	per il	per lo	per l'	per la	per i	per gli	per le
TRA/FRA	tra il	tra lo	tra l'	tra la	tra i	tra gli	tra le
	fra il	fra lo	fra l'	fra la	fra i	fra gli	fra le

98 • EPISODIO 6

16. *SU, DA, IN, A, DI*: **ATTENTI ALL'ARTICOLO!**
Completa le frasi con le preposizioni articolate.

su

1. Al mare mi piace stare sdraiato _____ spiaggia, ma anche prendere il sole _____ scogli.
2. Abbiamo lasciato la mancia per il cameriere _____ tavolo.
3. Prendiamo un aperitivo _____ terrazzo?
4. _____ colline toscane e piemontesi si producono buoni vini rossi.
5. Eravamo _____ autobus notturno ed è salito un tipo davvero strano! Sembrava ubriaco!
6. Al ristorante c'erano graziosi vasetti di fiori colorati _____ tavoli.

da

7. Sono andato _____ dottore perché avevo mal di stomaco e non riuscivo a digerire.
8. Da piccolo passavo le vacanze _____ nonni in campagna.
9. Molti studenti di questa università vengono _____ regioni del sud d'Italia.
10. Stasera andiamo tutti a cena _____ amici di Marco.
11. C'è un traffico pazzesco! Vengo _____ stazione in macchina e ci ho messo quasi un'ora!
12. I miei due figli vanno _____ stesso professore per fare ripetizioni di matematica.

in

13. _____ città d'arte italiane ci sono sempre molti turisti affascinati dalle loro bellezze artistiche.
14. _____ centro di Roma si possono ammirare bellissime fontane barocche.
15. _____ vicoli del centro di Firenze ci sono tanti piccoli negozi e laboratori artigiani.
16. _____ mia camera c'è un armadio molto grande, eppure non riesco a metterci tutti i miei vestiti.
17. _____ ultimi vagoni della metro c'è sempre meno gente e si può trovare qualche posto a sedere.
18. I tuoi calzini sono _____ ultimo cassetto a destra.

a

19. Quasi tutti scendono _____ stazioni più centrali della metropolitana e _____ capolinea i vagoni sono quasi vuoti.
20. Purtroppo la squadra di calcio per cui faccio il tifo è _____ ultimi posti in classifica.
21. Non vado mai _____ stadio: preferisco guardare le partite comodamente a casa.
22. Ci vediamo _____ angolo tra via Emanuele Filiberto e Piazza Vittorio Emanuele.
23. Per Piazza del Duomo deve girare _____ prima traversa a destra, poi andare sempre dritto fino _____ semaforo e infine girare a sinistra.

di

24. A Venezia c'è il famoso Ponte _____ Sospiri.
25. Nel periodo _____ Carnevale la città è strapiena di gente e di turisti.
26. L'isola di Murano è famosa per la lavorazione _____ vetro.
27. Sebastiano del Piombo è uno _____ artisti più famosi di Venezia.
28. Non c'è niente di più incantevole _____ piccole calli veneziane lontane dal caos _____ centro!
29. Da non perdere la visita _____ famosa Basilica di San Marco!
30. La biennale d'arte di Venezia si svolge ai giardini _____ Arsenale.
31. Ci sono due versioni _____ spritz: il Campari spritz è milanese, l'Aperol spritz è veneziano.

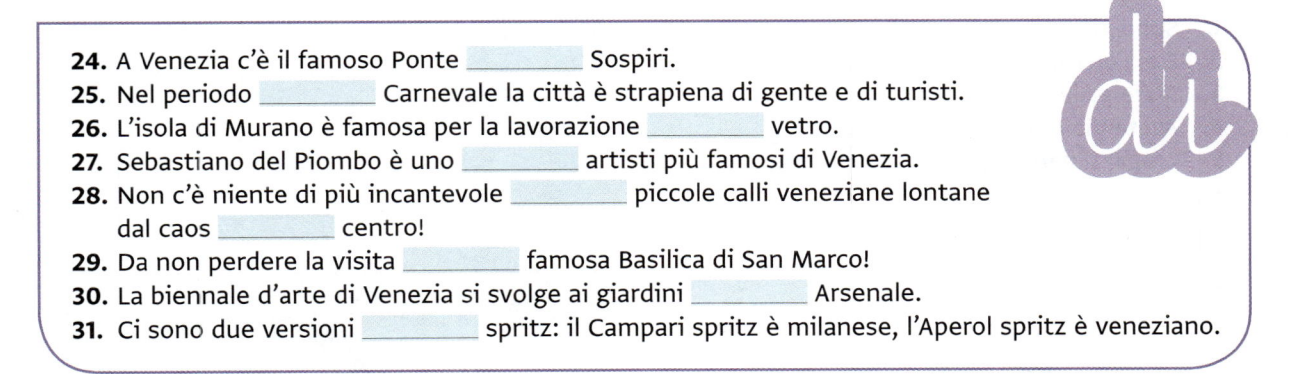

EPISODIO 6 • 99

17. Scegli la preposizione giusta.

1. Quando si arriva ○ **sulla** ○ **alla** stazione di Venezia si vede subito la laguna.
2. La mostra ○ **del** ○ **nel** Cinema di Venezia si svolge ○ **al** ○ **per il** Lido.
3. Il ponte di Calatrava si trova proprio accanto ○ **alla** ○ **della** stazione di Venezia.
4. Mi piace passeggiare ○ **alle** ○ **per le** vie lontane ○ **dal** ○ **del** traffico del centro.
5. Abbiamo preso un aperitivo in un bar ○ **all'** ○ **nell'** aperto.
6. Siamo andati a cavallo ○ **lungo il** ○ **lungo del** mare: è stato bellissimo!
7. ○ **Nei** ○ **Sui** bacari di Venezia c'è un'atmosfera piacevole e si mangia bene.
8. Non sono mai entrato ○ **sulla** ○ **nella** basilica di San Marco.
9. A Venezia ci si sposta ○ **con i** ○ **per i** vaporetti.
10. Andiamo a fare un giro ○ **dalla** ○ **della** laguna?
11. La bellezza di Venezia è ○ **sugli** ○ **negli** angoli nascosti ○ **alla** ○ **della** città.
12. È bello camminare ○ **sulle** ○ **dalle** sponde ○ **dai** ○ **dei** canali di Venezia.

• FACCIAMO
GRAMMATICA

STARE PER... IL FUTURO IMMINENTE

Per esprimere un'azione che accadrà nel **futuro molto vicino** (futuro imminente) si usa la struttura **STARE PER** + VERBO ALL'INFINITO.
Osserva questa frase dal testo *Cena al tramonto al Paradiso perduto* a p. 93:

> Alice e Cinzia fanno una lunga passeggiata tra le calli e i *porteghi* secondari, sono lontane dal tragitto delle grandi masse (San Marco, Ponte di Rialto) e quando arrivano al *Paradiso perduto*, il sole **sta per tramontare**.

il sole **sta per tramontare**
↓
significa
↓
il sole **tramonterà tra poco tempo**.

18. L'HAI GIÀ FATTO? NON ANCORA, MA STO PER...

Scrivi le risposte come nell'esempio.

1. Sono già tornati da scuola i bambini? — *Non ancora, ma stanno per tornare.*
2. È già arrivata la signora Gilda?
3. Siete già arrivati in piazza?
4. Avete già prenotato il ristorante?
5. I ragazzi hanno già finito i compiti?
6. È già partito il treno?
7. Si è già laureato Marco?
8. Si sono già sposati Aldo e Marta?
9. Ti sei già trasferito a Milano?
10. Hai già comprato casa?
11. Hai già finito di scrivere la tua tesi?

19. STAVO PER... QUANDO...

Trasforma le frasi come nell'esempio.

1. Carlo uscire / telefono squillare.
   Carlo stava per uscire, quando è squillato il telefono
2. Io finire il lavoro al computer / andare via la luce.
3. Noi attraversare la strada / macchina arrivare a tutta velocità.
4. Commessa chiudere negozio / arrivare ultimo cliente.
5. Io entrare nella doccia / campanello suonare.
6. Sara mettersi a letto / Giovanna telefonarle.
7. Simona e Luca partire per le vacanze / macchina rompersi.
8. Io finire un libro / amici arrivare.
9. Io raccontare tutto a Luisa / suo marito arrivare.
10. La mia squadra perdere la partita / Valerio segnare un gol.
11. Il professore di fisica interrogare / finire l'ora.
12. Io lasciare il lavoro / avere un aumento di stipendio.
13. Ragazzi fare il bagno in mare / arrivare un temporale.

20. MA COME SI CHIAMANO LE STRADE A VENEZIA?

Venezia è una città davvero speciale: non solo perché è costruita sull'acqua o perché è ricca d'arte e di storia, ma anche per i nomi dei quartieri, delle vie e delle piazze. Anche questi sono speciali rispetto a quelli di tutte le altre città italiane.
Per orientarsi nella città, il viaggiatore deve sapere alcune cose fondamentali.
Per scoprire come si chiamano le parti della città prova ad abbinare le parole della colonna A con quelle della colonna B.

A
1. ○ il sestiere
2. ○ la calle
3. ○ il campo
4. ○ il campiello
5. ○ il sotopòrtego
6. ○ le fondamenta

B
A. la piazza
B. le rive che costeggiano i canali
C. il passaggio sotto le case che collega due calli
D. la via
E. il quartiere
F. la piccola piazza

Campi e campielli di Venezia, piccole e grandi piazze

Un tempo quasi tutte le piazze d'Italia erano chiamate *campi*. Oggi ne rimangono solo pochi fuori da Venezia (Campo de' Fiori a Roma, Piazza del Campo a Siena), sostituiti dalla denominazione *piazza*. Al contrario a Venezia non ci sono le piazze – l'unica è Piazza San Marco – mentre ovunque si trovano i campi, che quando sono di piccole dimensioni diventano campielli.
I campi si chiamano così perché una volta erano spazi verdi spesso coltivati o utilizzati per far pascolare il bestiame.
Tra **i campi più famosi e ampi della città** possiamo citare *Campo San Polo*, il campo più grande di Venezia, situato nell'omonimo sestiere, e *Campo Santa Margherita*.
Altre *piazze* (mai chiamarle così in pubblico!) importanti di Venezia sono *Campo San Bartolomeo*, molto vicino al Ponte di Rialto, e *Campo San Trovaso* a Dorsoduro, vicinissimo allo *squero* omonimo, una delle poche officine-cantiere rimaste aperte per la costruzione delle gondole. Infine, *Campo della Salute*, che diventa molto affollato il 21 novembre in occasione della processione per la Festa della Madonna della Salute.

Una piccola curiosità: il sestiere con il maggior numero di campi è San Polo, che ne ha 11. A Cannaregio se ne trovano 9, a Castello 2 e poi in tutti gli altri sestieri, Dorsoduro, San Marco e Santa Croce, solamente uno.

I ponti di Venezia

A Venezia ci sono circa 340 ponti, compresi quelli sulle grandi isole. Ma se pensate che i più famosi siano il Ponte di Rialto o quello dei Sospiri, vi sbagliate. I ragazzini in gita scolastica a Venezia si divertono con il Ponte delle Tette nel sestiere di Santa Croce. Il ponte si trova nella zona chiamata Carampane, l'antico quartiere a luci rosse di Venezia. Una leggenda racconta che le signore delle case di tolleranza (le prostitute) affacciate sul ponte cercavano di attirare gli uomini mostrando il seno nudo (le tette), da cui il nome del ponte. Ma ciascuno dei 340 ponti di Venezia ha la sua storia da raccontare.

I ponti più famosi di Venezia

Tra i **ponti più importanti** di Venezia si possono sicuramente ricordare quelli che attraversano il Canal Grande. Sono solo quattro, di cui tre piuttosto recenti: il Ponte degli Scalzi (chiamato anche della Stazione) che risale al 1934; il Ponte dell'Accademia è del 1933 e da allora aspetta di essere trasformato da ponte di legno in un ponte di pietra; e l'ultimo nato, il Ponte della Costituzione, inaugurato nel 2008, che è un'opera moderna dell'architetto spagnolo Santiago Calatrava.
Il quarto ponte sul Canal Grande è il bellissimo Ponte di Rialto, tra i sestieri di San Marco e San Polo. Il primo Ponte di Rialto risale al 1175, ma quello attuale è un rifacimento del 1591.
Ma forse il ponte più suggestivo di Venezia è il Ponte dei Sospiri. Si trova vicino a Piazza San Marco e collega Palazzo Ducale alle Prigioni Nuove. Su quel Ponte, migliaia di prigionieri condannati ai tempi della Serenissima trascinavano tristemente le loro catene; dalle finestre del ponte i poveretti guardavano per l'ultima volta il cielo e l'acqua, sospirando.

adattato da www.thatsvenice.it

21. Leggi il testo sui campi e sui ponti di Venezia e cerca queste informazioni, poi confronta i tuoi risultati con un/a compagno/a.

1. Il nome di due piazze italiane che sono ancora chiamate *campi*.
2. Il nome dell'unica piazza di Venezia.
3. Il motivo per cui i campi si chiamano così.
4. Il campo più grande di Venezia.
5. L'unico campo dove si costruiscono gondole.
6. Un campo dove si svolge una festa religiosa.
7. Il nome del sestiere con più campi.
8. Il numero dei ponti di Venezia e delle isole.
9. Il numero di ponti che attraversano il Canal Grande.
10. Il nome di un ponte famoso per una leggenda.
11. Il ponte più antico e quello più moderno.
12. Il nome di un ponte che ricorda la tristezza di quelli che ci passavano anticamente.

1. _____
2. _____
3. _____
4. _____
5. _____
6. _____
7. _____
8. _____
9. _____
10. _____
11. _____
12. _____

AUDIO 12
ABITANTE A VENEZIA, TURISTA A ROMA

22. Ascolta la storia di Paolo Tomassi e segna le risposte corrette.

1. Paolo Tomassi si è trasferito da Roma a Venezia. V F
2. In passato non aveva mai immaginato di vivere a Venezia. V F
3. Ha cercato la sua nuova casa tramite un'agenzia immobiliare. V F
4. Castello è lontano dai sestieri di San Marco e Cannaregio. V F
5. Paolo fa l'insegnante e ha ottenuto facilmente il trasferimento a Venezia. V F
6. Paolo prende il battello per andare al lavoro. V F
7. Secondo lui Venezia è una città molto vivibile. V F
8. Venezia è come un palcoscenico mondano e internazionale. V F
9. Il flusso turistico è sempre uguale durante tutto l'anno. V F
10. I turisti si accalcano solo in Piazza San Marco. V F
11. Per scoprire i luoghi segreti di Venezia non si deve seguire la massa. V F
12. Paolo ama Roma ma non tornerebbe a viverci. V F

EPISODIO 6 • 103

ANDIAMO AL CINEMA

23. LE PAROLE DEL CINEMA

Abbina gli elementi della colonna A con quelli della colonna B.

A
1. (E) il nome del film
2. ( ) la persona che dirige il film
3. ( ) le musiche del film
4. ( ) l'attore / l'attrice che recita il ruolo più importante
5. ( ) una parte del film
6. ( ) chi scrive le scene e i dialoghi di un film
7. ( ) la storia raccontata nel film

B
A. la trama
B. il / la protagonista
C. la colonna sonora
D. il / la regista
E. il titolo
F. la scena
G. lo sceneggiatore / la sceneggiatrice

24. CHE GENERE DI FILM È?

I film si dividono in generi. Il genere di un film dipende dai suoi contenuti, dalla storia che racconta. Ora osserva le immagini e scrivi nello spazio corrispondente il genere a cui appartiene il film, secondo te.

I GENERI
- commedia • drammatico
- sentimentale / d'amore
- storico • d'animazione
- di fantascienza • horror
- d'avventura • poliziesco
- ~~musicale~~

1. Il gladiatore 
2. Pirati dei caraibi 
3. La bella e la bestia 
4. Titanic 
5. Grease — musicale

104 • EPISODIO 6

25. 📖 **Leggi le trame di questi film e poi abbina ogni trama al film giusto.**

1 ○ Dal meraviglioso libro di Jane Austen alla pellicola, l'amore tra l'aristocratico Darcy ed Elizabeth, una ragazza dal temperamento energico e passionale, in una delle più avvincenti storie d'amore mai raccontate.

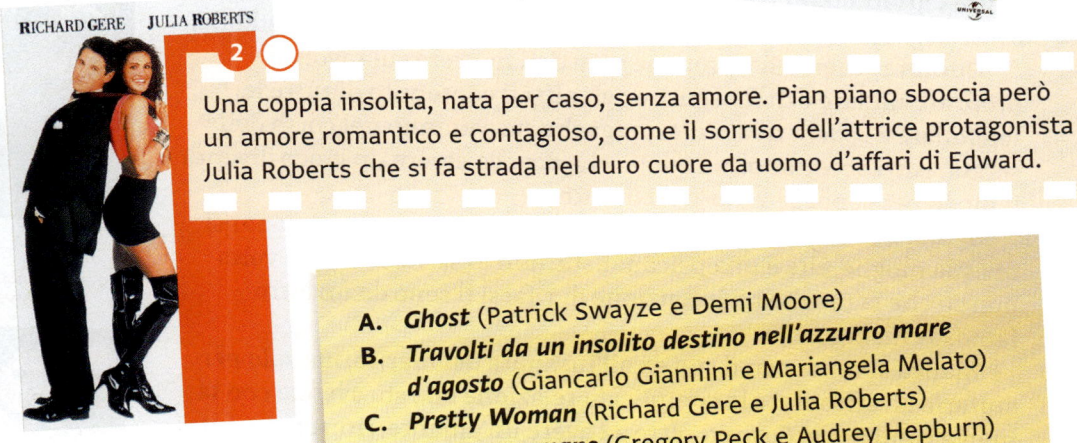

2 ○ Una coppia insolita, nata per caso, senza amore. Pian piano sboccia però un amore romantico e contagioso, come il sorriso dell'attrice protagonista Julia Roberts che si fa strada nel duro cuore da uomo d'affari di Edward.

A. **Ghost** (Patrick Swayze e Demi Moore)
B. **Travolti da un insolito destino nell'azzurro mare d'agosto** (Giancarlo Giannini e Mariangela Melato)
C. **Pretty Woman** (Richard Gere e Julia Roberts)
D. **Vacanze romane** (Gregory Peck e Audrey Hepburn)
E. **Grease** (Olivia Newton-John e Jahn Travolta)
F. **Harry, ti presento Sally** (Billy Cristal e Meg Ryan)
G. **Orgoglio e pregiudizio** (Matthew Macfayden e Keira Knightley)
H. **Lilli e il Vagabondo** (animazione)

3 ○ Un amore struggente e appassionato, tra la vita e la morte.

5 ○ Una coppia meravigliosa, due interpretazioni ineguagliabili impreziosite dallo scenario mozzafiato di Roma.

6 ○ Lui, rozzo marinaio, lei, snob e ricca borghese. Un amore travolgente al di là di ogni barriera imposta dall'estrazione sociale... che però funziona solo su un'isola deserta!

7 ○ La coppia di cagnolini innamorati più famosa nella storia dei film d'animazione, travolge ed emoziona ancor oggi.

8 ○ Una stravagante amicizia che sfocia in un vero amore e in scene esilaranti. Ma secondo voi... uomini e donne possono essere amici?

10 ○ Una storia d'amore giovane ed effervescente tra balli, brillantina e rock'n'roll, tutta a tinte e a texture anni '50.

EPISODIO 6 ▪ 105

Perfetti sconosciuti

di Paolo Genovese

Eva e Rocco invitano a cena a casa loro gli amici di sempre: Cosimo e Bianca, Lele e Carlotta, e Peppe. I padroni di casa sono da tempo in crisi, la seconda coppia è invece formata da novelli sposi, Lele e Carlotta hanno anche loro dei problemi, mentre Peppe, dopo il divorzio, non riesce a trovare né un lavoro né una compagna stabile.

Durante la cena Eva propone a tutti di mettere sul tavolo il proprio cellulare e di far sentire agli altri il contenuto di tutte le telefonate e vedere tutti i messaggi che riceveranno nel corso della serata. Tutti accettano, ma quello che doveva essere un gioco diventa il modo per conoscere i segreti di tutti.

Si scopre così che Rocco, chirurgo plastico, è da tempo in analisi, ma sua moglie, che è una psicanalista, non lo sa. Rocco a sua volta non sa che la moglie ha intenzione di rifarsi il seno da un altro famoso chirurgo.

Bianca si sente con il suo ex all'insaputa del marito, ma solo per aiutarlo ad affrontare la complicata relazione che sta avendo con la nuova compagna. Cosimo, oltre ad avere un'amante, rimasta incinta durante il loro ultimo rapporto, ha una relazione con Eva, la moglie di Rocco.

Lele ha anche lui un'amante, mentre Carlotta ha una relazione online con un altro uomo e vorrebbe mettere in una casa di riposo la suocera che abita con lei e il marito. Si scopre anche che Carlotta, guidando ubriaca, ha ucciso un uomo e che Lele, per evitare il carcere alla moglie, si è preso la colpa dell'incidente.

Infine, Peppe rivela a tutti la sua omosessualità.

Durante questa cena squillano sempre i cellulari, ci sono momenti di tensione, ma anche di comicità. Alla fine ognuno scopre di essere un "perfetto sconosciuto" per tutti gli altri, anche per le persone più vicine.

LA TRAMA

26. Leggi la trama del film e scegli il riassunto che corrisponde.

RIASSUNTO A

Durante una cena tra amici tutti ricevono moltissimi messaggi. Qualcuno propone di leggere tutti i messaggi ricevuti. A turno ciascuno li leggerà a voce alta, mentre tutti gli altri dovranno indovinare chi sono gli sconosciuti che li hanno scritti. Questo gioco divertirà moltissimo tutti i partecipanti.

RIASSUNTO B

Durante una cena tra amici, qualcuno propone per gioco di rendere pubblici i messaggi sul cellulare di tutti gli invitati. Verranno fuori molti segreti e ognuno capirà di essere uno sconosciuto per gli altri.

PER COMUNICARE IN ITALIANO

PARLARE DI UN FILM, DESCRIVERLO, RACCONTARE LA TRAMA

- Il film è ambientato a... in... durante / nel... / in epoca... / nel passato / nel presente
- Il/la regista è...
- È un film del... È uscito nel...
- Il/la protagonista / i protagonisti / le protagoniste è / sono...
- È un film comico, drammatico, d'avventura, d'amore / sentimentale, di animazione, horror, poliziesco, storico, di fantascienza...
- Il film è tratto da... (un romanzo, una storia vera, un'idea di...)
- Il filma racconta la storia di...
- Il finale è tragico, aperto...
- È un film a lieto fine...
- Le musiche sono... La colonna sonora è...
- C'è una scena in cui...
- È un film noioso, divertente, pesante, interessante, bello, brutto, da non perdere, originale...

27. PARLIAMO DI CINEMA...

Lavorate in coppia o in piccoli gruppi. Ogni studente intervista l'altro per scoprire che rapporto ha con il cinema.

- Ti piace il cinema?
- Ci vai spesso?
- Preferisci guardare film al cinema, in TV o al computer? Qual è la differenza, secondo te?
- Che genere di film preferisci?
- Preferisci guardare film in lingua originale o doppiati?
- C'è un attore o un'attrice che ti piace moltissimo?
- Ti piace andare al cinema da solo o preferisci andarci in compagnia?
- Ti succede di rivedere un film per la seconda volta? Ti piace farlo?

28. UN FILM CHE MI È PIACIUTO MOLTO...

**Lavorate in coppia o in gruppi di tre. Ognuno pensa a un film che ha visto e che gli/le è davvero piaciuto molto. Ciascuno di voi deve dare il maggior numero possibile di informazioni sul film al compagno o ai compagni (regista, attori protagonisti, genere, data di uscita, musiche ecc.)
Infine ogni studente racconta sinteticamente la trama del film.**

EPISODIO 6 • 107

7 Ottobre, ed è tutto come prima, o quasi...

EPISODIO

I pochi giorni di vacanza con Cecilia sono ormai un ricordo. Piero non ha cambiato vita, ha ripreso il suo lavoro di controllore ma senza entusiasmo. Milena, la figlia della portiera Caterina, esce regolarmente con il ragazzo universitario che l'aveva invitata a una festa sui Navigli di Milano in una notte tempestosa. Cecilia è rimasta in Puglia per via di un lavoro in un villaggio turistico per tutto il mese di settembre.
Piero non la vede da allora, non la incontra più nella carrozza 4 dove a volte viaggiava con il suo cagnolino. Si sentono spesso al telefono e lei gli chiede sempre: "Allora, ci sono novità? Ma quando lo molli quel lavoro noioso?"

Ma oggi finalmente Cecilia è tornata a Milano e va a trovare Piero a casa sua.
Gli porta in regalo delle burrate fresche dalla Puglia, dei tarallucci e delle orecchiette fatte da sua nonna che, dopo diversi anni a Milano, è tornata a vivere a Bari.
Sul frigo di Piero ci sono molte foto delle vacanze al sud, lui e i suoi amici in barca o lui e Cecilia al mare.
Accanto a una foto, Cecilia nota un biglietto da visita fissato con un magnete di Amalfi "LIBRERIA LEONETTI - Via del Cambio 29, Milano" e chiede a Piero chi glielo ha dato.

1. 📖 **Leggi il testo e segna a chi si riferiscono le affermazioni.**

	CECILIA	PIERO	MILENA	CECILIA E PIERO
1. Continua a fare il lavoro di sempre.	○	○	○	○
2. Ha una relazione con uno studente universitario.	○	○	○	○
3. È stata in Puglia per un lavoro nel campo del turismo.	○	○	○	○
4. Non si incontrano più in treno.	○	○	○	○
5. Si fanno spesso telefonate.	○	○	○	○
6. Pensa che il lavoro di Piero sia noioso.	○	○	○	○
7. Abita a Milano.	○	○	○	○
8. Va a trovare Piero a Milano.	○	○	○	○
9. Porta in regalo prodotti tipici pugliesi.	○	○	○	○
10. Ha una nonna che vive a Bari.	○	○	○	○
11. Conserva molte foto di vacanze al sud con gli amici.	○	○	○	○
12. Nota un biglietto da visita con l'indirizzo di una libreria.	○	○	○	○

2. **AUDIO 13** **E QUESTO BIGLIETTO, CHI TE LO HA DATO?**
Ascolta il dialogo e segna le risposte corrette.

1. Piero dice che si trova benissimo. **V F**
2. Cecilia ha portato a Piero mozzarelle e salame. **V F**
3. Cecilia dice a Piero che lo trova un po' giù. **V F**
4. Cecilia deve ripartire il giorno dopo perché ha un impegno in Puglia. **V F**
5. Piero ha incontrato un uomo in treno che gli ha dato il biglietto da visita della sua libreria. **V F**
6. Cecilia non conosce quest'uomo. **V F**
7. L'uomo vuole vendere la sua libreria. **V F**
8. Piero è andato a visitare la libreria. **V F**
9. Nella libreria ci sono spazi per attività culturali. **V F**
10. Piero vorrebbe comprare la libreria. **V F**
11. Cecilia potrebbe prestargli dei soldi. **V F**
12. Cecilia vorrebbe lavorare come animatrice e organizzatrice di feste. **V F**

3. **AUDIO 13** **Riascolta più volte il dialogo tra Piero e Cecilia e completalo con le parti mancanti.**

▶ Ah, sì, ti ho detto che riparto _____, ma è solo per qualche giorno. Ma senti, _____ della libreria Leonetti, _____?
▶ Un uomo _____, perché?
▶ Che strano, _____...
e _____.
▶ Beh, a me ha detto solo _____, perché un giorno _____ naturalmente.
▶ E tu _____?
▶ No, _____, e non ho avuto ancora l'occasione di andarci...
▶ Allora vacci, la libreria è molto carina, piccola ma _____ o anche per altre _____... per te _____ per cambiare lavoro...
▶ Sei matta? _____? _____?
▶ _____, sai che voglio vendere la casa di Bologna e anch'io _____, per feste e animazioni nel locale dietro alla libreria!

110 ▪ EPISODIO 7

Burrata

• PUGLIA •

Una volta scoperta, non si può che amare alla follia.
Detta anche burrata di Andria, è un formaggio fresco a base di latte vaccino, parente alla lontana della mozzarella campana, ma più morbida, burrosa e scioglievole. Dal sapore fresco e delicatissimo di latte e panna, leggermente sapida, è tipica della zona di Andria, un piccolo borgo pugliese situato sull'altopiano delle Murge, nella zona del Parco Nazionale.
Viene realizzata a mano con sapienza antica, ha una caratteristica forma a "sacchetto" tondo che viene poi legato con steli di vizzo, un'erba spontanea locale, o con fili di rafia. Questo involucro sottile, di qualche millimetro, è fatto di mozzarella, ossia di pasta filata, e ha un cuore di panna di latte e di sfilacci di pasta filata, detta stracciatella.
Per non alterarne il sapore, vista la sua estrema freschezza, si consiglia di consumarla in giornata, sola, in un'esplosione di gusto, o associata a insalate fresche di pomodori e olive.

4. Leggi la descrizione della burrata e scegli le risposte corrette.

1. La burrata è un formaggio
   a. ◯ fresco a base di latte vaccino.
   b. ◯ stagionato a base di latte ovino.

2. La burrata somiglia alla mozzarella campana, ma
   a. ◯ è più dura e salata.
   b. ◯ è più morbida e burrosa.

3. È un prodotto tipico di
   a. ◯ Caserta in Campania.
   b. ◯ Andria in Puglia.

4. Ha la forma
   a. ◯ di un sacchetto.
   b. ◯ di un pacchetto.

5. La parte esterna è fatta di
   a. ◯ mozzarella.
   b. ◯ formaggio semiduro.

6. La parte interna si chiama
   a. ◯ stracciatella.
   b. ◯ sfogliatella.

7. Si deve consumare
   a. ◯ nell'arco di due o tre giorni.
   b. ◯ in giornata.

5. ✏ **UN PRODOTTO TIPICO...**

Scrivi un breve testo per descrivere un prodotto tipico che rappresenta al meglio la gastronomia della tua città, della tua regione o del tuo Paese.
Ricorda di inserire questi elementi:

- che cos'è
- che forma ha
- di che cosa è fatto
- che consistenza ha
- che sapore ha
- quando e come si consuma ecc.

EPISODIO 7 • 111

TE LA RIPORTO PER LE OTTO!

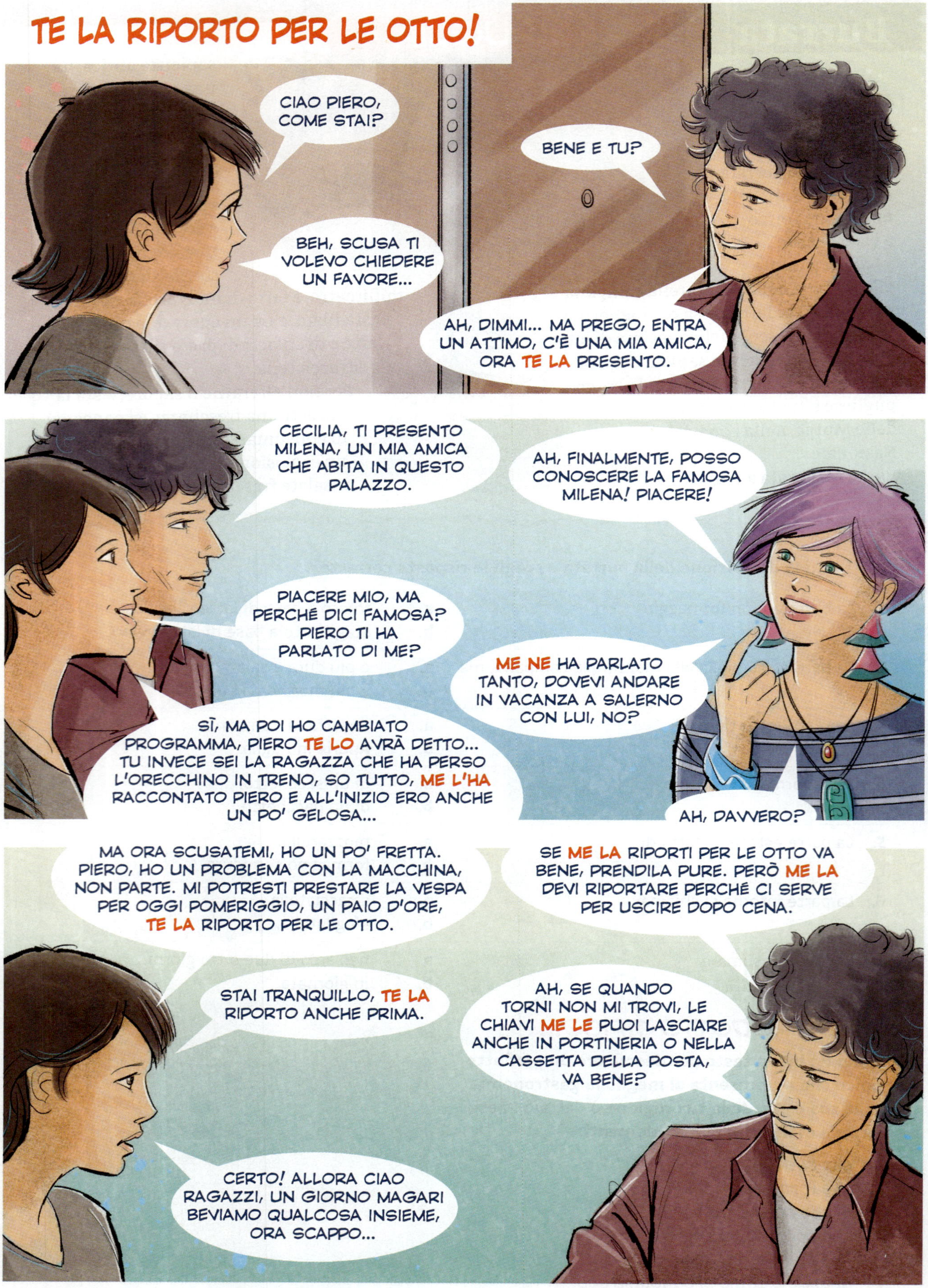

6. 📖 **Leggi il fumetto e segna le risposte corrette.**

1. Milena vuole chiedere un favore a Piero. — V F
2. Cecilia e Milena si conoscono già. — V F
3. Piero e Milena abitano nello stesso palazzo. — V F
4. Piero non ha mai parlato a Cecilia di Milena. — V F
5. Milena ha cambiato il suo programma durante le vacanze. — V F
6. Milena era un po' gelosa di Cecilia. — V F
7. Milena chiede in prestito la macchina a Piero. — V F
8. Milena restituirà la Vespa il giorno dopo. — V F
9. Milena può lasciare le chiavi della vespa nella cassetta della posta. — V F

7. 📖 **Rileggi il fumetto e osserva i pronomi. In alcuni casi ci sono dei pronomi combinati, formati da un pronome indiretto + un pronome diretto oppure da un pronome indiretto + il pronome *ne*. Trascrivi le frasi che contengono questi pronomi, poi spiega a chi o che cosa si riferiscono.**

1. Ora te la presento   te = ti, a te, (Cecilia)   la = lei (Milena)
2. _____
3. _____
4. _____
5. _____
6. _____
7. _____
8. _____
9. _____

8. **Ora osserva la forma dei pronomi nel testo e prova a completare.**

> Quando stanno **prima di un pronome diretto** (*LO, LA, LI, LE*) o della particella *NE*, i **pronomi indiretti *MI* e *TI*** si trasformano in _____ e _____.

9. **CHI TE L'HA REGALATO? ME L'HA REGALATO...**

Completa i dialoghi con i pronomi combinati appropriati e accorda il participio passato.

1. Bello questo vaso! Chi _____ regalat___?
   _____ un'amica.
2. Belli questi fiori! Chi _____ ha regalat___?
   _____ ha regalat___ il mio ragazzo.
3. Bella questa collana! Chi _____ regalat___?
   _____ regalata mia madre.
4. Belle queste pantofole! Chi _____ ha regalat___?
   _____ regalat___ mia nipote.

EPISODIO 7 ▪ 113

10. **CHI ME LO PUÒ PRESTARE? TE LO PRESTO IO!**
Completa dialoghi con i pronomi combinati.

1
▶ Chi mi può prestare 2 Euro? Ho finito i soldi spicci.
▶ _____ presto io!
▶ Grazie mille, _____ restituisco domani!
▶ Ma figurati, per così poco! Non _____ devi neanche restituire!

2
▶ Chi mi può prestare il cellulare? Il mio è scarico.
▶ _____ presto io!
▶ Grazie, faccio una brevissima telefonata e _____ restituisco subito!

3
▶ Ragazzi, chi mi può prestare la macchina? La mia è dal meccanico.
▶ _____ presto io, però _____ devi riportare entro stasera perché ne ho bisogno.
▶ Certo, _____ riporto prima delle sei, va bene?
▶ Va benissimo!

4
▶ Ragazze, chi mi può prestare delle scarpe nere con i tacchi alti? Devo andare a una festa.
▶ _____ posso prestare io, ne ho un paio bellissime. Ma tu che numero porti?
▶ Il 37, ma a volte anche il 38, dipende dal modello.
▶ Beh, io porto il 37. Secondo me _____ devi provare per vedere se ti stanno bene.
▶ Sì, sì, hai ragione! Allora, passo a casa tua più tardi e _____ provo.

FACCIAMO GRAMMATICA

ALCUNI PRONOMI COMBINATI

I pronomi combinati sono formati da un **pronome indiretto** + **un pronome diretto** o il pronome *NE*.
Nella combinazione con un pronome diretto, i pronomi indiretti cambiano la vocale **-I** in **-E**:

MI → **ME**
TI → **TE**

Mi dai la penna? → **Me la** dai?
Ti regalo un libro. → **Te lo** regalo.
Ti porto due bottiglie di vino. → **Te ne** porto due.

Se il verbo è all'**imperativo** (a eccezione della 3ª persona singolare e plurale) o all'**infinito**, i **pronomi combinati**, come tutti gli altri pronomi, **si uniscono al verbo** e formano un'unica parola.

Il pronome **indiretto** (*a chi?*) **precede** sempre il pronome **diretto** (*che cosa?*) o **partitivo** (*di che cosa?*) a cui si combina.

A CHI	+	CHE COSA
ME	+	LO / LA / LE / LI / NE
TE	+	LO / LA / LE / LI / NE

▶ Senti, sono davanti a una vetrina. C'è quella borsa che ti piaceva ed è molto scontata! Che dici, te la compro?
▶ Sì, certo compra**mela**! Ma hai i soldi per pagarla?
▶ Sì, sì, ne ho abbastanza.
▶ Allora va bene, passo da te stasera per ridar**teli**.

114 • EPISODIO 7

11. IO NON LO SO FARE. ME LO FAI TU, PER FAVORE?

Completa le richieste con un verbo tra quelli elencati, usando i pronomi combinati, come nell'esempio.

• spiegare • passare • cambiare
• prestare • accorciare • riparare • ~~tradurre~~
• dare

1. Ho comprato una macchina fotografica con le istruzioni in russo. Tu sai il russo, *me le traduci per favore*?
2. Non ho l'indirizzo del museo. Tu lo sai, _____?
3. Mi si è rotto il televisore. Tu sei un esperto, _____?
4. Non ho la penna. Tu ce l'hai, _____?
5. Mi serve il dizionario. Tu l'hai portato, _____?
6. Mi serve il cacciavite. Tu lo stai usando, _____?
7. Oggi non ho comprato il giornale. Tu sì, _____?
8. Questi pantaloni sono troppo lunghi. Tu sai cucire, _____?
9. Mi servono delle monete da un euro. Io ho solo una banconota da cinque, _____?
10. Voglio aggiungere del sale. Il sale è vicino a te. _____, per favore?
11. Non ho capito niente di questa regola di grammatica. Tu sì. _____, per favore?

12. ME LO COMPRI PAPÀ?

Completa il testo con i pronomi combinati giusti. Attenzione: in alcuni casi devi usare il pronome *NE*.

Carlo sta portando a spasso suo figlio Luigi, un bambino di sei anni che, come tutti i bambini, spesso fa capricci. Quando vuole qualcosa non smette di frignare finché non la ottiene. Purtroppo suo padre commette un grave errore: quello di passare davanti a un negozio di giocattoli!

▶ Papà, papà, guarda che bello quel Batman Lego! _____ compri? È bellissimo e ce l'ha pure Giovanni, lo voglio, lo voglio!
▶ No Luigi, non _____ compro. Perché non _____ fai prestare da Giovanni?
▶ No, io non _____ voglio far prestare da Giovanni, ne voglio uno mio!
▶ Tu vuoi sempre troppe cose e io non _____ posso comprare tutte!
▶ Non è vero! È tanto che non mi compri un giocattolo nuovo!
▶ Ma che dici? _____ ho comprati due la settimana scorsa: un videogioco e un Robot Transformers... non ti ricordi?
▶ Il videogioco _____ ha comprato mamma, non tu!
▶ E beh? È la stessa cosa... Insomma, basta! Questo Batman Lego è troppo caro!
▶ Allora mi compri la Batmobile?
▶ No, anche questa è troppo cara!
▶ Uffa, papà sei cattivo! Allora comprami le figurine dei calciatori! Ne voglio cinque pacchetti!
▶ Io _____ posso comprare solo due e per oggi basta così!

gioco

13. DARE E AVERE

Ogni studente riceve una scheda. Può prestare tre cose e ha bisogno di tre cose.

Ognuno gira per la classe per trovare le cose di cui ha bisogno con questa domanda:

> HO BISOGNO DI / MI SERVE UNA SEDIA, ME LA PUOI PRESTARE?

Se la persona a cui chiede ha questa cosa, risponderà:

> SI, TE LA PRESTO!

Se non ce l'ha, risponderà:

> MI DISPIACE NON CE L'HO!

Vince chi riesce a trovare tutto ciò di cui ha bisogno e a dare via tutto ciò che può prestare.

1
POSSO PRESTARE...
- Due sedie
- Uno specchietto
- Una spugna

HO BISOGNO DI...

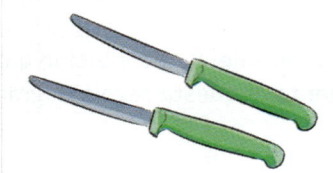

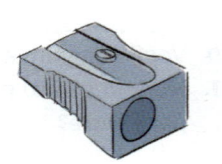

2
POSSO PRESTARE...
- Una bilancia
- Un cavatappi
- Una scopa

HO BISOGNO DI...

3
POSSO PRESTARE...
- Un caricabatteria
- Un martello
- Una valigia

HO BISOGNO DI...

4
POSSO PRESTARE...
- Una pentola
- Un paio di pantofole
- Un coperchio grande

HO BISOGNO DI...

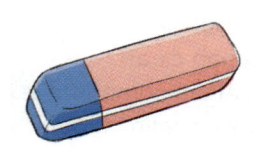

5
POSSO PRESTARE...
- Le forbici
- Un termometro
- Una sciarpa

HO BISOGNO DI...

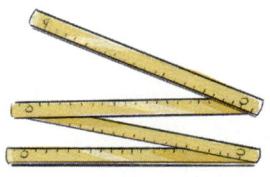

6
POSSO PRESTARE...
- Un metro
- Due cuscini
- Un secchio

HO BISOGNO DI...

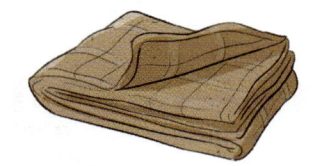

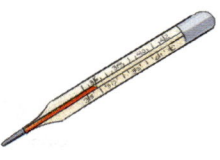

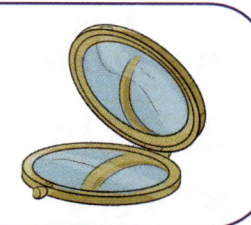

7
POSSO PRESTARE...
- Una scala
- Un posacenere
- Una coperta

HO BISOGNO DI...

8
POSSO PRESTARE...
- Una bicicletta
- Due coltelli
- Uno spremiagrumi

HO BISOGNO DI...

9
POSSO PRESTARE...
- Un pettine
- Due tazzine
- Un temperamatite

HO BISOGNO DI...

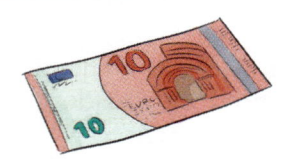

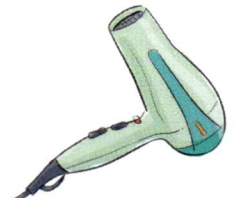

10
POSSO PRESTARE...
- Due asciugamani
- Un imbuto
- Una matita

HO BISOGNO DI...

11
POSSO PRESTARE...
- Dieci euro
- Un ombrello
- Una gomma

HO BISOGNO DI...

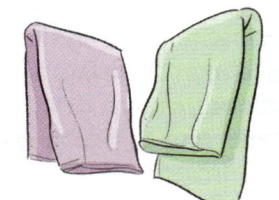

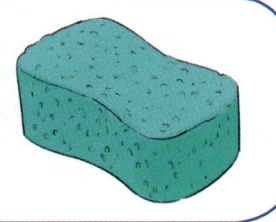

12
POSSO PRESTARE...
- Un phon
- Una penna
- Un dizionario

HO BISOGNO DI...

EPISODIO 7 ■ 117

PER COMUNICARE IN ITALIANO

ESPRIMERE BISOGNI E NECESSITÀ

IN CASA

MI SERVE / HO BISOGNO DI UN LIMONE. LO CHIEDI TU ALLA VICINA? IO STO CUCINANDO.

SÌ, TRANQUILLA, LO FACCIO IO.

MI SERVONO / HO BISOGNO DI DUE PACCHETTI DI PASTA. VAI TU A COMPRARLI?

VA BENE, CI VADO SUBITO.

IN UFFICIO

ARCHITETTO, MI DICA, QUANTO TEMPO LE OCCORRE ANCORA PER FINIRE QUESTO PROGETTO?

BEH, A DIRE IL VERO MI OCCORRONO ANCORA DUE SETTIMANE.

ORECCHIETTE O RISOTTO?

È quasi ora di cena. Il frigo in casa di Piero è pieno di cose, e Cecilia ne ha portate tante altre dalla Puglia. Devono solo decidere cosa preparare. Qualcosa di buono e possibilmente di non troppo elaborato.
"Piero, ti sei ricordato di comprare le cime di rapa al mercato?"
"Certo, le ho prese già pulite. Ma io pensavo di farti assaggiare un risotto al radicchio."
"Ah, ottimo, ma le orecchiette che ho portato sono fresche, e poi ci sono anche le due burrate...non lo so, decidi tu... ricordati, però, che la burrata va mangiata fresca, in giornata!"
"Ma tu cosa preferisci? Il risotto o le orecchiette?"
"Guarda, mi piacciono entrambi, ho solo l'imbarazzo della scelta! Ma qual è il piatto che si prepara più velocemente, secondo te?"
"Beh, il risotto si prepara più o meno in una mezz'ora... Ma per fare le orecchiette, invece, le cime di rapa si cuociono separatamente o insieme alla pasta?"
"No, no, la pasta si mette prima e le cime di rapa si aggiungono qualche minuto prima di scolare la pasta. Però, vedo che ti piace cucinare, sei pieno di libri! Io invece di solito guardo le ricette in Internet".
"Io sono più tradizionale, preferisco ancora consultare i miei libri di cucina!"
"Senti, e per il vino?"
"Non ti preoccupare, ho la mia cantina personale. Ora ti faccio vedere."
"Accidenti, ma che cos'è?"
"È una cantinetta frigo: i vini vanno conservati alla temperatura giusta!"

118 ▪ EPISODIO 7

14. 📖 **Leggi il testo e segna le risposte corrette.**

1. Piero e Cecilia vogliono preparare qualcosa di buono ma semplice.   V F
2. Piero ha comprato carciofi al mercato.   V F
3. Piero propone di preparare un risotto al radicchio.   V F
4. Cecilia propone le orecchiette, ma dice a Piero che può decidere lui.   V F
5. Il risotto si prepara in 40 minuti.   V F
6. Le cime di rapa si cuociono separatamente dalla pasta.   V F
7. Cecilia preferisce cercare le ricette su Internet.   V F
8. In casa di Piero non c'è un posto per conservare i vini.   V F

15. 📖 **Rileggi questa parte del testo e osserva le frasi evidenziate con i verbi preceduti da *SI*. Poi rispondi alle domande.**

> "Beh, il risotto **si prepara** più o meno in una mezz'ora... Ma per fare le orecchiette, invece, le cime di rapa **si cuociono** separatamente o insieme alla pasta?"
> "No, no, la pasta **si mette** prima e le cime di rapa **si aggiungono** qualche minuto prima di scolare la pasta".

1. Il verbo è alla 3ª persona singolare quando il soggetto è ○ singolare.   ○ plurale.
2. Il verbo è alla 3ª persona plurale quando il soggetto è ○ singolare.   ○ plurale.
3. I verbi sono ○ transitivi.   ○ intransitivi.

16. 📖 **Osserva ancora queste due frasi evidenziate, poi rispondi alle domande.**

> ...la burrata **va mangiata** fresca, in giornata!
> ... i vini **vanno conservati** alla temperatura giusta!

1. Si usa il verbo **va** + participio passato quando il soggetto è ○ singolare.   ○ plurale.
2. Si usa il verbo **vanno** + participio passato quando il soggetto è ○ singolare.   ○ plurale.
3. Il participio passato ○ concorda   ○ non concorda con il genere e il numero del soggetto.

FACCIAMO
GRAMMATICA

ALCUNE FORME PASSIVANTI

SI PASSIVANTE

Nota la differenza tra queste due frasi
1. La gente prepara **il risotto**
2. **Il risotto** **si prepara** ↓ **è/viene preparato** dalla gente

Nel secondo esempio il "si" dà un valore passivo alla frase.

La forma passivante *SI* + verbo alla 3ª **persona singolare** o **plurale** si costruisce con verbi transitivi.
Se il **soggetto** è **singolare** il verbo è alla 3ª **persona singolare**.
Se il **soggetto** è **plurale** il **verbo** è alla 3ª **persona plurale**.

In Italia
si mangia → **la pasta** (singolare)
si mangiano → **gli spaghetti** (plurale)

▸ A casa mia **si mangia la pasta** due o tre volte alla settimana.
▸ In questo ristorante **si usano** solo **prodotti biologici**.

> **Nota:** a volte il *SI* passivante esprime un'idea di **obbligo, necessità**.
> Queste cose non **si fanno**!
> (non **devono** essere fatte)

EPISODIO 7 • 119

ANDARE + PARTICIPIO PASSATO

Questa forma esprime un'idea di necessità:

VA FATTO! significa "**deve essere fatto**".

Si costruisce con il verbo **ANDARE alla 3ª persona singolare o plurale** + il **participio passato** del verbo da coniugare. Il participio passato si accorda con il soggetto.

- Il vin**o** rosso **va** bevut**o** a temperatura ambiente. [deve essere bevuto]
- La past**a va** cott**a** al dente. [deve essere cotta]
- I vini bianch**i vanno** bevut**i** freddi. [devono essere bevuti]
- Le verdur**e vanno** lavat**e** con molta cura. [devono essere lavate]

17. Completa le frasi con il *SI* passivante, come nell'esempio.

1. A casa mia (*fare*) _si fa_ la raccolta differenziata dei rifiuti con molta cura.
2. Durante una lezione di lingua (*fare*) _____ molte attività comunicative.
3. In tutta Italia, a Natale (*mangiare*) _____ il panettone e (*fare*) _____ regali a parenti e amici.
4. Dalla mia finestra (*vedere*) _____ un bel paesaggio.
5. In Italia (*fabbricare*) _____ scarpe di ottima qualità.
6. Viaggiando (*imparare*) _____ tante cose e (*conoscere*) _____ gente nuova e diversa.
7. In quel negozio (*vendere*) _____ prodotti alimentari provenienti da tutto il mondo.
8. In Puglia (*produrre*) _____ molto grano.
9. In Italia (*parlare*) _____ tanti dialetti.
10. Al liceo classico (*studiare*) _____ il greco.
11. In quella pasticceria (*vendere*) _____ dolci squisiti!

18. Completa le frasi con *va / vanno* + participio passato, come nell'esempio.

1. Il vino rosso (*bere*) _va bevuto_ a temperatura ambiente.
2. La vita (*prendere*) _____ con filosofia.
3. Questo tipo di latte non (*fare*) bollire _____ altrimenti perde le migliori proprietà nutritive.
4. I legumi secchi (*lasciare*) _____ in ammollo per qualche ora prima di cuocerli.
5. La pizza (*infornare*) _____ a una temperatura molto alta. La mozzarella (*aggiungere*) _____ alla fine, quando la base è già ben cotta.
6. I sintomi dell'influenza, come stanchezza, mal di testa, raffreddore, non (*trascurare*) _____. È meglio riposare qualche giorno in più per guarire completamente.
7. Lo yogurt (*mangiare*) _____ a digiuno per trarne maggiori benefici.
8. La verdura (*consumare*) _____ preferibilmente cruda.
9. Questo esercizio (*fare*) _____ con molta attenzione perché è piuttosto difficile.
10. Questa traduzione (*rivedere*) _____ interamente perché non è stata fatta bene.
11. Le medicine (*prendere*) _____ solo quando è strettamente necessario e sotto il controllo del medico.

EPISODIO 7

19. VA FATTO COSÌ!

Scrivi delle liste di consigli e regole per ognuno degli argomenti indicati, usando la struttura *va / vanno* + participio passato. Osserva l'esempio.

- Preparare/servire un piatto di pasta
- Conservare/servire vino bianco/rosso
- Innaffiare/potare/trapiantare piante
- Lavare/stirare capi delicati
- Preparare/servire un buon tè
- Educare i bambini
- Raccogliere/separare/sbarazzarsi dei rifiuti

> La pasta va cotta in abbondante acqua bollente. Il sale va aggiunto all'acqua in ebollizione subito prima di mettere la pasta. Per ottenere un buon risultato la pasta va scolata al dente, cioè non va lasciata cuocere per più di sei/dodici minuti a seconda del formato. Va condita all'istante e servita subito in tavola. La pasta condita con sughi di carne o pomodoro va accompagnata da un buon vino rosso.

Orecchiette con cime di rapa

Le **orecchiette alle cime di rapa** sono un primo piatto tipico della cucina pugliese, in particolare della provincia di Bari. Si preparano con le cime di rapa, un tipico ortaggio autunnale e invernale, dal sapore forte e intenso. Per una buona riuscita della ricetta si devono cuocere insieme la pasta e le cime di rapa.

• INGREDIENTI PER 4 PERSONE •

cime di rapa	olio extravergine di oliva	aglio	acciughe sott'olio
600 gr.	q.b.	2 spicchi	qualche filetto

peperoncino	sale	orecchiette	pepe nero
un pizzico	q.b.	350 gr.	q.b.

• PREPARAZIONE •

- Pulire e lavare le cime di rapa.
- In una padella mettere l'olio, l'aglio e i filetti di acciuga a pezzetti.
- Accendere il fuoco e far dorare l'aglio e sciogliere l'acciuga. Spegnere e unire il peperoncino.
- Far bollire l'acqua per la pasta, salarla e buttare le orecchiette.
- A 5 minuti dalla fine della cottura, aggiungere nella pentola le cime di rapa.
- Scolare la pasta al dente insieme alla verdura.
- Accendere il fuoco sotto la padella con aglio, olio e peperoncino e aggiungere la pasta con le cime di rapa.
- Saltare la pasta a fiamma vivace nella padella del condimento per un paio di minuti.
- Servire con una spolverata di pepe e un po' d'olio a crudo.

20. 📖 Leggi con attenzione la ricetta delle orecchiette alle cime di rapa. Poi copri il testo e ricostruisci le varie fasi di preparazione, abbinando le parole della colonna A con quelle della colonna B.

A
1. (C) Pulire e lavare
2. ( ) Mettere l'olio, l'aglio, e i filetti di acciuga
3. ( ) Accendere
4. ( ) Far dorare
5. ( ) Far bollire e salare
6. ( ) Buttare
7. ( ) A cinque minuti dalla cottura
8. ( ) Scolare
9. ( ) Saltare a fiamma vivace
10. ( ) Servire

B
A. le orecchiette
B. il fuoco
C. le cime di rapa
D. l'acqua per la pasta
E. aggiungere nella pentola le cime di rapa
F. con una spolverata di pepe e un po' d'olio
G. la pasta nella padella del condimento
H. in una padella
I. la pasta al dente insieme alla verdura
L. l'aglio

21. Completa la ricetta del risotto al radicchio con queste parole.

• fiamma • tagliatelo • servite • vino bianco • unite • scaldate • assaggiate • fate scaldare
• dorato • cottura • lavate e pulite • cuocere

Risotto al radicchio

LISTA DELLA SPESA PER 2
- 1 radicchio rosso
- brodo vegetale q.b.
- 1 scalogno
- 150 g di riso carnaroli
- 50 ml di vino bianco
- olio extravergine di oliva q.b.
- burro q.b.
- sale q.b.

⏱ 35 minuti
€ 1.20 circa a porzione

PREPARAZIONE

Per cominciare _____ il brodo vegetale. Nel frattempo _____ il radicchio, togliete le foglie più esterne, asciugatelo e _____ a striscioline. In una padella _____ un po' di olio extravergine di oliva con lo scalogno lavato e tritato finemente. Quando lo scalogno sarà _____ versate il riso e lasciatelo tostare per qualche minuto. Bagnate con il _____ e lasciatelo evaporare a _____ viva. Di seguito unite man mano il brodo vegetale e lasciate che il riso lo assorba, mescolando di tanto in tanto. Lasciate _____ per circa 15-18 minuti, _____ per controllare se ha raggiunto la cottura desiderata. Qualche minuto prima della completa _____ del riso _____ il radicchio, una noce di burro e aggiustate di sale. Mescolate e _____ con pezzettini di radicchio crudo.

122 ▪ EPISODIO 7

LE PAROLE DELLA CUCINA

TAGLIARE
SBUCCIARE
PELARE
CONDIRE
FRIGGERE
CUOCERE

COSA SI FA IN CUCINA?

TRITARE
AFFETTARE
MESCOLARE
METTERE IN FORNO
SCOLARE
ASSAGGIARE
GRATTUGIARE

22. QUANTO NE METTO? (LE QUANTITÀ IN CUCINA)

Abbina le parole della colonna A, che indicano le quantità, con quelle della colonna B, che indicano i prodotti.

A
1. D Un pizzico
2. ◯ Un pugno
3. ◯ Una spolverata
4. ◯ Una manciata
5. ◯ Un cucchiaio
6. ◯ Un filo
7. ◯ Uno spicchio

B
A. di sale grosso
B. d'aglio
C. di riso
D. di sale fino, di curry
E. di parmigiano
F. di zucchero / di farina
G. d'olio

EPISODIO 7 • 123

23. QUALE DI QUESTE COSE NON È...

Cancella da ogni gruppo di parole quella che non appartiene alla categoria.

1 UN FORMAGGIO
parmigiano • tacchino • mozzarella • stracchino

2 UN DOLCE
tiramisù • crostata • babà • frittata

3 UN PRIMO PIATTO
risotto • tagliatelle • ravioli • polpette

4 UN CONTORNO
cotolette • zucchine • cicoria • cavolfiore

5 UN CONDIMENTO
olio • aceto • burro • tonno

6 UNA BEVANDA
aranciata • granita • spremuta • chinotto

7 UN VINO
rosato • marrone • bianco • rosso

8 UN'ACQUA
minerale • frizzante • spumante • effervescente

9 UN TIPO DI PANE
panino • budino • pagnotta • filone

10 UN TIPO DI FRUTTA
uova • anguria • uva • pesca

11 UN TIPO DI CARNE
tramezzino • fettina • bistecca • filetto

12 UN PIATTO DI PASTA RIPIENA
tortellini • cannelloni • agnolotti • bucatini

13 UN TIPO DI PESCE
orata • alici • zampone • spigola

14 UN INGREDIENTE PER FARE IL PANE
lievito • farina • acqua • aceto

15 UNA SPEZIA
pepe • peperoncino • chiodo di garofano • mandorla

16 UN'ERBA AROMATICA
basilico • carciofo • origano • rosmarino

24. INDOVINELLI IN CUCINA...

1. Che cosa può essere grosso o fino?
2. Che cosa può essere nero, bianco, verde, rosso, macinato o in grani?
3. Che cosa può essere corta o lunga, fresca o secca?
4. Che cosa può essere bovina, suina, ovina?
5. Che cosa può essere margherita o quattro stagioni?
6. Che cosa può essere secco, dolce o frizzante?
7. Che cosa può essere grattugiato, fresco o stagionato, duro o molle?

25. RICETTE DEI PAESI TUOI

Prova a scrivere la ricetta di un piatto tipico del tuo paese che ti piace o che sai preparare bene.
Leggete insieme le diverse ricette e votate la migliore.
I criteri sono: gusto, originalità, facilità e tempo di preparazione, costo degli ingredienti.

Nome della ricetta

Ingredienti

Preparazione

UNA CANTINA DA SALOTTO

di Francesca Alliata Bronner

Una cantina doc per avere vini di pregio in casa? È il sogno di ogni buon intenditore. Ma non sempre si hanno gli ambienti adatti nella propria abitazione per conservare o collezionare, nelle condizioni ideali, le bottiglie preferite o significative, farle impreziosire o raffinarle. Qual è dunque l'abc per tenere al meglio buone etichette tra le mura domestiche? «Il caldo è il peggior nemico del vino e quindi non va conservato in cucina, vicino ai termosifoni, sopra al caminetto. Va tenuto invece lontano da eventuali fonti di calore, che a casa sono sparse un po' ovunque», spiega Franco Maria Ricci, presidente dei Sommelier del mondo e della Fondazione Italiana Sommelier. «La prima regola è dunque quella di avvicinarsi il più possibile alle condizioni della cantina ideale: temperatura intorno ai 15 gradi, buio e silenzio poiché le vibrazioni (anche quelle della voce umana) possono rompere le molecole. In questi casi si può ricorrere a un ripostiglio adeguatamente sistemato perché le condizioni abituali delle abitazioni possono accelerare i processi di invecchiamento del vino. Sarebbe una buona soluzione isolare le pareti o almeno mettere le bottiglie in contenitori di polistirolo», prosegue Ricci. «In alternativa si può utilizzare anche una vecchia libreria in legno, per avvicinarsi quanto meno alle condizioni migliori, ma non ottimali, per non danneggiare sorsi doc».

Altre regole da non sottovalutare? «Eliminare tutte le cose che producono odori forti, dalle vernici ai salumi, a causa della capacità del vino di assorbirli. E ancora, nel posizionare le bottiglie si deve far attenzione a disporle in basso, vicino al pavimento. L'aria calda tende a salire, perciò vicino al suolo mettiamo i vini più sensibili agli sbalzi di temperatura. Poi, in ordine, a salire: spumanti, vini bianchi, vini rosati, vini rossi, vini rossi importanti. Poi c'è la postura che ha le sue imprescindibili regole. Per conservare bene il "nettare di Bacco" per prima cosa bisogna coricare le bottiglie o tenerle inclinate in modo che il vino bagni il tappo. Molti pensano che questo provochi il classico "odore di tappo". È il contrario: il contatto con il liquido impedisce all'aria nella bottiglia di avvicinarsi al tappo e di sviluppare "funghi" che rovinano le caratteristiche organolettiche del vino».

Il vino è nemico del calore ma non è nemmeno amico del freddo, per questo non va tenuto in frigo più di tre o quattro giorni: è bene metterlo solo qualche ora prima di stapparlo.

tratto da "La Repubblica", 20/10/16

26. Leggi l'articolo e segna le risposte corrette.

1. Chi ama il vino sogna di avere una cantina in casa. V F
2. La cucina è un buon ambiente per conservare i vini. V F
3. Le fonti di calore non danneggiano il vino. V F
4. Franco Maria Ricci è un sommelier importante. V F
5. La temperatura ideale per conservare il vino è di 20 gradi. V F
6. I rumori non danneggiano il vino. V F
7. Il vino si può conservare in un ripostiglio con le pareti isolate. V F
8. Conservare le bottiglie in una libreria in legno è una soluzione ottimale. V F
9. Il vino assorbe gli odori forti. V F
10. Le bottiglie di vino vanno tenute in posizione verticale. V F
11. Il vino si può conservare a lungo in frigo. V F

27. IL VINO VA CONSERVATO COSÌ

Dopo aver letto l'articolo, ricostruisci alcuni consigli per conservare bene il vino, usando la struttura VA, VANNO + participio passato.

1. Vino / non conservare / cucina
   Il vino non va conservato in cucina.
2. Vino / tenere lontano / fonti di calore
3. Ricreare / condizioni / cantina ideale
4. Temperatura / mantenere / intorno ai 15 gradi
5. Vibrazioni / evitare
6. Pareti ripostiglio / isolare
7. Bottiglie / mettere / contenitori di polistirolo
8. Odori forti / eliminare
9. Vini più sensibili / mettere / in basso
10. Bottiglie / tenere / inclinate
11. Vino / non tenere / frigo / più di 3 o 4 giorni
12. Vino / mettere / frigo / qualche ora prima / stapparlo

126 • EPISODIO 7

AUDIO 14
UN VEGANO SI RACCONTA

28. Ascolta l'intervista a Matteo Vidoni e segna le risposte corrette.

1. Matteo Vidoni è sempre stato vegano. — V F
2. Inizialmente Matteo non conosceva il significato della parola "vegano". — V F
3. Un vegano esclude dall'alimentazione tutti i prodotti derivati da animali. — V F
4. Essere vegano è una scelta che riguarda solo l'alimentazione. — V F
5. Un vegano non indossa indumenti di pelle, lana e seta. — V F
6. Matteo usa indumenti di cotone solo in estate. — V F
7. In Italia, 6 anni fa era già molto facile trovare locali e prodotti vegani. — V F
8. Oggi molti bar offrono una colazione vegana. — V F
9. Quando Matteo è invitato a casa di amici non dice mai prima che è vegano. — V F
10. Alcuni amici di Matteo si divertono a cucinare vegano. — V F
11. Il piatto forte di Matteo è il minestrone. — V F
12. Nel risotto ai funghi vegano non vanno messi il burro e il parmigiano. — V F

29. INTERVISTA: ABITUDINI ALIMENTARI
Lavorate in coppia e intervistatevi.

- SEI VEGANO, VEGETARIANO O ONNIVORO? PERCHÉ?
- QUANTE VOLTE AL GIORNO MANGI? DI CHE ALIMENTI È FATTA PRINCIPALMENTE LA TUA DIETA?
- QUANDO COMPRI UN PRODOTTO GUARDI LE ETICHETTE? COSA CONTROLLI? PERCHÉ?
- QUANDO VIAGGI O SEI ALL'ESTERO CERCHI DI MANTENERE LE STESSE ABITUDINI ALIMENTARI (ORARI E CIBI) DI SEMPRE O SEI FLESSIBILE?
- SEGUI PROGRAMMI TELEVISIVI SUL CIBO, SULLA CUCINA, SULL'ALIMENTAZIONE?
- QUALI CAMBIAMENTI CI SONO STATI NELLE TUE ABITUDINI ALIMENTARI E PERCHÉ?
- SECONDO TE QUALI PRODOTTI FANNO BENE O FANNO MALE?
- COME SONO CAMBIATE NEL TEMPO LE ABITUDINI ALIMENTARI NEL TUO PAESE?

EPISODIO 8 — Chi non risica non rosica!

Cercare un lavoro non è facile, ma ancora meno facile è lasciare un lavoro stabile, che però non ti piace più, e cercarne un altro. Alcuni vecchi proverbi invitano alla prudenza: "chi lascia la strada vecchia per la nuova sa quel che lascia, ma non sa quel che trova!"; mentre altri dicono il contrario, cioè che per ottenere qualcosa si deve rischiare: "chi non risica non rosica!"
A volte, però, la fortuna o il caso ci aiutano a prendere una decisione. Basta poco, un incontro casuale, o magari un amico che ha sentito di un lavoro a cui tu potresti essere interessato, e improvvisamente tutto può cambiare.
Piero, per esempio, ha incontrato in treno un anziano libraio che gli ha parlato della sua libreria e gli ha lasciato il suo biglietto da visita. Siccome quell'uomo era un tipo originale e molto simpatico, Piero ha attaccato il suo biglietto da visita sul frigorifero,

per ricordarsi di andare a trovarlo. Ma il tempo passa e quel biglietto da visita, fermato con un magnete, è rimasto lì per mesi, finché un giorno è saltato all'occhio di Cecilia, visto che anche lei, casualmente, aveva conosciuto in treno lo stesso libraio.
Parlando, le aveva detto che era stanco di gestire la sua libreria, ma non voleva chiuderla, per questo cercava persone interessate a continuare la sua attività.
Così Cecilia si è ricordata di lui, ne ha parlato con Piero e ha provato a convincerlo ad andare a visitare la libreria del signor Leonetti. Piero ha riflettuto qualche settimana e poi, dato che comunque voleva comprare un libro, ha deciso di andarci.
Il signor Leonetti lo ha trattato con molta simpatia e si è dimostrato subito disponibile e accogliente.

1. 📖 **Leggi il testo e segna le risposte corrette.**

1. Trovare un lavoro è più difficile che lasciare un lavoro stabile. V F
2. Tutti i proverbi dicono che si deve essere sempre prudenti. V F
3. Un proverbio dice che chi non rischia non ottiene nulla. V F
4. Nella vita tutto può cambiare grazie a un amico o a un incontro casuale. V F
5. Piero in treno ha incontrato un giovane libraio. V F
6. Piero ha attaccato il biglietto da visita del libraio sul suo frigorifero. V F
7. Cecilia ha conosciuto in treno lo stesso libraio che ha incontrato Piero. V F
8. Il libraio ha detto che voleva chiudere la sua libreria. V F
9. Piero è andato nella libreria anche perché voleva comprare un libro. V F
10. Il libraio è stato scortese con Piero. V F

FACCIAMO GRAMMATICA

CONGIUNZIONI CAUSALI

SICCOME   VISTO CHE   DATO CHE   POICHÉ

Queste congiunzioni hanno tutte lo stesso significato ed esprimono la **causa**, la **ragione**, il **motivo** di qualcosa.
A differenza delle altre tre congiunzioni, **POICHÉ** si usa soprattutto nella lingua scritta.

NOTA
Non andremo al mare questo fine settimana **perché** pioverà.

SICCOME
VISTO CHE
DATO CHE   → pioverà, non andremo al mare questo fine settimana.
POICHÉ

Come puoi notare, **cambia l'ordine delle frasi**: quando si usa *perché* la frase causale va dopo; quando si usano *siccome, dato che, poiché* generalmente la frase che esprime la causa va prima.

CONGIUNZIONI AVVERSATIVE

MA   PERÒ   BENSÌ   MENTRE

Queste congiunzioni esprimono una **contrapposizione**, un **contrasto** rispetto a qualcosa che è stato detto prima.

MA   PERÒ

MA si trova sempre all'inizio della frase e può esprimere un **contrasto totale** o **parziale**.
PERÒ si può anche non trovare all'inizio della frase. Può esprimere solo un **contrasto parziale**.

Luigi non si è iscritto a ingegneria, **ma** ad architettura.	contrasto totale
Luigi è un bel ragazzo, **ma / però** a me non piace.	contrasto parziale: "a me non piace" non nega totalmente "è un bel ragazzo"

130 • EPISODIO 8

NOTA

Osserva le possibili posizioni di "però".
Luigi è un bel ragazzo, **però** a me non piace.
Luigi è un bel ragazzo, a me **però** non piace.
Luigi è un bel ragazzo, a me non piace, **però**.

BENSÌ

BENSÌ esprime solo un **contrasto totale.**
Luigi non è nato a Milano, **bensì** a Roma.

MENTRE

MENTRE oltre ad essere una congiunzione **temporale** ha anche un valore **avversativo** con il significato di *invece*.

Nei mesi invernali viviamo a Roma, **mentre** d'estate ci trasferiamo in Sardegna.

A mio marito piace molto andare al cinema, **mentre** io preferisco il teatro o l'Opera.

CONNETTIVI ESPLICATIVI

CIOÈ

CIOÈ introduce una **spiegazione**, serve a spiegare quello che è stato detto prima.

Francesca è mia nipote, **cioè** la figlia di mio fratello Giovanni.

Ci vediamo fra tre giorni, **cioè** giovedì.

---

2. MA, PERÒ, BENSÌ

Sostituisci nelle frasi la congiunzione *ma* con *però* o *bensì* in modo appropriato.

1. L'amica che mi hai presentato ieri è veramente carina, *ma* (__però__) è troppo timida per i miei gusti!
2. Non volevo una giaccone, *ma* (_____) un cappotto più caldo per le giornate veramente fredde.
3. Hai ragione: Luigi è un po' chiuso, *ma* (_____) quando lo conosci meglio capisci che è davvero un caro ragazzo.
4. Ti sbagli, Marco non è nato nel 1978 *ma* (_____) nel 1979!
5. La valigia che hai comprato ha una linea veramente originale, *ma* (_____) sembra poco resistente.
6. Sto leggendo un libro veramente interessante, *ma* (_____) troppo complesso!
7. Non volevo andare in America per l'università *ma* (_____) in Francia, paese che certamente preferisco; *ma* (_____) poi, per motivi pratici, ho dovuto cambiare i miei progetti.
8. Oggi è una giornata molto fredda, *ma* (_____) il cielo è limpido e azzurro.
9. Ho una fame tremenda, *ma* (_____) non ho voglia di mangiare il solito panino, mi andrebbe un bel piatto di pasta.
10. Io e mia moglie abbiamo deciso di non affittare un appartamento, *ma* (_____) di comprarlo.
11. Non ho bisogno di un collaboratore occasionale, *ma* (_____) di qualcuno disponibile a tempo pieno.
12. I professori dicono che mio figlio è un ragazzo intelligentissimo, *ma* (_____) in classe è spesso distratto.
13. Non è questo che mi aspettavo da te, *ma* (_____) l'esatto contrario!
14. Il tuo testo è ben scritto, *ma* (_____) non è molto approfondito.
15. Questo lavoro mi ha davvero stufato, *ma* (_____) devo finirlo anche se non ne ho voglia!

EPISODIO 8 ▪ 131

3. SICCOME, DATO CHE, VISTO CHE

Trasforma le frasi usando *siccome*, *dato che* o *visto che*.

1. Non ho messo il cappotto perché non fa molto freddo.
   Siccome non fa molto freddo, non ho messo il cappotto.
2. Io e Carlo abbiamo deciso di separarci perché da tempo non andiamo più d'accordo.
3. La gente è preoccupata per il futuro perché stiamo attraversando un periodo di seria crisi economica.
4. Tuo figlio non ottiene risultati ottimali a scuola perché non si impegna molto nello studio.
5. Mario si è iscritto alla facoltà di fisica perché non ha mai amato le materie letterarie.
6. Non posso usare la posta elettronica perché il mio computer è rotto.
7. Ho scelto questo colore tenue per le pareti della mia camera perché non mi piacciono i colori accesi.
8. Prendo raramente l'aereo perché ho paura di volare.
9. Ho raccontato tutto a mia sorella perché non mi avevi detto che questa storia doveva restare un segreto fra me e te.
10. Non mi sembra il caso di andare a fare shopping proprio oggi perché piove e fa freddo!
11. Ieri mattina ho deciso di andare al lavoro in macchina perché c'era uno sciopero del trasporto pubblico.

4. DA UNA CONGIUNZIONE ALL'ALTRA...

Distingui i diversi significati della congiunzione *e* e sostituiscila con altre congiunzioni appropriate: *quando*, *perciò*, *ma*, *mentre* (con valore temporale).

1. Non si è coperto abbastanza *e* (___perciò___) ora ha il raffreddore.
2. Ha ascoltato la lezione *e* (_____) non ci ha capito niente.
3. Maria studiava *e* (_____) Stefano leggeva tranquillo il giornale.
4. Stavo passeggiando *e* (_____) all'improvviso ha cominciato a piovere.
5. Ho rispettato tutte le regole *e* (_____) sono sicura di aver fatto bene l'esercizio.
6. Luigi aveva mal di denti *ed* (_____) è andato dal dentista.
7. Dici sempre che vuoi cambiare *e* (_____) poi continui a comportarti male!
8. Rossella mi parlava *e* (_____) io non riuscivo a seguirla perché ero troppo stanca.
9. Stavo studiando *ed* (_____) è arrivato Franco con un gruppo di amici.
10. Stavo dormendo *e* (_____) tutti gli altri a casa guardavano la TV.
11. Dici che vuoi migliorare a scuola *e* (_____) continui a non studiare!
12. La signora attraversava la strada sulle strisce pedonali *e* (_____) una macchina l'ha investita.
13. Ho mangiato davvero troppo *e* (_____) ho mal di stomaco.

FACCIAMO GRAMMATICA

MODIFICATORI DI INTENSITÀ

Osserva.
Cercare un lavoro non è facile, ma **ancora meno** facile è lasciare un lavoro stabile...

più	→	molto più	→	ancora più	→	sempre più
di più	→	molto di più	→	ancora di più	→	sempre più / di più
meno	→	molto meno	→	ancora meno	→	sempre meno
di meno	→	molto di meno	→	ancora di meno	→	sempre di meno

PIÙ o DI PIÙ?

Osserva l'uso di **PIÙ** e **DI PIÙ** nei dialoghi.

A
- Questo vino è **caro**!
- Ma quest'altro è **più caro**!
- Certo, ma lo spumante è **molto più caro**!
- Beh, allora lo champagne è **ancora più caro**.
- Certo, ma ormai i vini di marca in Italia stanno diventando **sempre più cari**.

B
- Questo vino **costa** caro.
- Ma lo spumante **costa di più**!
- E lo champagne **costa molto di più**!
- Certo, ma un buon whisky **costa ancora di più**!
- Questo perché l'IVA sulle bevande alcoliche **aumenta sempre di più / sempre più**!

> **NOTA**
> **Più** modifica l'intensità dell'aggettivo (o del sostantivo).
> **Di più** modifica l'intensità del verbo.

5. Scegli l'alternativa giusta.

1. Oggi i bambini sono ○ **ancora di meno** ○ **sempre meno** entusiasti di uscire a giocare e preferiscono stare ore davanti al computer.
2. Se parli bene l'inglese è ○ **molto più** ○ **ancora di più** facile trovare un lavoro, se parli anche un'altra lingua, lo è ○ **molto più** ○ **ancora di più**.
3. L'abitudine di bere molto si sta diffondendo ○ **sempre di più** ○ **ancora meno** tra i giovanissimi.
4. Viaggiare in treno, a volte, è ○ **molto di più** ○ **molto più** comodo che viaggiare in aereo.
5. Studiare medicina è ○ **molto più** ○ **sempre di meno** difficile che studiare architettura.
6. I test d'ingresso per la facoltà di medicina stanno diventando ○ **ancora di più** ○ **sempre più** difficili.
7. Questo vestito è bello, ma costa troppo. Ne ho visto uno su Internet che è molto simile, ma costa ○ **sempre di meno** ○ **molto di meno**.
8. Ad agosto in Italia fa molto caldo, ma a volte a luglio fa ○ **sempre di più** ○ **ancora più** caldo.
9. Il traffico a Napoli è caotico, ma molti dicono che a Roma è ○ **ancora più** ○ **molto di più** caotico.
10. Questo monumento è molto antico, ma quella chiesetta lì vicino è ○ **ancora più** ○ **sempre di più** antica.

6. CHE PROBLEMA FARE UN REGALO!

Completa il dialogo con *perché, siccome / visto che, perciò, ma.*

▶ Ciao Daria, ti chiamo _____ stiamo organizzando un regalo per il compleanno di Renato e vorrei sapere se vuoi partecipare anche tu.

▶ Ah, davvero? _____ quando ci sarà la sua festa?

▶ Sabato prossimo, _____ abbiamo davvero poco tempo per comprare un regalo. Tu non lo sapevi?

▶ Sì, me lo aveva detto ma, _____ in questo periodo sono piena di lavoro e di altre cose, avevo dimenticato la data. Beh, a questo punto io non ho tempo per pensare a un regalo, mi unisco a voi. Cosa pensavate di comprargli?

▶ Guarda, _____ a lui piace viaggiare, noi pensavamo di comprargli un cofanetto viaggio.

▶ Certo, è vero che gli piace viaggiare, ma non gli piacciono questi cofanetti, _____ secondo me sarebbe meglio comprargli un biglietto per Budapest. Mi ha detto qualche giorno fa che ci vorrebbe andare quest'estate.

▶ È una buona idea, _____ come facciamo a sapere in che data vuole andarci?

▶ Giusto, hai ragione, non lo sappiamo, _____ dobbiamo chiederlo a lui direttamente. Guarda, _____ io devo sentirlo stasera, provo a indagare sulle sue date libere e ti richiamo.

▶ Perfetto, allora aspetto la tua chiamata!

BUDAPEST

BUONGIORNO, SI RICORDA DI ME?

Quando Piero si avvicina al bancone della libreria, il signor Leonetti lo accoglie con simpatia.
"Buongiorno, **mi dica**!"
"Buongiorno, si ricorda di me?"
"**Aspetti** un attimo, **mi faccia** pensare…"
"Ci siamo conosciuti in treno."
"Come no! Ma certo, il controllore che scrive diari!"
"Beh, **guardi**, scrivo sempre meno, ma leggo, leggo molto!"
"Bene, mi fa piacere, ma prego, **si accomodi**!"
"Grazie, ma che bel posto, c'è anche una caffetteria!"
"Sì, le posso offrire un caffè? Più che una caffetteria è un angolo per la lettura. Un'occasione per fare due chiacchiere. Ma **venga, non stia** in piedi, abbiamo delle sedie qui!"
"Sì, grazie. Ah, vedo che ci sono anche le foto e gli autografi degli autori."
"Qui organizziamo molti incontri con gli autori, ma abbiamo anche un circolo di lettori che si confrontano sui libri letti. **Legga** il dépliant con il programma degli incontri di questo mese!"
"Interessante, posso prenderne uno?"
"Certo, ne **prenda** anche più di uno! **Senta**, lo prende con lo zucchero, il caffè?"
"Sì, grazie, di canna se possibile!"

EPISODIO 8

7. 📖 **Leggi il dialogo e scegli il riassunto appropriato.**

A
Piero arriva in una libreria. Ha conosciuto il proprietario in treno, ma l'uomo, che è un po' anziano, non lo riconosce. Comunque ha piacere di parlare con lui e lo invita a prendere un caffè. Piero accetta il caffè, lo prende velocemente e dice che ritornerà con calma.

B
Il signor Leonetti riconosce Piero appena lo vede, lo invita a visitare la libreria e a bere un caffè. Piero non prende il caffè, ma compra un libro con molte foto e autografi di autori famosi e dice che tornerà per fare due chiacchiere.

C
Piero arriva nella libreria di un uomo che ha conosciuto in treno. La libreria ha anche un angolo con sedie e tavolini per bere un caffè e fare due chiacchiere. Il signor Leonetti è molto gentile con Piero, gli offre un caffè e parla con lui.

8. 📖 **Rileggi il testo e indica: le due persone si esprimono in modo ◯ formale o ◯ informale? Da cosa l'hai capito?**

Ora osserva i verbi evidenziati nel testo: sono all'imperativo. Prova a distinguerli in regolari e irregolari e trascrivili.

VERBI REGOLARI	VERBI IRREGOLARI

EPISODIO 8 • 135

FACCIAMO GRAMMATICA

IMPERATIVO FORMALE / CONGIUNTIVO ESORTATIVO

Le forme dell'**imperativo di 3ª persona singolare, 1ª persona plurale e 3ª persona plurale** (*lei / noi / loro*) sono in realtà **forme del congiuntivo**.
La 1ª persona plurale (*noi*) è uguale all'indicativo ed è molto facile da coniugare (per la coniugazione dei verbi regolari all'imperativo vedi volume A2, pagina 53).
L'imperativo formale è detto anche **congiuntivo esortativo**. Che cosa significa *esortativo*? Questo aggettivo viene dal verbo *esortare*, che significa stimolare, invitare, incoraggiare, spingere qualcuno a fare qualcosa.

PREGO, SI ACCOMODI.

ALCUNI VERBI IRREGOLARI

Ecco alcuni **verbi irregolari** all'imperativo formale / congiuntivo esortativo, alla 3ª persona singolare e plurale (*lei, loro*):

dare → **DIA, DIANO**
stare → **STIA, STIANO**

Per gli altri verbi irregolari riportati di seguito, come puoi notare, la forma dell'imperativo / congiuntivo si può ricavare dalla 1ª persona del presente indicativo. Basta sostituire la *-o* finale con la vocale *-a*.

INFINITO		INDICATIVO PRESENTE (IO)		CONGIUNTIVO E IMPERATIVO (LEI / LORO)
fare	→	facci**o**	→	FACCI**A** / FACCI**ANO**
andare	→	vad**o**	→	VAD**A** / VAD**ANO**
dire	→	dic**o**	→	DIC**A** / DIC**ANO**
uscire	→	esc**o**	→	ESC**A** / ESC**ANO**
bere	→	bev**o**	→	BEV**A** / BEV**ANO**
tenere	→	teng**o**	→	TENG**A** / TENG**ANO**
venire	→	veng**o**	→	VENG**A** / VENG**ANO**
rimanere	→	rimang**o**	→	RIMANG**A** / RIMANG**ANO**
salire	→	salg**o**	→	SALG**A** / SALG**ANO**
spegnere	→	speng**o**	→	SPENG**A** / SPENG**ANO**
tradurre	→	traduc**o**	→	TRADUC**A** / TRADUC**ANO**

9. 💬 **E ORA SI RECITA!**
Create delle coppie. Ogni studente prende il ruolo di Piero o del libraio. Imparate le battute e mettete in scena la situazione.

PIERO

LIBRAIO

136 • EPISODIO 8

10. CAMBIAMO REGISTRO!

Rileggi il testo a pag. 134. Immagina che Piero e il libraio abbiano la stessa età e che entrambi si diano del *tu*. Trasforma il dialogo tra Piero e il libraio usando un registro informale. Fa' attenzione a tutti gli elementi che devono essere cambiati: verbi, pronomi, forme di saluto ecc.

Ciao, ti ricordi di me?
_____
_____
_____
_____
_____

SI SIEDA E MI PARLI UN PO' DI LEI!

Piero è andato a trovare il signor Leonetti nella sua libreria per la prima volta. Il libraio lo invita a prendere un caffè per parlare un po' e conoscersi meglio...

11. AUDIO 15 Ascolta più volte il dialogo e segna la risposta corretta.

1. Piero dice al libraio che lui ama scrivere e viaggiare, ma non ama stare in mezzo alla gente. V F
2. Nei treni ad alta velocità le persone non parlano più. V F
3. Il libraio ha fatto per molti anni il giornalista. V F
4. Il libraio ha cambiato lavoro per continuare a tenere aperta la libreria alla morte di suo padre. V F
5. Il libraio è stanco e vuole vendere la libreria. V F
6. Chi prenderà in gestione la libreria non dovrà pagare l'affitto. V F
7. Nella libreria c'è una sala dove si possono organizzare eventi. V F
8. Il libraio non conosce l'amica di Piero con i capelli viola. V F
9. Piero dice al libraio che deve pensarci un po' prima di decidere di lasciare il suo lavoro. V F

12. AUDIO 15 Ascolta più volte il dialogo e completa con le parti mancanti.

"Questa libreria era di mio padre, quando lui è morto non volevo perderla, era come perdere il suo ricordo, e anche adesso che sono stanco e non ce la faccio, vorrei qualcuno per continuare il mio lavoro."
"Ma _____, lei la vuole vendere?"
"No, veramente darei in gestione l'attività, senza pagare l'affitto, solo le bollette sarebbero a carico di chi la prenderebbe."
"Ma _____, sinceramente, con questo lavoro si può vivere?"
"_____, e le faccio vedere le spese e i guadagni. _____, abbiamo una clientela fissa, e abbiamo anche una sala dove si possono organizzare feste ed eventi."
"Per questo ci sarebbe una mia amica interessata, una ragazza con i capelli viola, lei l'ha conosciuta in treno!"
"_____, _____, una bella ragazza, con un cagnolino bianco? Sì, le ho parlato della libreria, lei è già venuta a vederla."
"Bene, _____ pensare, sa, io dovrei lasciare il mio lavoro...!"
"Ma certo, _____ tutto il tempo, io sono qui, _____ o _____ quando vuole!"

EPISODIO 8 • 137

13. FACCIA QUESTO... FACCIA QUELLO...

Chiedi gentilmente a qualcuno di fare queste cose, usando l'imperativo formale / il congiuntivo esortativo (*Lei*).

1. Firmare questo documento — *FIRMI QUESTO DOCUMENTO!*
2. Mettere una firma
3. Prendere un numero di turno
4. Compilare questo modulo
5. Richiamare più tardi
6. Fermarsi dopo il semaforo
7. Dirmi qual è il problema
8. Darmi un chilo di pane
9. Venire domani alle 9.00
10. Aspettare un attimo
11. Leggere bene le istruzioni d'uso
12. Spedire questo pacco
13. Finire di mangiare con calma
14. Riposarsi e prendere le medicine

EPISODIO 8

14. DAL *TU* AL *LEI*

Trasforma queste richieste usando il *Lei*.

1. Sali in macchina!
2. Controlla l'orario del volo!
3. Accendi il computer!
4. Spegni la luce!
5. Bevi un po' d'acqua!
6. Rispondi alle mie domande!
7. Esci da questa stanza!
8. Rimani seduta!
9. Tieni le chiavi!
10. Mandami un messaggio!
11. Dimmi la verità
12. Torna presto!
13. Va' in farmacia!
14. Fa' presto!
15. Resta ancora un po'
16. Sta' tranquillo!
17. Prendi questa medicina!
18. Dammi la password!
19. Metti il latte in frigorifero!
20. Apri la finestra!
21. Scendi alla prossima fermata!

MA DOVE CE L'HA LA TESTA!

Mentre Piero torna a casa, ha la testa fra le nuvole: pensa alla libreria, alla possibilità di fare finalmente un lavoro stimolante e più creativo, ma anche alla difficoltà di lasciare il suo lavoro. Soprattutto, immagina con una certa preoccupazione la reazione di suo padre di fronte a quella scelta. E poi dovrebbe anche parlare ai suoi di questa ragazza, Cecilia, di cui loro non sanno nulla, ma questo non è un problema, solo che ... ACCIDENTI! Così carico di pensieri...

15. AUDIO 16 Ascolta più volte la conversazione tra Piero e i due automobilisti e scegli il riassunto appropriato.

A Piero ha investito un pedone mentre tornava in macchina perché il pedone è passato con il rosso. Due automobilisti che erano dietro di lui sono scesi dalla macchina per chiamare i vigili.

B Un automobilista che guidava troppo velocemente ha tamponato Piero, che ha frenato di colpo quando il semaforo è diventato rosso. Piero ha insultato l'automobilista perché non teneva la distanza di sicurezza. Un altro automobilista è intervenuto per difendere Piero.

C Un automobilista ha frenato improvvisamente per non investire Piero, che era distratto mentre attraversava al semaforo. Un altro automobilista, che veniva dietro al primo, non ha fatto in tempo a frenare e lo ha tamponato. È scoppiata una lite fra i tre.

16. Dopo aver ascoltato la lite tra Piero e due automobilisti, inserisci le parole elencate al posto giusto.

fanale • la colpa • imbecille • ha tamponato • ha torto • arancione • deficiente • rosso • paraurti • investire • guidava • calmare • distanza • i vigili • andare al diavolo • frenare • litigare

1. Il primo automobilista ha frenato per non _____ Piero.
2. Secondo il primo automobilista, quando Piero ha attraversato la strada il semaforo era _____, mentre secondo Piero era _____.
3. La macchina che viaggiava dietro al primo automobilista non è riuscita a _____ e lo _____.
4. La macchina del secondo automobilista ha un _____ e il _____ rotti.
5. L'automobilista che ha frenato per non investirlo dice che Piero è un _____.
6. Piero reagisce offeso e dice che _____ è dell'automobilista che andava troppo veloce.
7. Il secondo automobilista dà ragione a Piero e dice che il primo automobilista _____ troppo veloce.
8. Il primo automobilista dice al secondo di _____ e che la colpa dell'incidente è sua perché non teneva la _____ di sicurezza.
9. Alla fine il secondo automobilista vuole chiamare _____.
10. Secondo il primo automobilista non serve chiamare i vigili perché _____ quello che lo ha tamponato.
11. I due automobilisti iniziano a _____, uno dice all'altro che è un _____, l'altro reagisce minacciando di mettergli le mani addosso.
12. Piero interviene per _____ i due automobilisti, ma insiste dicendo che lui ha attraversato con l'arancione.

SMETTILA DI PROTEGGERLO!

Come in molte famiglie, spesso si litiga per futili motivi, ma i genitori a volte litigano tra di loro per via dei figli, della loro educazione, delle loro scelte di vita.
A casa di Piero le cose non sono diverse. Piero va a cena dai suoi genitori di tanto in tanto, e le serate spesso finiscono con qualche discussione.
Questa volta sua madre annuncia al marito qualcosa che Piero non gli ha ancora detto e scoppia la solita lite.

140 • EPISODIO 8

17. **AUDIO 17** Ascolta il dialogo e segna le risposte corrette.

1. La madre di Piero dice al marito che ha preso una multa. — V F
2. Piero vorrebbe cambiare casa. — V F
3. Il padre si arrabbia quando sente che Piero vorrebbe lavorare in una libreria. — V F
4. La madre dice che Piero non ce la fa più a lavorare sui treni. — V F
5. Il padre di Piero, secondo sua moglie, è sempre troppo aggressivo. — V F
6. Il marito dice alla moglie che è pazza come Piero. — V F
7. La moglie chiede al marito di non fare scenate perché non sta bene. — V F
8. Il padre dice che Piero è ancora un bambino. — V F

18. **AUDIO 17** Ascolta più volte il dialogo tra i genitori di Piero e completa le frasi nei fumetti.

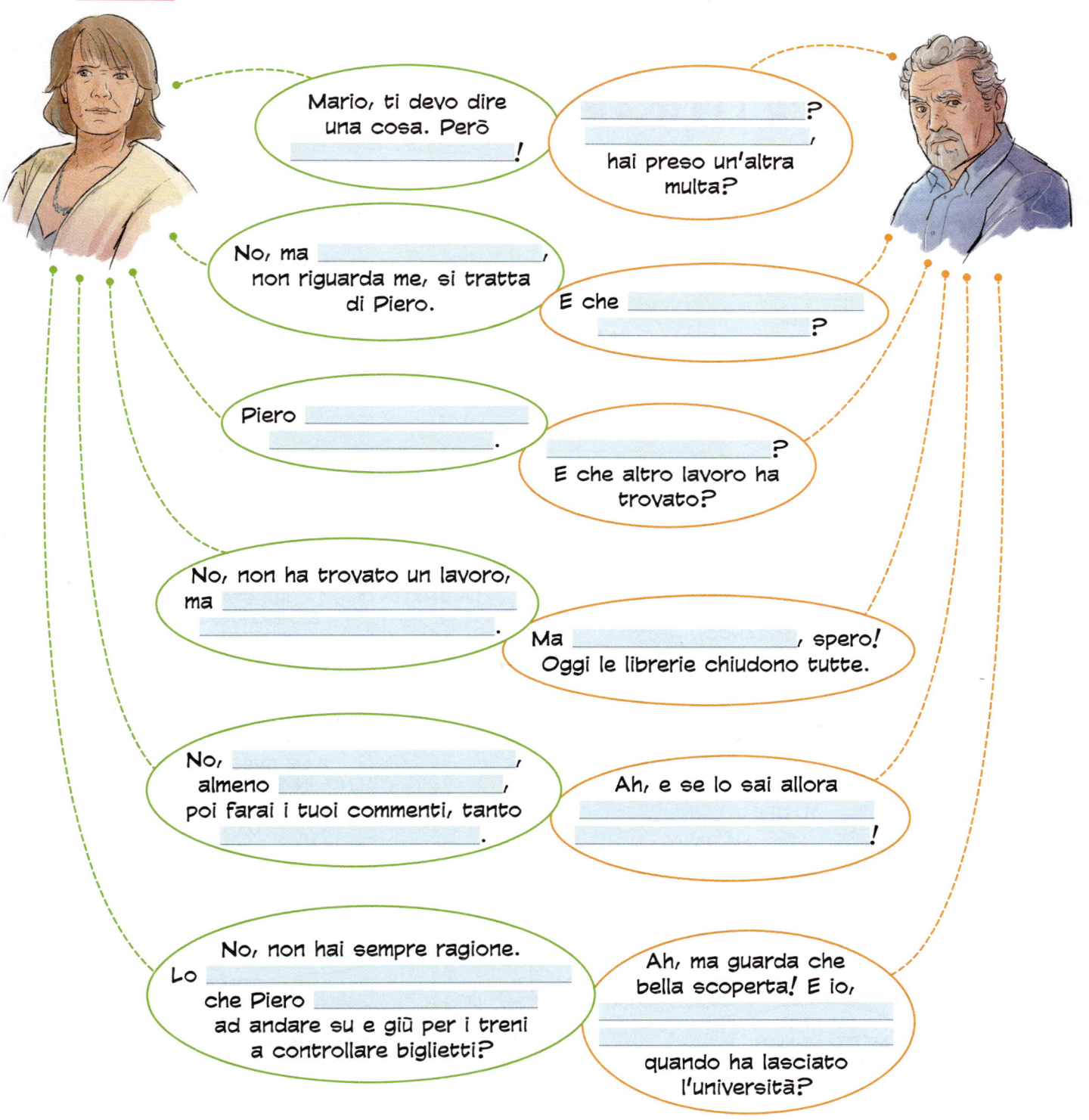

Mario, ti devo dire una cosa. Però _____!

_____? _____, hai preso un'altra multa?

No, ma _____, non riguarda me, si tratta di Piero.

E che _____?

Piero _____ _____.

_____? E che altro lavoro ha trovato?

No, non ha trovato un lavoro, ma _____ _____.

Ma _____, spero! Oggi le librerie chiudono tutte.

No, _____, almeno _____, poi farai i tuoi commenti, tanto _____.

Ah, e se lo sai allora _____!

No, non hai sempre ragione. Lo _____ che Piero _____ ad andare su e giù per i treni a controllare biglietti?

Ah, ma guarda che bella scoperta! E io, _____ _____ quando ha lasciato l'università?

EPISODIO 8 ▪ 141

19. Ricostruisci la discussione tra i genitori di Piero completando le frasi sotto.

1. La madre di Piero dice a suo marito che _____.
2. Il padre chiede se lei _____.
3. La madre gli spiega che Piero _____.
4. Il padre si arrabbia perché secondo lui _____.
5. La madre capisce che Piero non _____.
6. La moglie chiede al marito _____.
7. Il padre, invece, dice alla moglie che _____.

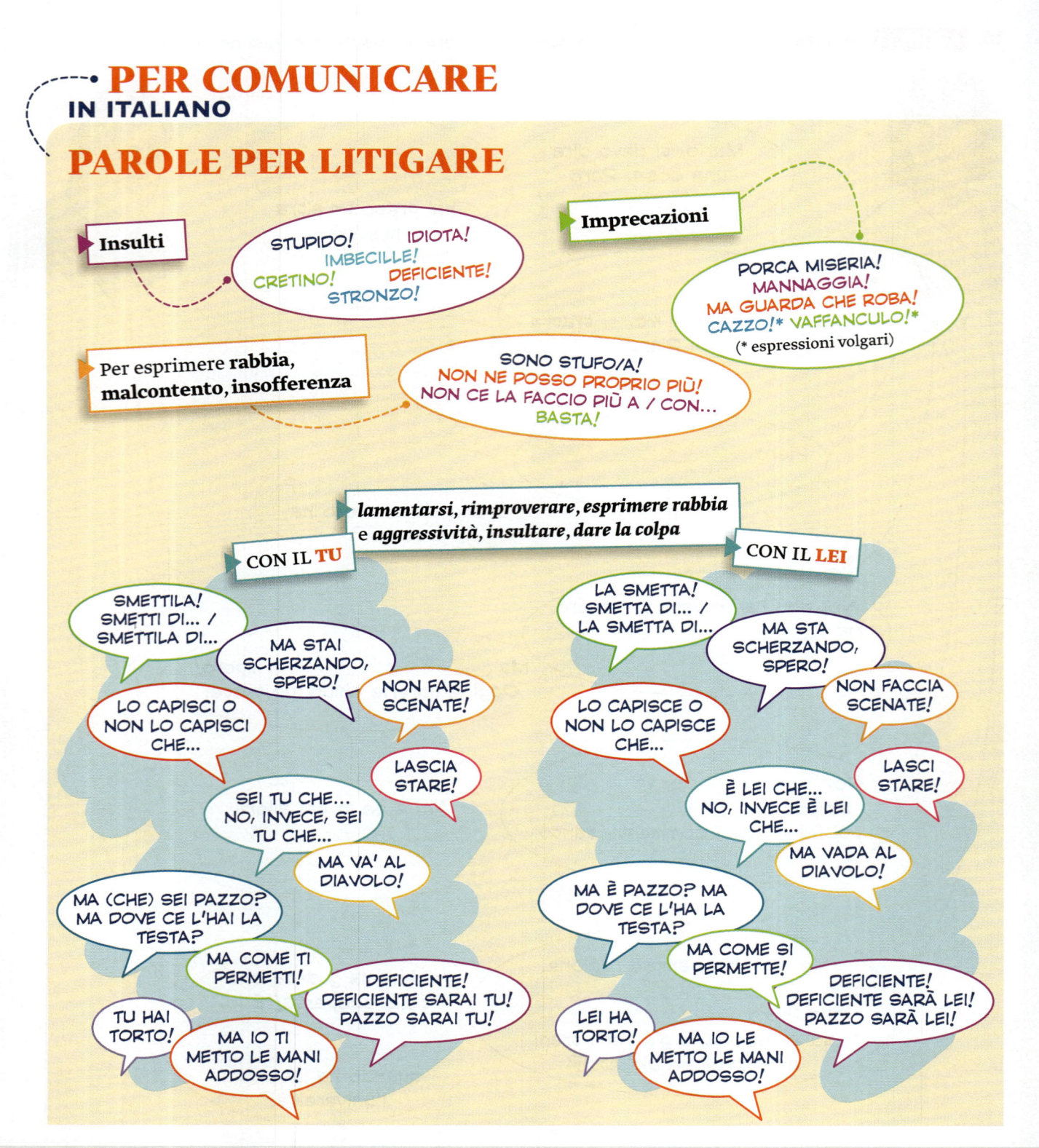

PER COMUNICARE
IN ITALIANO

PAROLE PER LITIGARE

Insulti

STUPIDO! IDIOTA! IMBECILLE! CRETINO! DEFICIENTE! STRONZO!

Imprecazioni

PORCA MISERIA! MANNAGGIA! MA GUARDA CHE ROBA! CAZZO!* VAFFANCULO!*

(* espressioni volgari)

Per esprimere rabbia, malcontento, insofferenza

SONO STUFO/A! NON NE POSSO PROPRIO PIÙ! NON CE LA FACCIO PIÙ A / CON... BASTA!

lamentarsi, rimproverare, esprimere rabbia e aggressività, insultare, dare la colpa

CON IL TU

- SMETTILA! SMETTI DI... / SMETTILA DI...
- MA STAI SCHERZANDO, SPERO!
- NON FARE SCENATE!
- LO CAPISCI O NON LO CAPISCI CHE...
- LASCIA STARE!
- SEI TU CHE... NO, INVECE, SEI TU CHE...
- MA VA' AL DIAVOLO!
- MA (CHE) SEI PAZZO? MA DOVE CE L'HAI LA TESTA?
- MA COME TI PERMETTI!
- DEFICIENTE! DEFICIENTE SARAI TU! PAZZO SARAI TU!
- TU HAI TORTO!
- MA IO TI METTO LE MANI ADDOSSO!

CON IL LEI

- LA SMETTA! SMETTA DI... / LA SMETTA DI...
- MA STA SCHERZANDO, SPERO!
- NON FACCIA SCENATE!
- LO CAPISCE O NON LO CAPISCE CHE...
- LASCI STARE!
- È LEI CHE... NO, INVECE È LEI CHE...
- MA VADA AL DIAVOLO!
- MA È PAZZO? MA DOVE CE L'HA LA TESTA?
- MA COME SI PERMETTE!
- DEFICIENTE! DEFICIENTE SARÀ LEI! PAZZO SARÀ LEI!
- LEI HA TORTO!
- MA IO LE METTO LE MANI ADDOSSO!

gioco

20. LITIGATE!

Gli studenti sono divisi in gruppi. Ogni gruppo sceglie una situazione e ogni studente ha il ruolo di uno dei personaggi proposti. Ogni gruppo mette in scena una delle situazioni elencate sotto.

IN FAMIGLIA

- Un padre, un figlio, una madre.
- Il figlio vuole le chiavi della macchina.
- Tutti i suoi amici hanno la macchina.
- Il padre non vuole.
- La madre cerca di convincerlo ma dice al figlio di non fare tardi.
- Il figlio torna alle due di notte.
- I genitori sono ancora svegli e preoccupati.

TRA VICINI DI CASA

- Uno ha lo stereo a tutto volume.
- L'altro ha il bambino che piange.
- Un altro cucina con odori molto forti alle 7 di mattina.
- Un altro stende i panni bagnati.
- Tutti si affacciano dai balconi o vanno a suonare alla porta per lamentarsi e litigare.

RIUNIONE DI CONDOMINIO

- Si deve decidere a che ora accendere il riscaldamento.
- Le signore casalinghe propongono dalle 10 alle 20.
- Chi lavora fuori casa propone al mattino presto e dopo le 16.00.
- Chi abita ai piani bassi vuole accendere il riscaldamento per poche ore, ma ai piani alti fa più freddo.

NEL TRAFFICO

- Una persona aspetta in seconda fila per parcheggiare.
- Arriva velocemente un'altra macchina che si inserisce nel parcheggio appena liberato.
- Il primo conducente protesta, l'altro non vuole spostare la sua macchina e risponde in modo maleducato.
- I due litigano.

IN UNA CASA DI STUDENTI

- Tre studenti condividono un appartamento. Hanno stabilito regole di convivenza e turni per le pulizie di casa.
- Uno di loro è particolarmente disordinato e non rispetta le regole e i turni.
- Un altro non fa la spesa e prende sempre dal frigorifero le cose comprate dagli altri.
- Un altro occupa il bagno per troppo tempo la mattina e gli altri non possono usarlo.

EPISODIO 8 • 143

FACCIAMO GRAMMATICA

NON CE LA FACCIO PIÙ!

Non ce la faccio più **a** lavorare tutto il giorno! → **Non riesco più a / Non posso più** lavorare tutto il giorno!

Non ce la faccio più **con** questo caldo! → **Non sopporto più** questo caldo!

	FARCELA
io	non **ce la** faccio più!
tu	non **ce la** fai più!
lui/lei	non **ce la** fa più!
noi	non **ce la** facciamo più!
voi	non **ce la** fate più!
loro	non **ce la** fanno più!

21. Completa le frasi con il verbo *farcela*.
1. Vedi, Enzo, io non _____ più a lavorare con questi ritmi.
2. È da questa mattina che lavoro al computer senza una pausa, non _____ più!
3. Luigi non _____ più a vivere con uno stipendio così basso.
4. Ragazzi, iniziate a correre, ma quando non _____ più, riposatevi un attimo!
5. Uffa! Non _____ più con questo rumore, non riesco a lavorare!
6. Luisa non _____ più a sopportare Sergio, è troppo geloso.
7. Mamma, non (*noi*) _____ più con tutti questi compiti! Vogliamo giocare!
8. Vedo che sei stanco. Se tu non _____ più, vai pure e riprendiamo il lavoro domani.
9. Tutte le mattine la metro è strapiena. Non (*noi*) _____ più a viaggiare in questo modo!
10. Perché non facciamo una sosta? I bambini non _____ più a stare seduti in macchina.

22. Leggi le interviste e inserisci le domande al posto giusto.

• E come fai a superare la rabbia? • Per esempio? • Come reagisci quando i tuoi compagni si comportano così? • Sei forte a basket?
• E perché? • E tu non prendi mai in giro nessuno? • Chi ride di te?

Se mi prendi in giro, lo faccio anche io!
(Luca, 8 anni)

«Mi arrabbio quando gli altri ridono di me»

• _____

I miei compagni di classe.

• _____

Non lo so bene il perché, me lo chiedo anche io. Ridono per quello che dico oppure mi prendono in giro per il mio nome o perché non so palleggiare bene con la mano sinistra quando gioco a basket.

• _____

Abbastanza. Mi piace molto.

• _____

A volte lo vado a dire subito alla maestra. Se però lei non dice niente e non sgrida nessuno faccio da solo: cerco di rimandare indietro le prese in giro. Ma non sempre ci riesco.

• _____

Per esempio, se un mio compagno sta proprio esagerando io gli dico: «Stai zitto!». Ma non basta... lui poi mi risponde con frasi del tipo: «Pensaci prima tu a stare zitto, io poi ci faccio un pensierino dopo». Queste cose mi fanno innervosire.

• _____

Faccio degli scacciapensieri: disegno qualcosa, faccio dei giochi oppure vado dai miei amici amici.

• _____

Ogni tanto sì. Ma solo quelli che prendono in giro me. Solo loro!

tratto da *M'incavolo!* di Federico Taddia, «Il Sole 24 Ore», 19 febbraio 2017

• Hai qualche trucco per superare la rabbia? • Per esempio?
• Tutti i compiti o qualcuno in particolare? • Ma di preciso con chi ti arrabbi?
Con gli insegnanti? • E cosa vorresti fare al posto dei compiti?

Che barba fare i compiti!
(Alessio, 9 anni)

«Mi arrabbio quando devo fare i compiti»

• _____

Tutti tutti. Anche se quelli che proprio non sopporto sono i compiti di italiano.

• _____

Gli ultimi che mi hanno fatto incavolare erano sull'uso dell'acca. Noiosissimi!

• _____

Qualsiasi cosa andrebbe bene. Se invece devo proprio scegliere, vorrei giocare a Clash Royale. Mi piace troppo.

• _____

No no, mi arrabbio proprio con i compiti perché esistono. Alla fine però li faccio sempre: a volte con il muso e altre volte senza. Me la faccio passare e via.

• _____

Sì. Faccio gli esercizi lentamente lentamente. È un mio modo per fare un dispetto ai compiti.

tratto da *M'incavolo!* di Federico Taddia, «Il Sole 24 Ore», 2 aprile 2017

23. 💬 CHE RABBIA!

Lavorate in coppia o in piccoli gruppi e intervistatevi facendovi le seguenti domande.

- Che cosa ti fa arrabbiare di più, di solito?
- Quando ti arrabbi, come reagisci?
- Ricordi un episodio in cui ti sei arrabbiato veramente o hai fatto veramente arrabbiare qualcuno?
- Qual è la cosa di te che fa arrabbiare gli altri?
- Ricordi cosa ti faceva arrabbiare da bambino/a?

Ti prendo e ti porto via

«Buona 'sta carbonara. Chi l'ha fatta? L'ha fatta zia?» chiese con il boccone in bocca Bruno Miele a Lorena Santini, la sua fidanzata.

«E che ne so io chi l'ha fatta!» sbuffò Lorena che aveva altri problemi in quel momento e che, essendosi ustionata sulla spiaggia, era color aragosta.

«Be', perché non vai a scoprirlo? Perché è così che si fa la carbonara. Non quella **zozzeria**[1] che fai tu che praticamente è una frittata di spaghetti. Tu le cuoci, le uova. Questa deve averla fatta zia, ci scommetto.»

«Non mi va di alzarmi» protestò Lorena.

«E tu vuoi che ti sposo? Lasciamo perdere, va'.»

Antonio Bacci, seduto tra Lorena e sua moglie Antonella, smise di mangiare e intervenne. «Per essere buona è buona. Ma per essere veramente speciale ci andava pure la cipolla. È così la ricetta originale romana.»

Bruno Miele alzò gli occhi al cielo. Gli veniva voglia di strangolarlo. Meno male che dall'inverno prossimo avrebbe smesso di vederlo perché poteva finire veramente male. «Ma tu ti rendi conto delle **stronzate**[2] che dici? È assurdo che parli. Tu di cucina non capisci niente, mi ricordo che una volta hai detto che **la morte della spigola è la brace**[3], tu non lo sai come si mangia... La carbonara con le cipolle, **ma levati!**[4]» Si era così innervosito che mentre

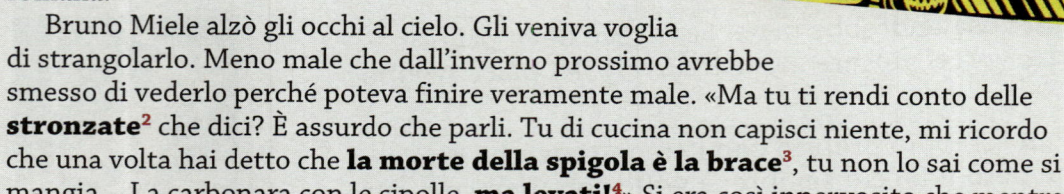

---

1 **zozzeria**: cosa non buona, cattiva, immangiabile.
2 **stronzate**: modo di dire volgare che significa cose stupide, senza senso.
3 **la morte della spigola è la brace**: il modo migliore per preparare la spigola è cuocerla alla brace.
4 **ma levati!**: Cosa dici? Sta' zitto!

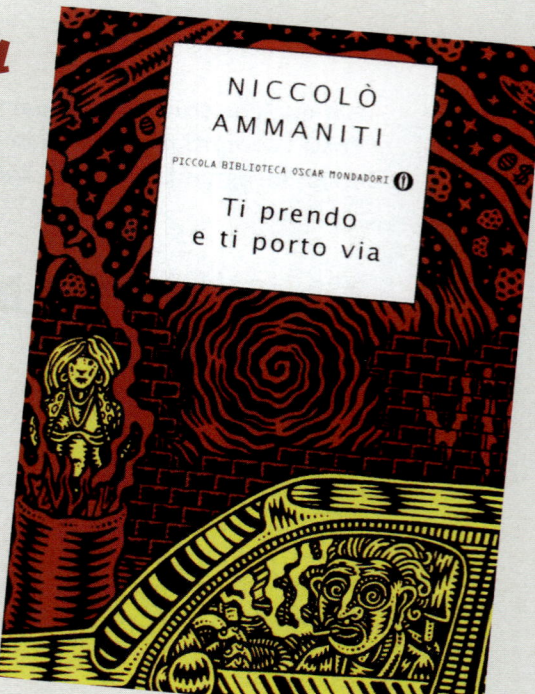

146 • EPISODIO 8

24. 📖 **Leggi il testo e segna le risposte corrette.**

1. Bruno Miele e Lorena Santini sono una coppia sposata. — V F
2. A Bruno piace molto la carbonara che sta mangiando. — V F
3. Bruno chiede a Lorena se la carbonara l'ha fatta lei. — V F
4. Lorena è stata troppo tempo sotto il sole e si è scottata. — V F
5. Bruno chiede a Lorena di alzarsi per scoprire chi ha fatto la carbonara. — V F
6. Lorena non si vuole alzare e Bruno le risponde male. — V F
7. Antonio Bacci e sua moglie sono seduti vicino a Lorena. — V F
8. Antonio Bacci dice che in una buona carbonara ci va la cipolla. — V F
9. Bruno Miele dice ad Antonio che lui non capisce niente di cucina. — V F
10. Antonella non è d'accordo con Bruno e difende suo marito. — V F
11. Antonio si arrabbia moltissimo e insulta Bruno. — V F
12. Andrea Bacci, il figlio di Antonio, ha mangiato un piatto di carbonara. — V F
13. Bruno dice ad Antonio che suo figlio mangia troppo e che è troppo grasso. — V F
14. Bruno domanda ad Andrea perché ha così tanta fame. — V F
15. Andrea non sa cosa rispondere e mangia col pane il sugo che resta nel piatto. — V F

parlava gli partirono dalla bocca dei pezzetti di pasta.

«Ha ragione Bruno. Tu di cucina non capisci niente. Le cipolle vanno nell'amatriciana» fece eco Antonella, che appena poteva **dava addosso**[5] al marito.

Antonio Bacci alzò le mani arrendendosi. «Va be', tranquilli. Mica vi ho insultato. E se dicevo che ci voleva la panna, mi ammazzavate? Occhei, non ci vuole... Che ci avete?»

«È che tu parli senza sapere. È questo che **fa incazzare**[6]» ribatté Bruno, non ancora soddisfatto.

«A me se ci stavano pure le cipolle mi piaceva di più» mugugnò Andrea Bacci che stava già al terzo piatto. Il ragazzino era seduto accanto alla madre e aveva faccia e mani nel piatto.

«E certo, così era ancora più grassa.» Bruno guardò il collega contrariato. «Tu a 'sto ragazzino lo devi portare dal medico. Quanto peserà? Un'ottantina di chili. Questo quando ti fa lo sviluppo diventa una balena. Stai attento, non si scherza con queste cose.» E rivolto ad Andrea: «Ma come mai ci hai tanta fame?».

Andrea si strinse nelle spalle e cominciò a **fare la scarpetta**[7] nel piatto.

tratto da Niccolò Ammaniti, *Ti prendo e ti porto via*, Mondadori, Milano 1999

---

5 **dava addosso** (al marito): accusava, aggrediva (il marito).
6 **fa incazzare**: modo volgare per dire "fa arrabbiare".
7 **fare la scarpetta**: mangiare con il pane il sugo che resta nel piatto quando finisce la pasta.

PERCHÉ SCRIVI SEMPRE LE TUE STORIELLE IN VERSI?

Gianni Rodari, famoso per i suoi tanti libri per bambini tradotti in tutte le lingue del mondo, usava molto la rima nelle sue filastrocche. *Il libro dei perché* è una raccolta postuma dove vengono messi insieme i tantissimi *perché* che i bambini rivolgono agli adulti e le bellissime risposte dello scrittore, che spaziano tra fantasia e realtà.

Perché scrivi sempre le tue storielle in versi?

La domanda mi ha colpito in pieno petto come una freccia indiana, avvelenata col curaro. Per rimettermi, mi sono affrettato a scrivere una storiellina in prosa.

STORIA DI UN PERCHÉ

Una volta c'era un Perché, e stava in un vocabolario della lingua italiana a pagina 819. Si seccò di stare sempre nello stesso posto e, approfittando della distrazione del bibliotecario, se la diede a gambe, anzi «a gamba», saltellando sulla zampetta della «p». Cominciò subito a dar fastidio alla portiera.

– Perché l'ascensore non funziona? Perché l'amministratore del condominio non lo fa riparare? Perché non c'è una lampadina al pianerottolo del secondo piano?

La portiera aveva altro da fare che rispondere a un Perché tanto curioso. Lo rincorse con la scopa fin sulla strada e gli ingiunse severamente di non tornare mai più.

– Perché mi cacci? – domandò il Perché molto indignato: – Perché ho detto la verità?

Se ne andò per il mondo, con quel brutto vizio di fare domande, curioso e insistente come un agente delle tasse.

– Perché la gente butta la carta per terra invece di metterla negli appositi cestini?

– Perché gli automobilisti hanno tanto poco rispetto dei poveri pedoni?

– Perché i pedoni sono tanto imprudenti?

Non era un Perché: era una mitragliatrice di domande, e non risparmiava nessuno. Per esempio, passava davanti a una baracca di legno e domandava:

– Chi ci abita?

– Un muratore.

– Che cos'è un muratore?

– Uno che fabbrica le case.

– E perché uno che costruisce le case deve stare in una baracca?

– Perché non ha abbastanza soldi per pagare l'affitto.

– E perché gli affitti sono tanto alti?

– Perché così.

– E perché così?

La Questura venne a sapere che c'era un Perché così e così, alto tanto e non di più, fuggito dalla pagina 819 del dizionario. Fece stampare la sua fotografia e la distribuì agli agenti, con questo ordine: «Se lo vedete, arrestatelo e mettetelo al fresco».

Fece stampare anche gli ingrandimenti di quella fotografia e li fece affiggere a tutte le cantonate. Sotto c'era scritto: «Diecimila millanta lire e una bottiglia di birra a chi ci aiuterà a catturarlo».

– Perché – si domandava il povero Perché, succhiandosi il dito sotto uno di quei manifesti – perché vogliono mandarmi al fresco? Forse non bisogna fare domande? La legge proibisce i punti interrogativi?

Cerca e cerca, nessuno riuscì mai a trovarlo. Ad arrestarlo, poi, non ci riuscirebbero tutte le guardie del mondo, che sono milioni e parlano molte lingue. Si è nascosto tanto bene, il nostro Perché: un po' qui e un po' là, in tutte le cose. In tutte le cose che vedi c'è un Perché.

25. 📖 **Leggi più volte il testo di Gianni Rodari e rispondi alle domande.**

1. A che pagina di un vecchio dizionario stava il Perché?
2. Perché scappò dal dizionario e come fece a scappare?
3. Chi fu la prima persona che incontrò e cosa le chiese?
4. Cosa fece la portiera?
5. Dove andò da quel momento il Perché?
6. Cosa domandava quando si trovava per strada nel traffico?
7. Cosa fece la Questura quando seppe che un Perché era fuggito dalla pagina del dizionario?
8. Cosa si domandò e cosa fece il Perché quando vide la sua foto sui manifesti?
9. Le guardie riuscirono ad arrestarlo? Perché?
10. Qual è la morale di questa storia?

Perché l'auto cammina?

È semplice. Perché
ha un cuore come te.
Il cuore è il motore,
il sangue la benzina.
Il cervello, si sa,
lo deve usar l'autista...
ma spesso non ce l'ha.

tratto da Gianni Rodari, *Il libro dei perché*, Einaudi, Torino 1980

26. ✏️ **COSTRUISCI I TUOI PERCHÉ**

Guardando il mondo intorno a te, le cose belle e quelle brutte, certamente molte volte ti sei domandato: "Perché?". Ora concentrati e, come Gianni Rodari, elabora una tua personale lista di *Perché?*... Poi, lavorando in piccoli gruppi, confrontala con quella dei tuoi compagni.

EPISODIO 9
Natale con i tuoi, Pasqua con chi vuoi!

Il proverbio dice che a Natale si deve stare in famiglia, forse perché dicembre è un mese freddo in tutta l'Italia ed è bello rimanere in casa, mangiare in abbondanza e scambiarsi i regali con i parenti. Per i negozianti, il Natale è un periodo ricco di speranze, e in particolare chi vende cibo, abbigliamento e accessori, libri, cosmetici o giocattoli spera che i clienti entrino nei negozi a spendere parte della "tredicesima", lo stipendio extra che i dipendenti ricevono prima di Natale. Per questo tutti addobbano bene le vetrine, perché vogliono che i passanti le notino e si fermino a guardare la merce esposta.

I bambini sperano di ricevere dei bei regali e spesso li chiedono direttamente ai loro parenti, ma a scuola scrivono ancora le letterine a Babbo Natale e sperano che lui le riceva e le legga, che passi a casa loro di notte, mentre dormono, e lasci sotto l'albero i regali richiesti. È vero che i Babbi Natale che si incontrano lungo le strade e davanti ai centri commerciali sono sempre più numerosi, per questo alcuni bambini credono che sotto quel costume rosso e quella lunga barba bianca ci sia un adulto qualsiasi. Ma è bello credere che Babbo Natale esista davvero, e per mantenere questa atmosfera magica, la notte del 24 dicembre, la vigilia di Natale, in ogni casa dove si riuniscono amici e parenti, anche tra gli adulti c'è l'usanza di scambiarsi i regali. Però, nelle settimane precedenti, che stress fare i regali! "Oh, ma questo profumo è troppo caro, questo maglione mi sembra che sia piccolo per Riccardo e questo libro mi sembra che ce l'abbia già, uffa!"

Al cibo tipico natalizio, poi, non rinuncia nessuno. Nei supermercati arrivano già mesi prima montagne di dolci natalizi: panettoni, pandori, panforti e torroni, con la pubblicità che mostra paesaggi innevati e grandi famiglie riunite in armonia. Ma tra spumanti, frutta secca, cioccolata, lenticchie e zamponi che tutti gli italiani comprano per il cenone di Capodanno, alle cassiere viene il mal di testa e sperano che l'affollamento delle feste finisca presto.

In casa le nonne e le mamme si affannano a preparare piatti ricchi di carne o pesce, pasta all'uovo e dolciumi mentre aspettano il ritorno dei loro figli, lontani per motivi di studio o per lavoro. Vogliono che tutti si riuniscano a tavola e che ci sia cibo abbondante e allegria. Ma come tutti sanno, le feste non sempre sono fonte di gioia e di allegria, anzi molti credono che le riunioni di famiglia siano anche motivo di conflitto, di liti, di stress organizzativo. Ma dopotutto le luci del Natale, gli alberi addobbati e il conto alla rovescia per la fine dell'anno con lo spumante della notte di San Silvestro sono un buon motivo per sopportare anche lo stress delle feste, fino al 6 gennaio, giorno della Befana, la vecchia che vola a cavallo di una scopa con un sacco pieno di regali per i bambini buoni e di carbone per quelli che durante l'anno sono stati cattivi. Questa è la festa dell'Epifania che, come si dice, "tutte le feste si porta via!"

1. 📖 **Leggi il testo e segna le risposte corrette.**

1. Secondo un proverbio, il Natale si deve passare in famiglia e la Pasqua si può passare con chi si vuole. **V F**
2. Molti negozianti sperano che la gente spenda la tredicesima nei loro negozi. **V F**
3. A Natale molte vetrine sono addobbate per attrarre i clienti. **V F**
4. I bambini scrivono letterine solo ai genitori per chiedere regali. **V F**
5. Ci sono molte persone vestite da Babbo Natale nelle strade commerciali. **V F**
6. La vigilia di Natale è il 25 dicembre. **V F**
7. Cercare i regali è sempre un'attività rilassante e piacevole. **V F**
8. I supermercati sono pieni di prodotti natalizi. **V F**
9. L'unico dolce tipico del Natale è il panettone. **V F**
10. Le lenticchie e lo zampone si mangiano il giorno di Natale. **V F**
11. Le riunioni familiari durante le feste a volte creano situazioni di conflitto. **V F**
12. Il giorno di San Silvestro è l'ultimo dell'anno. **V F**
13. La Befana è una vecchia che vola su una scopa e porta regali ai bambini. **V F**
14. L'Epifania è l'ultima delle feste natalizie. **V F**

2. Abbina le date alle feste corrispondenti.

1. C 24 dicembre
2. ○ 25 dicembre
3. ○ 31 dicembre
4. ○ 1 gennaio
5. ○ 6 gennaio

A. La Befana / Epifania
B. San Silvestro
C. Vigilia di Natale
D. Natale
E. Capodanno

3. Abbina le parole della colonna A alle descrizioni della colonna B.

A
1. D Babbo Natale
2. ○ La Befana
3. ○ La tredicesima
4. ○ Il cenone
5. ○ La vigilia
6. ○ San Silvestro
7. ○ L'Epifania

B
A. Ricca cena del 31 dicembre.
B. Ultimo giorno dell'anno.
C. Giorno prima di Natale.
D. Ha un vestito rosso e la barba bianca.
E. Ultima delle feste natalizie.
F. Vola su una scopa e porta regali.
G. Stipendio extra che si prende a dicembre.

4. 📖 **Cerca nel testo i nomi dei prodotti tipici del Natale e completa le parole.**

1. T _ _ _ _ E
2. S _ _ _ _ _ _ _ _
3. L _ _ _ _ C _ _ _ _ e Z _ _ _ _ _ _
4. P _ _ D _ _ _ _
5. _ _ U _ _ _ _ S _ _ C _
6. P _ _ F _ _ _
7. _ _ N _ _ _ _ N _

152 ▪ EPISODIO 9

5. Riordina e trascrivi i due proverbi.

1. tutte / via / l'Epifania / feste / porta / si / le!
2. i / con / Natale / vuoi / Pasqua / tuoi, / chi / con!

6. ✏️ FESTE DI CASA MIA

Scrivi un testo in cui parli delle feste laiche o religiose più importanti nel tuo Paese. Scegline una che ti piace in modo particolare e descrivila. Tieni conto dei seguenti punti.

- Il nome e il motivo della festa.
- La data o il periodo dell'anno.
- L'atmosfera nelle case e fuori per le strade.
- Riti, consuetudini e usanze legati a questa festa.
- Cibi, bevande, piatti tipici.
- Costumi tradizionali e abbigliamento.

25 dicembre

6 gennaio

1 maggio

7. Rileggi il testo alle pp. 150-151 e cerca tutte le frasi che contengono un verbo al CONGIUNTIVO. Osserva le frasi principali da cui dipendono. Poi trascrivi qui sotto le frasi principali e le dipendenti. Infine indica se il verbo della frase principale esprime ① **speranza**, ② **volontà**, ③ **opinione/punto di vista personale**.

	FRASE PRINCIPALE	FRASE DIPENDENTE
①	Spera	che i clienti entrino
○		
○		
○		
○		
○		
○		
○		
○		
○		

EPISODIO 9 ▪ 153

MI AUGURO CHE VADA TUTTO BENE!

È quasi Natale e, per il momento, Piero ha accantonato il progetto di lasciare il suo lavoro per prendere in gestione una libreria: non vuole rovinare le feste in famiglia. Sa che i suoi non sono d'accordo e pensa che non sia il momento di insistere, visto che dovrà passare alcuni giorni in famiglia, mentre Alice, sua sorella, come al solito ha deciso di fare un viaggio tra Natale e Capodanno.
La sera della vigilia saranno in molti: lui, i genitori, la nonna, una zia e due sue cugine. Aveva pensato di invitare anche Cecilia a casa dei suoi, ma non vuole che le facciano troppe domande. E poi immagina che anche lei debba stare in famiglia a Natale, anche se Cecilia non ha mai parlato della famiglia ma solo di un fratello e di una nonna.
Come al solito, Milena gli ha chiesto un po' di complicità. La signora Caterina per Natale torna sempre in Sicilia dai parenti e vuole che ci vada anche Milena. Di solito lei l'accompagna per farla contenta, in una settimana rivede tutti i suoi parenti e amici, che le offrono continuamente da mangiare e le chiedono se ha un ragazzo e quando si sposerà. Quando finalmente torna a Milano ha sempre qualche chilo in più e una gran voglia di scappare di casa. Quest'anno però Milena ha davvero un ragazzo e lui l'ha invitata a Natale a casa sua per presentarla ai suoi genitori. Per il momento, Milena non vuole che la madre lo sappia, perché teme che possa farle un'infinità di domande su di lui e sulla sua famiglia. Già non è facile per lei presentarsi a Natale a casa di persone che non ha mai visto, deve pensare a dei piccoli regali, e perciò, come sempre, ha chiesto a Piero di tenerle il gioco: "Posso dire a mia madre che a Natale mi avete invitata a pranzo da voi?" Piero non sa dire di no, e dentro di sé è anche un po' invidioso di tutte le persone che hanno qualcuno accanto, mentre lui rischia di ritrovarsi solo proprio a Natale.
Così un po' a malincuore dice a Milena: "Sta' tranquilla, se tua madre mi chiede qualcosa le dirò la solita bugia! Senti, io mi auguro che vada tutto bene con questo ragazzo e i suoi familiari, ma in ogni caso, se cambi idea, a me fa piacere che tu venga davvero da noi per la vigilia di Natale!".

POSSO DIRE A MIA MADRE CHE...?

STA' TRANQUILLA...!

8. Leggi il testo e segna chi fa queste cose.

	PIERO	ALICE	MILENA	IL RAGAZZO DI MILENA	LA SIGNORA CATERINA
1. Ha accantonato il progetto di cambiare lavoro.	○	○	○	○	○
2. Passerà alcuni giorni in famiglia.	○	○	○	○	○
3. Farà un viaggio fra Natale e Capodanno.	○	○	○	○	○
4. La sera della vigilia cenerà con i genitori e altri parenti.	○	○	○	○	○
5. Voleva invitare Cecilia dai suoi per Natale.	○	○	○	○	○
6. Torna sempre in Sicilia per le feste natalizie.	○	○	○	○	○
7. Di solito accompagna la madre in Sicilia.	○	○	○	○	○
8. Vuole che sua figlia vada in Sicilia.	○	○	○	○	○
9. Vuole presentare la sua ragazza ai genitori.	○	○	○	○	○
10. Deve pensare a fare dei piccoli regali.	○	○	○	○	○
11. Ha chiesto a Piero di dire una bugia per lei.	○	○	○	○	○
12. Non sa dire di no.	○	○	○	○	○
13. Invidia le persone che hanno qualcuno accanto.	○	○	○	○	○
14. Rischia di ritrovarsi solo a Natale.	○	○	○	○	○
15. Riceve un augurio e un invito per la vigilia di Natale.	○	○	○	○	○

9. Rileggi il testo e scrivi i verbi che introducono le frasi dipendenti con il congiuntivo.

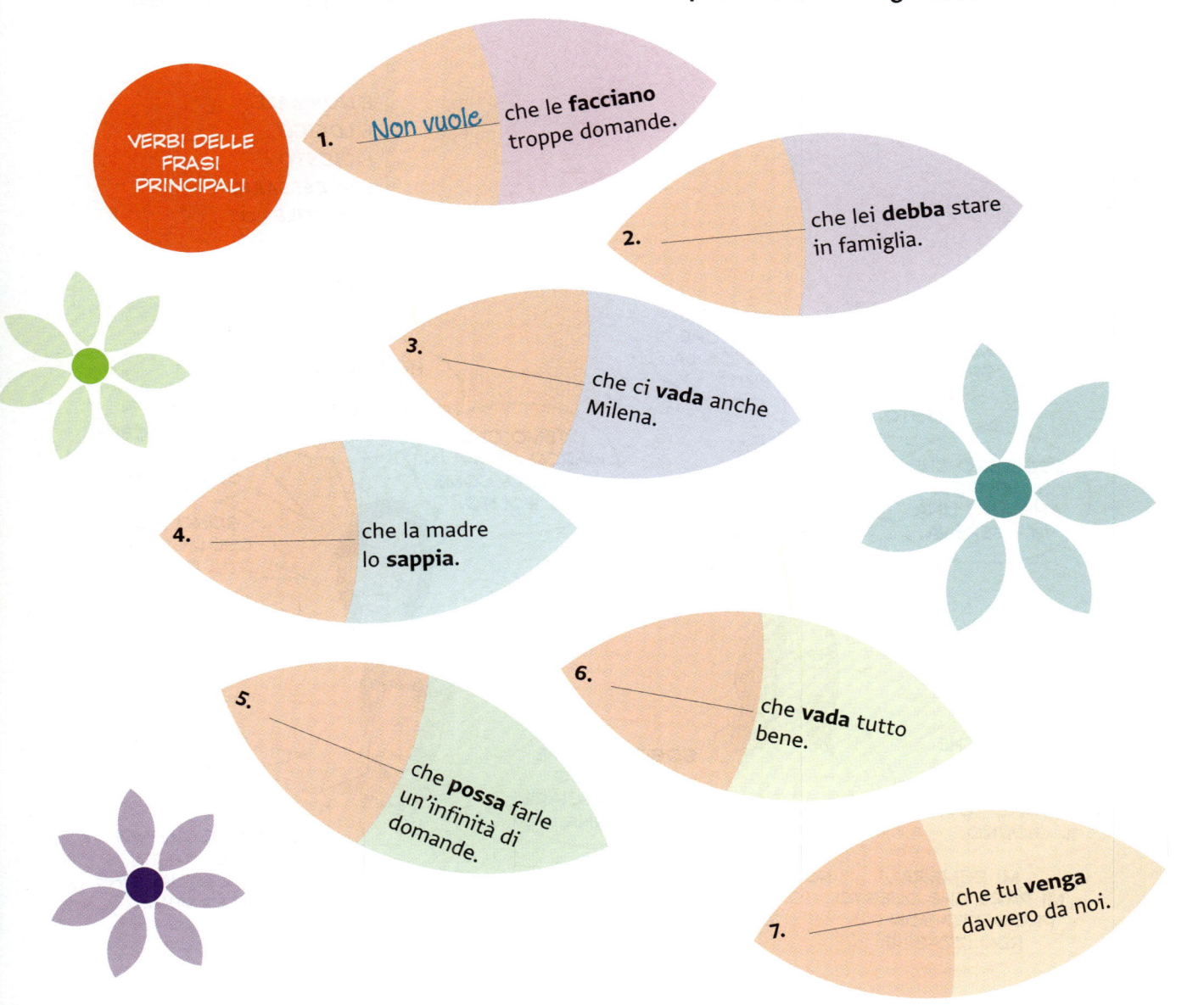

VERBI DELLE FRASI PRINCIPALI

1. *Non vuole* che le **facciano** troppe domande.
2. _____ che lei **debba** stare in famiglia.
3. _____ che ci **vada** anche Milena.
4. _____ che la madre lo **sappia**.
5. _____ che **possa** farle un'infinità di domande.
6. _____ che **vada** tutto bene.
7. _____ che tu **venga** davvero da noi.

EPISODIO 9 • 155

FACCIAMO GRAMMATICA

QUANDO SI USA IL CONGIUNTIVO?

Ecco alcuni casi di uso di questo modo verbale.

IL CONGIUNTIVO SI USA CON...

1. Verbi che esprimono volontà, desiderio, augurio, speranza

VOGLIO
DESIDERO
SPERO
MI AUGURO
MI ASPETTO ecc.

2. Verbi che esprimono opinione personale, percezione personale, incertezza, dubbio

PENSO
CREDO
RITENGO
MI SEMBRA
MI PARE
SOSPETTO
IMMAGINO
DUBITO ecc.

3. Verbi che esprimono stati d'animo e sentimenti

HO PAURA
TEMO
MI FA PIACERE
MI DISPIACE
SONO CONTENTO
SONO FELICE ecc.

4. Frasi impersonali
Spesso costruite con il verbo *essere* + aggettivo

È NORMALE
È LOGICO
È GIUSTO
È NECESSARIO
È INUTILE ecc.

SEMBRA
PARE

MI AUGURO / SPERO CHE TU **GUARISCA** PRESTO.

VOGLIO CHE TU MI **DICA** LA VERITÀ.

DESIDERO CHE I MIEI FIGLI **ABBIANO** UNA VITA SERENA.

HO PAURA CHE SANDRA NON **RIESCA** A SUPERARE L'ESAME.

TEMO CHE MARCO **ARRIVI** IN RITARDO, COME AL SOLITO.

MI FA PIACERE CHE TU **VENGA** A CENA DA NOI.

SONO FELICE CHE LA SCUOLA **STIA** PER FINIRE.

PENSO / CREDO CHE LUIGI **ABBIA** RAGIONE.

IMMAGINO CHE TU **SIA** STANCA, DOPO AVER CAMMINATO TUTTO IL GIORNO.

SOSPETTO CHE FRANCESCO **VOGLIA** LASCIARE GIOVANNA.

MI SEMBRA / MI PARE CHE QUESTO PROGETTO NON **SIA** REALIZZABILE.

RITENGO CHE NON **SIA** GIUSTO COMPORTARSI COSÌ!

SEMBRA CHE **STIA** PER PIOVERE.

È INUTILE CHE VOI VI **LAMENTIATE**, TANTO LA SITUAZIONE NON CAMBIA.

È MEGLIO CHE IO **PRENOTI** IL VOLO CON UN LARGO ANTICIPO.

FACCIAMO GRAMMATICA

IL CONGIUNTIVO PRESENTE

	ESSERE	AVERE	PARLARE	PRENDERE	PARTIRE
(che) io	SIA	ABBIA	PARLI	PRENDA	PARTA
(che) tu	SIA	ABBIA	PARLI	PRENDA	PARTA
(che) lui/lei	SIA	ABBIA	PARLI	PRENDA	PARTA
(che) noi	SIAMO	ABBIAMO	PARLIAMO	PRENDIAMO	PARTIAMO
(che) voi	SIATE	ABBIATE	PARLIATE	PRENDIATE	PARTIATE
(che) loro	SIANO	ABBIANO	PARLINO	PRENDANO	PARTANO

• ALCUNI VERBI IRREGOLARI AL CONGIUNTIVO PRESENTE

dare	→	**DIA**	bere	→	**BEVA**	venire	→	**VENGA**
stare	→	**STIA**	scegliere	→	**SCELGA**	salire	→	**SALGA**
fare	→	**FACCIA**	togliere	→	**TOLGA**			
andare	→	**VADA**	dire	→	**DICA**			

• VERBI MODALI

sapere	→	**SAPPIA**
potere	→	**POSSA**
dovere	→	**DEBBA**
volere	→	**VOGLIA**

• VERBI IN -ARRE, -ORRE, -URRE

estrarre	→	**ESTRAGGA**
attrarre	→	**ATTRAGGA**
porre	→	**PONGA**
tradurre	→	**TRADUCA**
produrre	→	**PRODUCA**

> **Nota:** Quando il **soggetto della frase principale è lo stesso della frase dipendente** non si usa *che* + congiuntivo ma si usa ***di* + infinito**
>
> ▸ *Sandra* (soggetto) ***pensa di essere*** (Sandra = soggetto) *molto intelligente.*
> ▸ *Sandra* (soggetto) ***pensa che tu*** (soggetto) ***sia*** *molto intelligente.*

---

10. **SECONDO ME... PENSO CHE...**

Trasforma le frasi.

1. Secondo me, oggi fa più caldo di ieri. / Penso che oggi ___faccia___ più caldo di ieri.
2. Secondo te, questo dolce basta per cinque persone? / Pensi che questo dolce _____?
3. Secondo te, questa maglietta mi sta bene? / Pensi che questa maglietta _____?
4. Secondo me, quel ragazzo ha molto talento. / Penso che quel ragazzo _____.
5. Secondo Angela, suo figlio è un genio. / Angela pensa che suo figlio _____.
6. Secondo i miei genitori, io ho sempre torto. / I miei genitori pensano che io _____.
7. Secondo voi, Donatella e Arianna hanno la stessa età? / Pensate che Donatella e Arianna _____?
8. Secondo me, in questo ristorante si mangia bene e si spende poco. / Penso che in questo ristorante _____.
9. Secondo noi, questo albero deve essere potato. / Pensiamo che questo albero _____.
10. Secondo me, questa somma può bastare per comprare tutti i regali. / Penso che questa somma _____.
11. Secondo il mio medico, io devo dimagrire di dieci chili. / Il mio medico pensa che io _____.

EPISODIO 9 • 157

11. Completa le frasi con i verbi al congiuntivo presente.

1. Speriamo che (*smettere*) _____ di piovere, così possiamo visitare la città.
2. Non sperare che lui ti (*perdonare*) _____. È davvero troppo offeso con te!
3. Speriamo che in questa sessione le prove d'esame (*essere*) _____ un po' più facili dell'ultima volta.
4. Credo che Alberto (*avere*) _____ molte sciarpe. È meglio che voi gli (*comprare*) _____ un buon vino per il suo compleanno.
5. Marco non si vede. Credo che a quest'ora non (*venire*) _____ più.
6. L'Ufficio delle Entrate vuole che tutti (*pagare*) _____ le tasse online.
7. Non voglio che tu (*uscire*) _____ da sola a quest'ora. Preferisco che tu (*dormire*) _____ qui, oppure ti chiamo un taxi.
8. Ragazzi, il latte è già scaduto. State più attenti, è importante che voi (*controllare*) _____ la scadenza prima di comprare un prodotto.
9. Se vuole avere una ricevuta fiscale, è necessario che lei mi (*dare*) _____ il suo codice fiscale.
10. Non è giusto che voi (*usare*) _____ questa casa come un albergo! Adesso voglio che (*mettere*) _____ in ordine almeno la vostra stanza!
11. Tiziana, credo che tu (*dovere*) _____ aggiungere un po' di sale nell'acqua, la pasta è insipida.
12. Hai perso le chiavi? Ma spero che tu (*stare*) _____ scherzando, io ho lasciato le mie in casa!
13. No, Anna, non possiamo fare questa torta, Lamberto è vegano e mi sembra che i vegani non (*mangiare*) _____ le uova e il miele.
14. Mi dispiace, ma stasera non posso uscire con te. Mia nonna vuole che io le (*fare*) _____ compagnia. Non la vedo quasi mai. Spero che tu mi (*capire*) _____!
15. Non vedo l'ora che (*finire*) _____ la scuola! Fa caldo e non riesco più a studiare.

12. ATTENTI AL SOGGETTO! SPERARE DI... SPERARE CHE...

Trasforma i verbi evidenziati.

1. Marta spera di **superare** l'esame.
   Anch'io spero che Marta _____superi_____ l'esame.
2. Gianni spera di **trovare** un lavoro.
   Anch'io spero che Gianni _____ un lavoro.
3. Io spero di **vincere** la gara.
   Anche i miei amici sperano che io _____ la gara.
4. Noi speriamo di **arrivare** in tempo.
   Anch'io spero che voi _____ in tempo.
5. Tu speri di **ritornare** presto in Italia.
   Anche noi speriamo che tu _____ presto in Italia.
6. Voi sperate di **fare** una bella vacanza.
   Anche noi speriamo che voi _____ una bella vacanza.
7. Loro sperano di **sposarsi** presto.
   Anche noi speriamo che loro _____ presto.
8. Noi speriamo di **superare** l'esame.
   Anche il nostro insegnante spera che noi _____ l'esame.
9. Manuela spera di **prendere** l'ultimo treno.
   Anch'io spero che Manuela _____ l'ultimo treno.
10. Io spero di **avere** tempo per stare con voi.
    Anche noi speriamo che tu _____ tempo per stare con noi.
11. Mariella spera di **incontrare** l'uomo della sua vita.
    Anche noi speriamo che Mariella _____ l'uomo della sua vita.

158 ▪ EPISODIO 9

13. AVVISO PER TUTTI GLI INQUILINI DI QUESTO APPARTAMENTO!

Completa la lettera con i verbi al congiuntivo presente, inseriti al posto giusto.

- avvertiate • metta • diate • lavi • sia •
- scriviate • sappiate • chiudiate • decidiate • ospitiate •
- lasci • spegniate

Cari inquilini,
voglio che voi _____ che in questa casa ci sono delle regole da rispettare. Per esempio voglio che il bagno _____ sempre pulito, che ognuno _____ le sue tazze e che non _____ i piatti sporchi nel lavandino.
È meglio che voi _____ i turni per la pulizia della stanza comune e che li _____ in questa lavagnetta.
Naturalmente è possibile che voi _____ un amico qualche volta, ma se rimane per più di una notte è necessario che voi mi _____
Nel frigo ci sono delle vaschette perché è meglio che ognuno _____ le sue cose nel proprio spazio. È necessario che, prima di uscire, voi _____ la luce, l'aria condizionata e che _____ tutte le finestre. È molto importante che voi non _____ le chiavi della casa a nessun estraneo.
Grazie e buona permanenza,

Gianni, il proprietario

gioco

14. CHI CERCA TROVA

Gira per la classe, fa' queste domande ai tuoi compagni per cercare una persona che risponde "sì". Se la trovi, scrivi il suo nome accanto alla domanda.
Quando hai trovato una persona per ogni domanda il gioco è finito.
Vince chi trova per primo tutte o il numero massimo di risposte positive.

CERCA QUALCUNO CHE...

- vuole che oggi piova
- vuole che qualcuno gli presti dei soldi
- vuole che il governo cada
- vuole che le lezioni inizino prima
- vuole che faccia meno caldo
- vuole che l'inverno passi presto
- vuole che un/a suo/a ex si rifaccia vivo/a
- vuole che il tempo passi velocemente

sì!!!

15. Completa i dialoghi con i verbi appropriati al congiuntivo presente.

IN UNA GIORNATA DI PIOGGIA

• esserci • dimenticare • bagnarsi • ammazzare • stare

▶ Marco, prendi l'ombrello! Il cielo è scuro e sembra che _____ per piovere.
▶ Ah, ma io ho lasciato l'ombrello in ufficio, mi presti il tuo?
▶ Beh, prendilo, ma spero che tu non lo _____ in qualche posto, sennò ti ammazzo! È un ombrello di qualità!
▶ Guarda, allora non lo prendo, non voglio che tu mi _____! Se pioverà, spero che _____ qualcuno che vende gli ombrelli a tre euro per strada.
▶ Ma dai, scherzavo, non voglio che _____! Prendi pure il mio ombrello!

DUE AMICI PARTECIPANO A UN CONCORSO

• sedersi • durare • incontrare • essere • mettere • chiedere • potere

▶ Ma quanto dura la prova?
▶ Mi sembra che _____ sei ore.
▶ Ma abbiamo una pausa?
▶ No, ma credo che ognuno _____ chiedere di uscire almeno una volta, ma si deve consegnare tutto.
▶ Ti ricordi in che edificio dobbiamo andare?
▶ Mi pare che _____ l'edificio "C", ma è meglio che tu _____ direttamente quando arrivi.
▶ Sì, ma è possibile che io non ti _____ perché c'è tantissima gente davanti all'ingresso e una grande confusione.
▶ Oh, no! Ma abbiamo il cellulare! E io spero che tu _____ vicino a me!
▶ Sarebbe bello, ma il mio cognome inizia con "D" e il tuo con "S". È impossibile che ci _____ nella stessa stanza!

SUL BALCONE

• mancare • mettere • avere • amare

▶ Sembra che le mie piante _____ qualche problema, sono tutte appassite!
▶ Credo che gli _____ l'acqua.
▶ Ma no, che dici! Le annaffio molto spesso.
▶ Allora è possibile che non _____ il sole. Forse è meglio che tu le _____ in altro posto dove c'è più ombra.

IN CASA

• fare • stare • esserci
• partire

▶ Giuseppe si è alzato?
▶ No, credo che _____ ancora dormendo.
▶ Allora dobbiamo svegliarlo. Mi sembra che il suo aereo _____ tra poche ore.
▶ Ah, ma tu non lo sai? Ha cancellato il volo.
▶ Davvero!? E perché?
▶ Non so, ma penso che _____ qualche problema tra lui e Marta.
▶ Ah, mi dispiace, lui ci teneva tanto a quel viaggio! Speriamo che _____ pace.

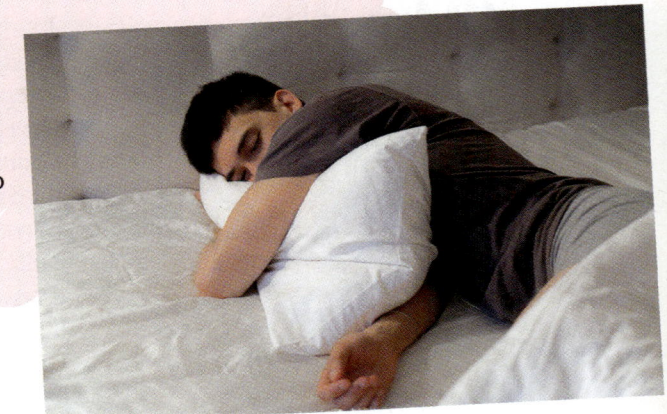

16. SPERO CHE...

Lavora con un compagno e confrontate le vostre speranze riguardo a questi argomenti.

▶ Il corso di lingua
▶ Il tuo prossimo esame
▶ Il tuo lavoro
▶ Il tuo capufficio
▶ Tuo figlio / Tua figlia
▶ Tuo marito / Tua moglie
▶ Il tuo compagno / La tua compagna
▶ Le scarpe nuove che hai comprato
▶ Il tuo più caro amico / La tua più cara amica
▶ I giovani
▶ L'ambiente

EPISODIO 9 ▪ 161

17. PENSO CHE...

Lavora con un compagno e confrontate le vostre opinioni (positive o negative) riguardo a questi argomenti.

- I tatuaggi
- La domenica
- I negozi aperti 24 ore
- I libri cartacei
- I corsi online
- Il lavoro nei call-center
- I programmi televisivi e online sulla cucina e la gastronomia
- Il traduttore automatico
- Il car-sharing
- Le foto su carta o digitali
- Le vacanze invernali o estive
- Il posto di lavoro fisso

18. COSA TI ASPETTI?

Lavorate in piccoli gruppi e scegliete alcuni di questi argomenti. Prima confrontate oralmente le vostre idee, poi scrivete una lista di aspettative, come nell'esempio. Infine confrontate le vostre liste con gli altri gruppi e discutete.

- Cosa ti aspetti da un bravo insegnante?
- Cosa ti aspetti da un buon amico?
- Cosa ti aspetti da un fidanzato / una fidanzata?
- Cosa ti aspetti da un marito / una moglie?
- Cosa ti aspetti da una vacanza?
- Cosa ti aspetti dal governo?

COSA TI ASPETTI DA UNA BUONA AUTOMOBILE?

Mi aspetto...
- che consumi poco
- che sia sicura
- che sia spaziosa
- che non costi molto
- che abbia un bella linea
- che abbia un comodo portabagagli
- ecc.

19. OPINIONI, PAURE E SPERANZE...

Completa a piacere, scrivendo dei brevi testi in cui esprimi le tue opinioni, le tue speranze, i tuoi timori.

Penso che per vivere bene...

Desidero che tutti...

Credo che le persone della mia generazione...

Spero che prima della fine dell'anno...

Credo che la vera amicizia...

Temo che in futuro...

Credo che la gelosia...

SICURAMENTE C'È SOTTO QUALCOSA

Il tempo passa velocemente, ma per chi aspetta qualcuno che non si fa vivo i minuti non passano mai, i giorni sono infiniti.
Da un po' di tempo Cecilia non si fa sentire. Doveva rimanere a Bologna solo qualche giorno ma non è ancora tornata. Risponde brevemente ai messaggi: "Come stai? — Bene grazie", "Quando torni a Milano? — Non so, forse la prossima settimana." E raramente risponde alle chiamate. "Scusa, avevo il telefono in modalità silenziosa, ci sentiamo." Sicuramente è successo qualcosa, e Piero lo sente, ma non riesce a immaginare cosa.
Nella sua mente si affollano i pensieri: probabilmente ha incontrato qualcuno, forse è stanca della sua indecisione, non le è piaciuta la sua casa, magari ha problemi in famiglia... Ma no, sinceramente è molto strano il suo comportamento. È vero che anche quando è rimasta in Puglia non si è fatta sentire spesso, era sempre lui a chiamarla. Mah! Capire le donne non è certamente il suo forte. Anche con sua madre, con sua sorella Alice e con Milena spesso ci sono state delle belle litigate. Questa volta però non è colpa sua... o forse sì? Sicuramente c'è sotto qualcosa!
Il sospetto gli viene da una foto che Cecilia ha appena caricato su Facebook: lei abbracciata a due ragazzi, a Bologna.
"Ma chi sono quei due? Mi sembra di conoscerli! Ma guarda, qualche settimana fa voleva aprire una libreria con me, poi sparisce, non si fa trovare al telefono, poi ricompare con una foto, sorridente con due uomini! Stupido io che mi fidavo, ho persino litigato con mio padre per questa storia..."
Ma ecco che arriva un *bip* sul cellulare, un messaggio vocale da Cecilia!
"Ciao Piero, ho delle belle novità, ma prima di tutto ti andrebbe di venire a Torino con me la prossima settimana? Ho due biglietti per uno spettacolo di danza classica... che ne dici?"
"Ciao, ma dove sei? Non ci possiamo sentire per telefono"?
"Sì, ma tra poco, sono a Bologna, alla radio con Gino e Max che ti salutano!"
"Ah! Adesso ricordo chi erano quei due nella foto su Facebook: i giornalisti di *Radio 20* che abbiamo incontrato sul treno!" pensa Piero, e intanto aspetta la telefonata di Cecilia, che arriva subito.

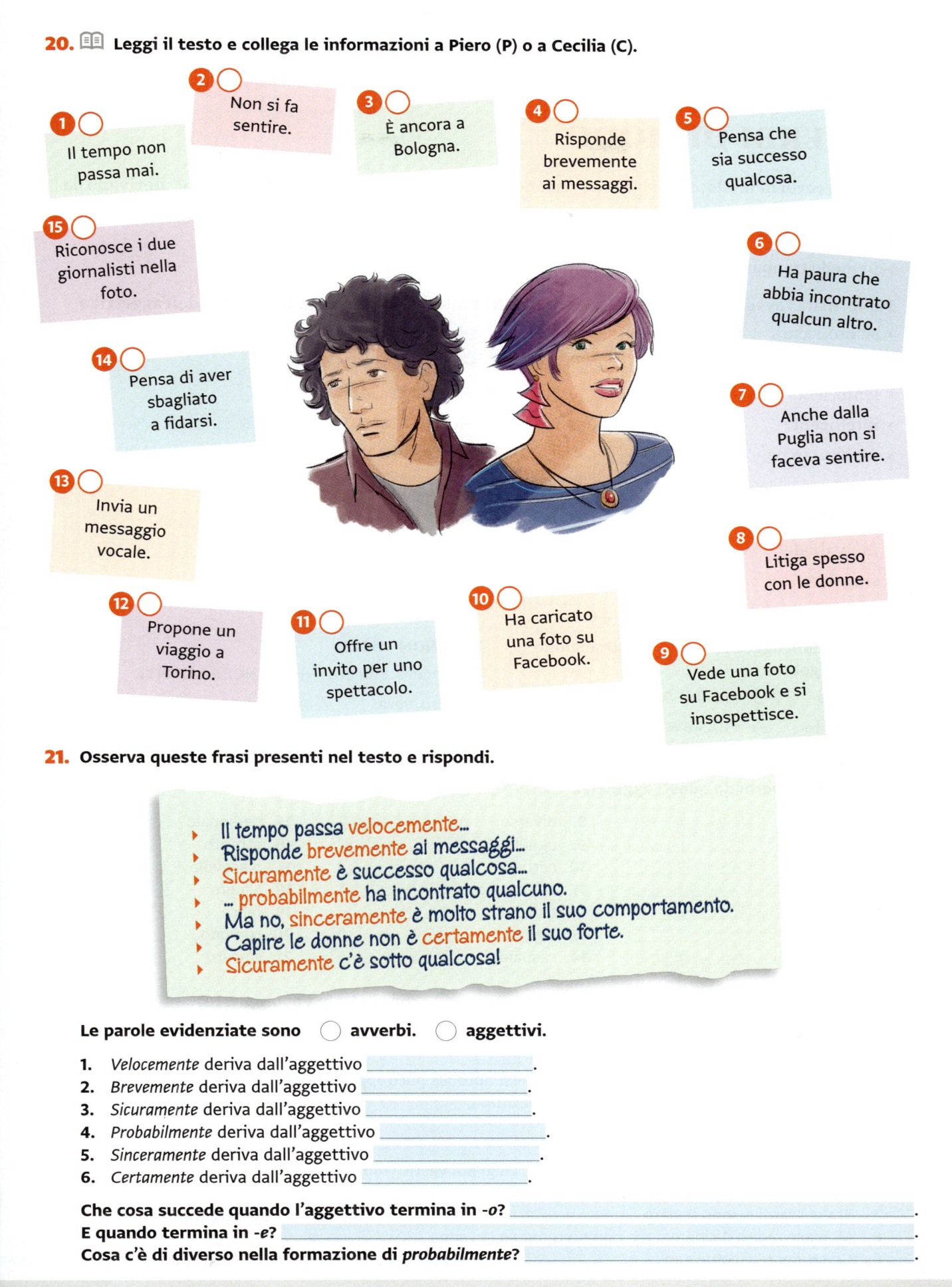

20. Leggi il testo e collega le informazioni a Piero (P) o a Cecilia (C).

1. ○ Il tempo non passa mai.
2. ○ Non si fa sentire.
3. ○ È ancora a Bologna.
4. ○ Risponde brevemente ai messaggi.
5. ○ Pensa che sia successo qualcosa.
6. ○ Ha paura che abbia incontrato qualcun altro.
7. ○ Anche dalla Puglia non si faceva sentire.
8. ○ Litiga spesso con le donne.
9. ○ Vede una foto su Facebook e si insospettisce.
10. ○ Ha caricato una foto su Facebook.
11. ○ Offre un invito per uno spettacolo.
12. ○ Propone un viaggio a Torino.
13. ○ Invia un messaggio vocale.
14. ○ Pensa di aver sbagliato a fidarsi.
15. ○ Riconosce i due giornalisti nella foto.

21. Osserva queste frasi presenti nel testo e rispondi.

> ▸ Il tempo passa **velocemente**...
> ▸ Risponde **brevemente** ai messaggi...
> ▸ **Sicuramente** è successo qualcosa...
> ▸ ... **probabilmente** ha incontrato qualcuno.
> ▸ Ma no, **sinceramente** è molto strano il suo comportamento.
> ▸ Capire le donne non è **certamente** il suo forte.
> ▸ **Sicuramente** c'è sotto qualcosa!

Le parole evidenziate sono ○ avverbi. ○ aggettivi.

1. *Velocemente* deriva dall'aggettivo _____.
2. *Brevemente* deriva dall'aggettivo _____.
3. *Sicuramente* deriva dall'aggettivo _____.
4. *Probabilmente* deriva dall'aggettivo _____.
5. *Sinceramente* deriva dall'aggettivo _____.
6. *Certamente* deriva dall'aggettivo _____.

Che cosa succede quando l'aggettivo termina in -o? _____.
E quando termina in -e? _____.
Cosa c'è di diverso nella formazione di *probabilmente*? _____.

EPISODIO 9 ▪ 165

FACCIAMO GRAMMATICA

AVVERBI DI MODO

Molti **avverbi di modo**, quelli cioè che rispondono alle domande "come?", "in che modo?" **derivano da aggettivi**:

- in modo veloce, con velocità → VELOCE**MENTE**
- in modo tranquillo, con tranquillità → TRANQUILLA**MENTE**

Per formare l'avverbio **si unisce il suffisso -MENTE** alla forma **singolare femminile dell'aggettivo**.

- sicuro, sicura → SICUR**A**MENTE
- precoce → PRECOC**E**MENTE
- lento, lenta → LENT**A**MENTE
- intelligente → INTELLIGENT**E**MENTE
- rapido, rapida → RAPID**A**MENTE

Se l'aggettivo termina in **-RE** o **-LE** si elimina la vocale finale.

- regola**re** → REGOLA**R**MENTE
- individua**le** → INDIVIDUA**L**MENTE
- singola**re** → SINGOLA**R**MENTE
- specia**le** → SPECIA**L**MENTE

Anche alcuni aggettivi in **-LO** e **-RO** seguono questa regola.

- legge**ro** → LEGGE**R**MENTE
- benevo**lo** → BENEVO**L**MENTE

MA NON TUTTI:
- sincero, sincera → SINCER**A**MENTE
- vero, vera → VER**A**MENTE

22. Forma gli avverbi da questi aggettivi.

1. raro
2. frequente
3. dolce
4. facile
5. veloce
6. elegante
7. semplice
8. diverso
9. uguale
10. certo
11. affettuoso
12. tranquillo
13. leggero
14. casuale
15. personale
16. attento
17. piacevole
18. allegro
19. felice
20. comodo
21. sincero

23. Completa le frasi con uno degli avverbi dell'esercizio 22 che ti sembra appropriato.

1. La sera guardo la TV sdraiato _____ sul divano.
2. Ora ti lascio e ti saluto _____.
3. Dobbiamo aspettare almeno 40 minuti: quest'autobus purtroppo non passa molto _____.
   Ieri mentre passeggiavo in centro ho incontrato _____ un mio compagno di università che non vedevo da anni.
4. Finalmente Valerio mi ha parlato _____ e mi ha detto tutta la verità.
5. Per la festa di matrimonio di Carlo e Ilaria, Luigi era vestito molto _____.
6. Questo testo non è difficile, si può capire molto _____.
7. Era già tardi e sono andato _____ alla stazione per non perdere il treno.
8. Mi piace molto il cinema, ma non ho tempo e ci vado _____.
9. Gli studenti ascoltavano _____ la lezione del professore di letteratura italiana.

166 • EPISODIO 9

24. ✏️ Scrivi delle frasi che contengano alcuni degli avverbi dell'esercizio 22.

_____
_____
_____
_____
_____

25. 💬 **COME LO FAI?**

Lavorate in coppia. Pensate alle cose che fate e a come le fate. Ognuno prova a cercare le risposte a tutti i punti della lista sotto. Poi discutetene insieme.

▸ Qualcosa che fai raramente
▸ Qualcosa che fai frequentemente
▸ Qualcosa che fai velocemente
▸ Una cosa che fai lentamente
▸ Qualcosa che fai facilmente
▸ Qualcosa che fai attentamente
▸ Qualcosa che fai piacevolmente

> IO MI ALZO PRESTO MOLTO FACILMENTE

> IO NO, LA MATTINA MI SVEGLIO SEMPRE MOLTO LENTAMENTE

SPERO CHE TI PIACCIA!!

Cecilia ha appena finito di partecipare ad una trasmissione di *Radio 20* a Bologna, dove l'hanno invitata i due speaker Gino e Max, e richiama Piero, che non sente da qualche giorno.

26. 🔊 **AUDIO 18** Ascolta il dialogo e segna le risposte corrette.

1. Piero vuole sapere che cosa farà Cecilia per il fine settimana. — V F
2. Cecilia non ha un programma preciso per Natale. — V F
3. Piero va a Salerno per le feste natalizie. — V F
4. La sorella di Piero ama fare le vacanze invernali in montagna. — V F
5. La sorella di Piero andrà forse in Nuova Zelanda con la sua compagna. — V F
6. A Cecilia sembra che Piero sia un po' triste. — V F
7. Cecilia ha ricevuto una proposta di lavoro per una radio. — V F
8. Piero crede che a Cecilia non interessi più lavorare con lui in libreria. — V F
9. Cecilia invita Piero a un concerto jazz a Bologna. — V F
10. Cecilia regala il biglietto per lo spettacolo a Piero per farsi perdonare. — V F
11. Piero accetta subito l'invito senza pensarci. — V F

27. Completa l'intervista con le parole elencate di seguito.

- vacanza • trasgressione • appassionato • determinazione • condizionamenti • attitudini
- sacrifici • passione (x 2) • calcio • distacco • allenamenti • sportivo • talento • condivisibile
- completamente

Roberto Bolle:
«Ballavo, e nessuno mi poteva fermare»

UN UOMO E LA SUA PASSIONE - «Quando ho conosciuto la danza ho capito cosa può fare quel tipo di forza. È un innamoramento immediato e totale per il quale, con il tempo, sei disposto a fare delle rinunce. Così ho capito quanto fosse importante.»

«La passione è il motore della mia vita».

Certo, è Roberto Bolle, la cosa non stupisce. Ma come se ne è accorto?
Quando ho conosciuto la danza ho capito cosa può fare quel tipo di forza. È un innamoramento immediato e totale per il quale, con il tempo, sei disposto a fare delle rinunce. Così ho capito quanto fosse importante.

Un po' come quando ci si innamora di qualcuno?
Esatto. Ne sono stato _____ assorbito.

Un bambino che scopre di voler ballare: è stato semplice ammetterlo?
No. Oggi è una scelta sdoganata ma quando ero piccolo era qualcosa di poco _____ con i coetanei. Era una _____ che non avrebbero capito.

Quindi finiva anche lei a giocare a calcio al campetto?
Eh sì, ero lì anche io. Ma non mi sono mai particolarmente _____.

Era bravo?
Sono abbastanza _____: ero bravo, ma non mi divertivo. Non sentivo che avrei voluto giocare a _____ tutto il giorno come invece mi capitava quando ballavo.

Una gioia. Ma poi ecco le rinunce...
Danno la misura di quanto la _____ è forte.

Per me sono state tante: sono andato via di casa a 11 anni per studiare danza, quindi il _____ dalla famiglia, gli _____, gli infortuni...

Anche la dieta perenne. È vero che mangia solo cibi sani?
Schifezze quasi nulla. La mia _____ è il cioccolato fondente: ogni tanto un quadratino...

Se dico patatine fritte?
Magari una volta all'anno, in _____, come stravizio.

Mai un rimpianto?
Se mi fossi snaturato non seguendo questa strada avrei avuto dei rimpianti enormi. I _____ hanno portato ai risultati: la _____ serve. Ma la cosa che conta di più è capire il prima possibile quello che c'è dentro di noi.

C'è anche chi giura di non avere passioni...
Io invece penso che tutti ne abbiamo. Un dono di pochi è avere un _____ altrettanto forte, ma quelle _____ vanno comunque sentite e seguite.
Purtroppo spesso ci sono _____ che fanno desistere. È un peccato. Non significa che chi ama giocare a tennis arriverà di certo al Roland Garros, ma comunque, facendolo, si sentirà bene.

tratto da www.iodonna.it

168 ▪ EPISODIO 9

AUDIO 19

COME NASCE UNA PASSIONE: RICCARDO E DIANA RACCONTANO

28. Ascolta l'intervista a Riccardo Francia e Diana Giacometti e segna le risposte corrette.

1.	Riccardo ha iniziato a fare teatro grazie all'iniziativa di un suo insegnante.	V F
2.	Durante il corso di teatro Riccardo ha indossato una maschera che lo ha fatto sentire in imbarazzo.	V F
3.	Riccardo ha smesso di fare teatro dopo la scuola.	V F
4.	La passione più grande di Diana è il nuoto.	V F
5.	Diana condivide la sua passione con il fidanzato.	V F
6.	Quando Diana lo ha conosciuto, il suo fidanzato aveva lasciato la vela.	V F
7.	Da ragazzo il suo fidanzato aveva costruito una barca in legno con suo padre.	V F
8.	Un anno fa Diana e il suo fidanzato hanno cominciato a fare passeggiate in barca.	V F
9.	Dopo qualche tempo hanno iniziato a usare una barca a vela da competizione.	V F
10.	Diana non ha mai partecipato a una gara di vela.	V F
11.	La vela è uno sport che richiede molto tempo, tenacia e impegno.	V F
12.	Diana va in barca tutti i giorni.	V F
13.	Riccardo è stato scelto per un provino durante un casting a scuola.	V F
14.	Riccardo ha frequentato l'Accademia Nazionale di Arte Drammatica.	V F
15.	Durante gli studi all'Accademia Riccardo viveva la stessa vita rilassata dei suoi coetanei universitari.	V F
16.	L'Accademia è aperta a tutti e Riccardo non ha dovuto superare una selezione per entrarci.	V F
17.	Riccardo non rinuncerebbe al teatro anche se comporta a volte una vita difficile e precaria.	V F
18.	Diana non rinuncerebbe alla vela perché le permette di condividere viaggi e luoghi bellissimi con il suo fidanzato.	V F

29. 💬 LA MIA PASSIONE È...

Lavorate in coppia e intervistatevi a turno facendo queste domande.

- Hai una passione o qualcosa che ti interessa molto? (sport, danza, musica, cucina, collezionismo, viaggi, cinema, teatro, arte, scultura, pittura, fotografia, moda, shopping, tatuaggi, giardinaggio, natura, lettura, scrittura ecc.)

- Quando e come è nata questa passione?
- Quanto tempo dedichi alla tua passione o attività?

- È costoso coltivare la tua passione? Richiede molto impegno?
- È una passione che coltivi da solo o con altre persone?
- Comporta molte rinunce o sacrifici?

- Che gioie o soddisfazioni ti dà?
- Hai mai partecipato a gare, competizioni o concorsi? Hai mai vinto un premio?
- Rinunceresti a questa passione o attività? Perché?

EPISODIO 9 ▪ 169

EPISODIO 10 Senza Torino, l'Italia sarebbe molto diversa!

"Senza l'Italia, Torino sarebbe più o meno la stessa cosa. Ma senza Torino, l'Italia sarebbe molto diversa", scriveva Umberto Eco. Ma perché?

Torino è una città regale, che intimidisce per la lunghezza dei suoi viali alberati e l'eleganza dei portici e delle piazze d'epoca sabauda. Il Palazzo Reale, l'oro delle inferriate e le statue di piazza Castello ricordano la grande dinastia dei Savoia. La Venaria Reale e la Palazzina di caccia di Stupinigi, residenze sabaude immerse nel verde a pochi chilometri dalla città, attraggono ancora e fanno sognare visitatori di tutto il mondo. E sempre a Torino, nello stesso sontuoso palazzo Carignano dove nacque il primo re d'Italia, Vittorio Emanuele II, ebbe il suo studio Cavour, l'uomo politico che portò la città a diventare la prima capitale dell'Italia unita.

A Torino sono nate molte altre cose che hanno reso l'Italia quello che è oggi: la moda, il cinema, la televisione, l'industria automobilistica, la FIAT (Fabbrica Italiana Automobili Torino) degli operai con accenti meridionali e dei grandi industriali come Gianni Agnelli, protagonisti del boom economico degli anni '60, che oggi è solo un ricordo di un'Italia in bianco e nero.

Torino conserva le tracce di tutto il suo passato regale, intellettuale, operaio, industriale. La sua anima laboriosa e creativa è in continuo fermento e la città si rinnova mantenendo una predisposizione per le grandi strutture, come la moderna architettura in ferro della stazione di Porta Susa, gli spazi espositivi multifunzionali del Lingotto con il restyling di Renzo Piano, o la sede della Thales Alenia Space, leader mondiale di infrastrutture spaziali.

Torino è città museale, con un Museo Egizio, terzo al mondo per importanza, e un Museo del Cinema, inserito ad arte nel monumento più alto, simbolo da cartolina della città: la Mole Antonelliana, progettata in origine per essere una sinagoga.

A Torino scorre il fiume Po, appena nato dal Monviso, e lungo le sue sponde la città si riposa e si anima di vita nel parco del Valentino. Di fronte, la grande collina dove si trova la Basilica di Superga, con la scritta a ricordo dell'incidente aereo in cui perse la vita l'intera squadra di calcio del Grande Torino, il 4 maggio 1949.

Ma a Torino anche gli stadi sono come dei musei, per la loro bellezza e modernità: il recente Juventus Stadium dei tifosi bianconeri e lo stadio Olimpico del Grande Torino che ospita il Torino, chiamato anche Toro o Granata, per il colore delle magliette.

Torino è la città del libro e della letteratura, degli scrittori e degli editori storici, ma anche degli studi scientifici e del Politecnico. E per molti è anche la capitale del cibo, a ottobre durante il Salone del gusto.

Chi non conosce i savoiardi, i tartufi bianchi, i formaggi, i vini, i vermouth e gli spumanti del Piemonte, famosi in tutto il mondo? Ma soprattutto i gianduiotti, dalla tipica forma a lingotto, fatti con le tante nocciole dei boschi vicini che si sposano a meraviglia con l'eccellente cioccolato!

Anche nella gastronomia Torino accoglie e cerca di integrare passato e presente, tradizione locale e immigrazione: curiosando nello storico mercato di Porta Palazzo, trionfo di odori e sapori mediterranei e mediorientali, si vede come, accanto alla ricchezza e bellezza gastronomica della tradizione, trovano spazio nuovi piatti e ricette da assaggiare o colorite spezie da guardare.

Torino è bella anche d'inverno, anzi lo è ancora di più quando invita artisti di tutto il mondo a illuminare strade e piazze del centro o edifici e angoli dimenticati con colori e forme nuove: "Luci d'artista"!

1. 📖 **Leggi il testo e combina gli elementi della colonna A con quelli della colonna B.**

A

1. (D) Senza l'Italia Torino sarebbe più o meno la stessa cosa
2. ◯ Il Palazzo Reale ricorda
3. ◯ La Venaria Reale e Stupinigi sono
4. ◯ A Palazzo Carignano nacque
5. ◯ Torino fu la prima
6. ◯ Operai e industriali torinesi come gli Agnelli
7. ◯ La stazione di Porta Susa, il Lingotto e la Thales Alenia Space sono
8. ◯ Il Museo del Cinema si trova
9. ◯ A Torino scorre il fiume Po
10. ◯ Nel 1949, in un incidente aereo
11. ◯ A Torino ci sono due stadi:
12. ◯ Torino è la città del libro e della letteratura, degli scrittori e degli editori storici, ma anche
13. ◯ A ottobre, a Torino si svolge
14. ◯ I gianduiotti sono fatti con
15. ◯ Anche nella gastronomia Torino cerca di integrare
16. ◯ Torino d'inverno si illumina con la manifestazione

B

A. nella Mole Antonelliana.
B. degli studi scientifici e del Politecnico.
C. perse la vita l'intera squadra del Grande Torino.
D. ma senza Torino l'Italia sarebbe molto diversa.
E. la grande dinastia dei Savoia.
F. passato e presente, tradizione locale e immigrazione.
G. Vittorio Emanuele II ed ebbe il suo studio Cavour.
H. il Salone del Gusto.
I. furono protagonisti del boom economico degli anni '60.
L. capitale dell'Italia unita.
M. Luci d'artista.
N. grandi strutture moderne.
O. residenze sabaude nel verde.
P. appena nato dal Monviso.
Q. nocciole e cioccolato.
R. lo Juventus Stadium e lo Stadio Olimpico del Grande Torino.

2. **AUDIO 20** **Ascolta la trasmissione radio e completa le frasi.**

Cecilia e Piero passeggiano insieme felici per le vie di Torino. Cecilia ha appena iniziato il suo nuovo lavoro per una radio di Bologna: deve produrre testi veloci, informativi, curiosi girando per vari luoghi d'Italia. La trasmissione si intitola: *C'è gusto nella storia!* Oggi parlerà di alcune bevande legate alla storia di Torino.

Cavour e il *bicerin*

Cavour era un _____.
Fu il primo presidente del Consiglio dei ministri del _____.
La prima capitale d'Italia fu _____.
Palazzo Carignano fu la sede del primo _____ italiano.
Il ristorante preferito di Cavour era il _____.
I grandi incontri di politici, intellettuali, aristocratici e studenti si svolgevano al _____.
Un altro caffè molto frequentato da Cavour era il _____.
La parola *bicerin* in piemontese significa _____.
Il *bicerin* è una bevanda calda preparata con _____.
La bevanda è nata nel _____.
Il Piemonte è la patria del cioccolato e delle nocciole da cui nasce il _____.

172 • EPISODIO 10

STORIA DELLE SCARPE SUPERGA

Cecilia è salita sulla collina di Superga e ha scattato alcune foto, prima di prepararsi per il suo programma. Ora, seduta su una panchina, cerca di preparare il testo che dovrà poi trasmettere in radio.

E adesso ragazzi parliamo di scarpe. C'è storia anche nelle scarpe!
Allora, tutti avete un paio di sneakers o scarpe da ginnastica.
Ma sapete che le vostre scarpe hanno la stessa gomma degli pneumatici?
Sì, si chiama gomma vulcanizzata, nome difficile, insomma una gomma inventata negli Stati Uniti e importata in Italia da un certo Walter Martiny che la usò per fare stivali e poi anche le scarpe da tennis. Siamo in Piemonte, eh, c'erano le risaie, e le mondine — le donne che raccoglievano il riso — stavano sempre con i piedi nell'acqua e questa invenzione della suola di gomma salvò molte donne da infezioni e malattie!
Però come arriviamo alle scarpe da tennis? Il signor Martiny applicò l'invenzione alle scarpe da tennis della moglie. Fino a quel momento le scarpe di tela avevano una suola in corda, perciò a Martiny venne l'idea di fare un calco di queste suole e le fece in gomma. Ecco perché sono così, con la suola a buccia d'arancia. Le suole delle scarpe che indossate oggi sono le stesse delle gloriose prime scarpe da tennis Superga, il modello 2750 del 1925!
Ma perché, allora, si chiamano Superga? Perché la fabbrica di scarpe era ai piedi della collina di Torino dove si trova la basilica di Superga, e la gente iniziò a chiamare la fabbrica "la Superga". Così alla fine, invece di chiamarsi col nome del proprietario Martiny, la fabbrica si chiamò ufficialmente Superga, ma siamo già nel 1944.
Ecco, vi è piaciuta la storia delle vostre comode scarpette? Tutto fa storia, ragazzi!

3. Leggi il testo e segna le risposte corrette.

1.	La gomma vulcanizzata fu inventata	○ negli Stati Uniti. ○ in Italia.
2.	In Piemonte c'erano	○ campi di mais. ○ risaie.
3.	Le mondine erano donne che raccoglievano	○ il grano. ○ il riso.
4.	Gli stivali di gomma salvarono le mondine	○ da infezioni e malattie. ○ da duri ritmi di lavoro.
5.	Martiny applicò alle scarpe da tennis di sua moglie	○ una suola di corda. ○ una suola di gomma.
6.	Il primo modello di scarpe Superga è	○ del 1945. ○ del 1925.
7.	La fabbrica di scarpe Superga si trovava a Torino	○ su una collina. ○ ai piedi di una collina.
8.	La fabbrica era chiamata Superga	○ dal nome di un famoso palazzo. ○ dal nome di una basilica.

EPISODIO 10 ■ 173

4. C'È STORIA IN TANTE COSE...

Pensate a un personaggio storico, un locale storico, una bevanda, un piatto o un prodotto con una storia e scrivete un breve testo per descriverne le caratteristiche e raccontarne la storia e le curiosità.

_____
_____
_____
_____
_____
_____
_____
_____
_____
_____

AUDIO 21

TORINO TI SORPRENDE!

5. Ascolta l'intervista a Lorenzo Lanzillotta e segna le risposte corrette.

1. Lorenzo frequenta Torino perché ci abita suo padre. **V F**
2. Lorenzo è andato a Torino per la prima volta un anno fa. **V F**
3. Torino è molto diversa da come Lorenzo la immaginava. **V F**
4. Lorenzo ha trovato Torino una città
   ○ noiosa   ○ elegante   ○ caotica   ○ vitale   ○ funzionale
5. Torino non è una città giovanile. **V F**
6. Lorenzo dice che Torino offre ai giovani molte opportunità di lavoro. **V F**
7. A Lorenzo piace il Teatro Regio per la sua architettura, per gli spettacoli e perché i prezzi sono più economici. **V F**
8. Lorenzo ha seguito a Torino due saloni. Quali?
   ○ Salone del gusto   ○ Salone del mobile   ○ Salone dell'automobile   ○ Salone del libro
9. Al Salone del libro espongono sia grandi editori sia piccoli editori indipendenti. **V F**
10. Il Salone del gusto si fa ogni anno. **V F**
11. La "toma del fen" è un tipico formaggio piemontese stagionato nel fieno. **V F**
12. Il gianduiotto e il *bicerin* sono due specialità a base di cioccolato. **V F**
13. Lorenzo ha gustato i prodotti tipici torinesi in alcuni bar moderni. **V F**
14. Il Museo Egizio di Torino è il secondo più importante al mondo. **V F**
15. Lorenzo è stato molte volte al Museo del Cinema di Torino. **V F**

EPISODIO 10

6. LA TRAGEDIA DI SUPERGA

Completa il testo con le parole date.

- vittime • calcio • squadra • collina • funerali • giovanili
- tragedia • contro • vincitore • partite • giocatori
- compagnia • incidente • nazionale

La tragedia di Superga fu un _____ aereo avvenuto il 4 maggio 1949. Alle ore 17.03 il Fiat G212 della _____ aerea ALI, con a bordo l'intera _____ del Grande Torino, si schiantò _____ il muraglione del terrapieno posteriore della Basilica di Superga, che sorge sulla _____ torinese. Le _____ furono 31.

Il Torino fu proclamato _____ del campionato a tavolino e gli avversari di turno, così come lo stesso Torino, schierarono le formazioni _____ nelle restanti quattro _____. Il giorno dei _____ quasi un milione di persone scese in piazza a Torino per dare l'ultimo saluto ai _____. Lo shock fu tale che l'anno seguente la _____ si recò ai Mondiali in Brasile viaggiando in nave.

Nel 2015, in ricordo della _____, la FIFA ha proclamato il 4 maggio come "Giornata mondiale del gioco del _____".

tratto da wikipedia.org

AUDIO 22
CALCIO E CRAMPI SPORTIVI

7. Ascolta l'intervista a Simone Vacatello e segna le risposte corrette.

1. I crampi sono dolori muscolari. **V F**
2. Simone dice che i crampi sono quelli dei giornalisti del blog "Crampi Sportivi", che non sono molto atletici. **V F**
3. Simone non è tifoso di una squadra di calcio in particolare. **V F**
4. I colori della maglia della Roma sono giallo e verde. **V F**
5. Secondo Simone è più giusto tifare le squadre che non vincono sempre. **V F**
6. Collega i derby ai nomi delle squadre:
   - a. derby della Capitale
   - b. derby della Lanterna
   - c. derby della Madonnina
   - d. derby della Mole

   1. Genoa / Sampdoria
   2. Juventus / Torino
   3. Roma / Lazio
   4. Milan Inter
7. La Juventus è la squadra più importante d'Italia perché ha vinto di più. **V F**
8. Simone non ha simpatia per il Torino. **V F**
9. La Juventus è nata dopo il Torino. **V F**
10. Un barista ha detto a Simone che ci sono tifosi della Juventus a Torino perché la periferia della città si è molto allargata. **V F**
11. I torinesi autentici da più generazioni tifano per la Juventus. **V F**
12. Simone ha conosciuto un calciatore che negli anni '70 si occupava di politica. **V F**
13. Paolo Sollier giocava nel Perugia nell'anno in cui il Perugia sconfisse la Juventus e il Torino vinse lo scudetto. **V F**
14. Il Grande Torino negli anni '40 vinse due scudetti consecutivi. **V F**
15. Simone va raramente allo stadio. **V F**
16. Le sue squadre del cuore oltre alla Roma sono due squadre calabresi. **V F**

EPISODIO 10 • 175

8. Scrivi sotto ogni immagine la parola giusta.

LE PAROLE DEL CALCIO

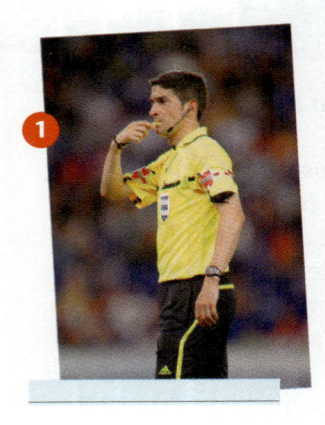

- pallone • squadra
- giocatore/calciatore • goal
- porta • portiere • arbitro
- tifosi • campo • stadio
- spogliatoio • coppa • scudetto
- partita • campionato

176 • EPISODIO 10

9. Completa le frasi con alcune parole dell'attività 8.

1. Domenica scorsa sono andato a vedere la _____ con un gruppo di amici.
2. Lo _____ Olimpico si trova a Roma all'interno del Foro Italico.
3. La Juventus è la _____ più forte d'Italia.
4. Ogni anno la Lega Calcio comunica le date d'inizio e fine del _____ italiano di calcio.
5. Il _____ sta in _____ e deve parare i tiri della squadra avversaria.
6. Una squadra di calcio è composta da 11 _____.
7. La domenica gli stadi si riempiono di _____ che sostengono le loro squadre del cuore.
8. Ieri la mia squadra preferita ha segnato due _____.
9. L'_____ fischia per segnalare l'inizio e la fine della partita.
10. Dopo la partita i calciatori si ritirano nello _____ per cambiarsi.
11. Ogni anno la squadra che è prima in classifica vince lo _____.
12. Tantissimi ragazzi italiani giocano a _____ per strada, nei cortili e nei piccoli _____ di calcio.

I VERBI DEL CALCIO

10. Trova i verbi che non hanno una relazione con il calcio e trascrivili nello spazio vuoto accanto.

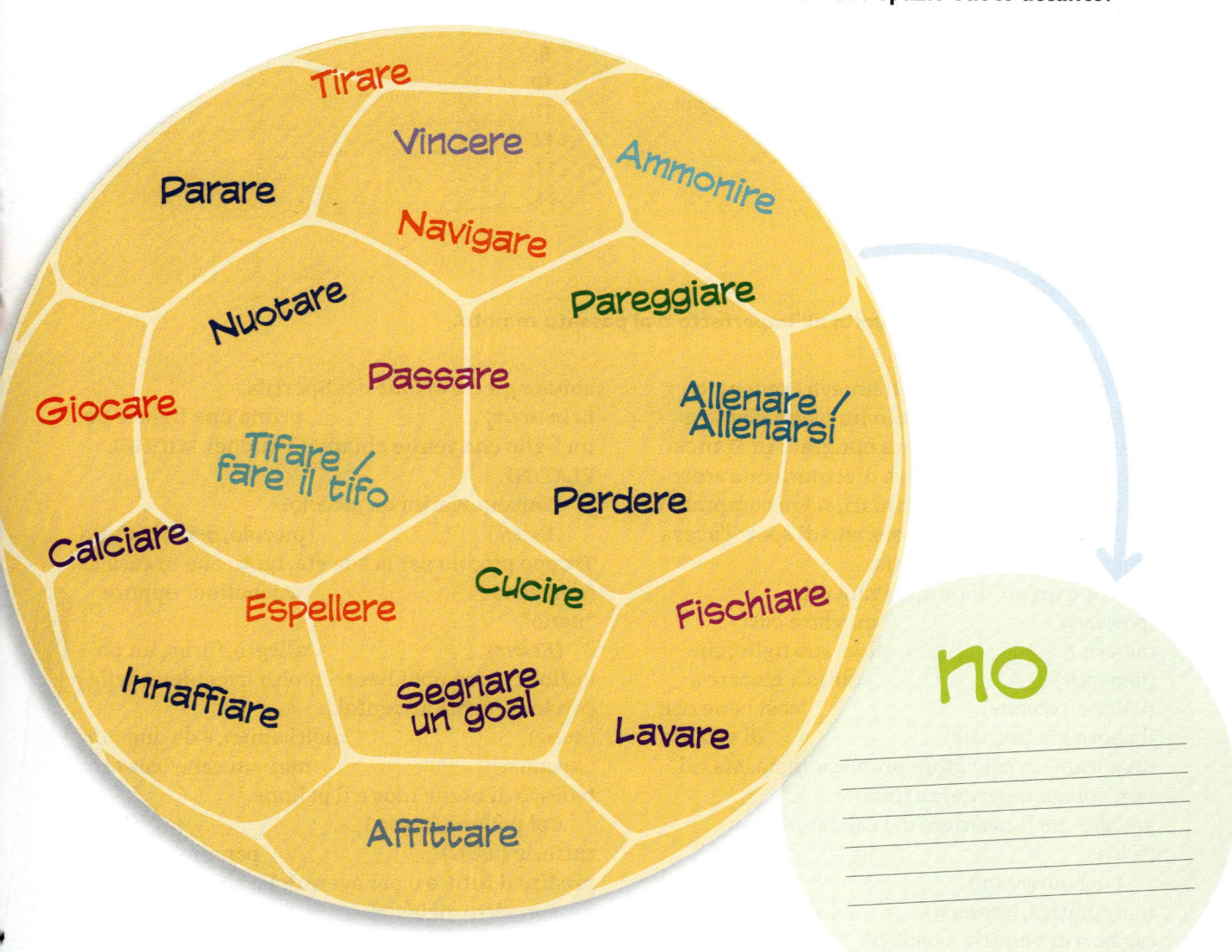

Tirare, Vincere, Ammonire, Parare, Navigare, Nuotare, Pareggiare, Giocare, Passare, Allenare / Allenarsi, Tifare / fare il tifo, Perdere, Calciare, Espellere, Cucire, Fischiare, Innaffiare, Segnare un goal, Lavare, Affittare

no

11. LA VERA STORIA DI MICHEL PLATINI

Riordina le frasi e scrivi la biografia del grande calciatore Michel Platini.

Era bravissimo
della quale era capitano.
della nazionale francese, e poi
~~È nato in Francia nel 1955,~~
tre volte il "pallone d'oro".
Ha giocato per molti anni
a fare lunghi passaggi ai suoi compagni.
da una famiglia di origine italiana.
Ha vinto
in Italia, nella squadra della Juventus,
a tirare calci di punizione e
È stato anche capitano
è diventato il suo allenatore.

tratto da *Fiabe di Sport*, di Vinicio Ongini

1. È nato in Francia nel 1995,
2.
3.
4.
5.
6.
7.
8.
9.
10.
11.
12.
13.
14.

12. IL NONNO DI PLATINI

Completa la favola con i verbi all'imperfetto o al passato remoto.

Il nonno di Platini si chiamava Francesco. Era nato in Piemonte in un paese vicino a Novara, ma da ragazzo era emigrato in Francia in cerca di lavoro. Così era diventato muratore finché, con i soldi risparmiati, si era comprato un bar. E siccome era appassionato di sport l'aveva chiamato Café des Sportifs.

Dopo un po' di tempo Francesco (*prendere*) _____ moglie e così (*nascere*) _____ Aldo, suo figlio, che (*imparare*) _____ subito a giocare a pallone. (*Giocare*) _____ così bene che il padre già (*sognare*) _____ di vederlo diventare un calciatore professionista. Ma lui non voleva saperne, gli (*piacere*) _____ giocare ma il mestiere del calciatore non (*volere*) _____ farlo.

Così (*diventare*) _____ professore di matematica, (*sposarsi*) _____ con una ragazza di Venezia e (*andare*) _____ ad abitare dietro al Café des Sportifs.
Lì (*nascere*) _____ prima una figlia e poi un figlio che venne chiamato Michel. MICHEL PLATINI.

Com'era Platini da piccolo?
(*Essere*) _____ piccolo, per l'appunto. Troppo piccolo per la sua età, tanto che in casa lo (*chiamare*) _____ "Michelinò" oppure "nano".

(*Essere*) _____ allegro, furbo, un po' buffone, poco ubbidiente, molto irrequieto, agile e con le orecchie a sventola.
(*Avere*) _____ molti amici, e da due non (*separarsi*) _____ mai: un cane bassotto tedesco di nome Idos e il pallone.

Col pallone (*sapere*) _____ fare di tutto, lo (*usare*) _____ persino per predire il futuro o per avere delle risposte che nessun altro gli (*dare*) _____.

Prima di andare a scuola, per esempio, lo

178 ▪ EPISODIO 10

FACCIAMO GRAMMATICA

ARTICOLI E SQUADRE DI CALCIO

In italiano i **nomi di città** sono **femminili** e non prendono l'articolo.
▸ Roma è bell**a**.
▸ Torino è bell**a**.

I nomi delle **squadre di calcio** a volte coincidono con i nomi delle città. In questo caso i nomi delle squadre **prendono sempre l'articolo e sono maschili**.

| Milano | → | **Il** Milan | Torino | → | **Il** Torino | Palermo | → | **Il** Palermo |
| Napoli | → | **Il** Napoli | Bologna | → | **Il** Bologna | | | |

Come sempre c'è un'eccezione!   Roma → **La** Roma.

Osserva questi esempi:

SONO DI NAPOLI.
Si riferisce alla città: sono nato/a a Napoli.

SONO DEL NAPOLI.
Si riferisce alla squadra di calcio: sono un/a tifoso/a del Napoli.

L'articolo precede sempre il nome di una squadra di calcio anche quando non coincide con il nome di una città e può essere maschile o femminile.
▸ L'Inter
▸ La Juventus
▸ La Fiorentina
▸ La Sampdoria
▸ La Lazio

(*piazzare*) _____ a una certa distanza da un paletto o da un albero, come se dovesse tirare un calcio di rigore, e poi (*dire*) _____: "Se colpisco il paletto vuol dire che andrò bene all'interrogazione... Se colpisco l'albero vuol dire che Marie del terzo banco mi vuole bene..."

(*Giocare*) _____ anche da solo, nei corridoi di casa e perfino al gabinetto, (*fare*) _____ i tunnel sotto le sedie, (*dribblare*) _____ i pali della luce e (*bombardare*) _____ il garage di Sabatini, il suo vicino di casa.

Michelino (*essere*) _____ matto per quel pallone, tanto che i suoi professori lo (*rimproverare*) _____ sempre. Suo padre invece mai, anzi lo (*incoraggiare*) _____.

Era proprio lui il suo allenatore. Un giorno lo (*accompagnare*) _____ a fare un provino a Parigi. (*Essere*) _____ la finale del concorso per il più giovane calciatore di Francia e

Michel Platini (*avere*) _____ 14 anni. Lo stadio (*essere*) _____ il leggendario Parco dei Principi, un rettangolo immenso di un verde scintillante.

L'emozione era così forte che Michel (*sentirsi*) _____ male, le gambe (*sembrare*) _____ di legno e gli occhi (*riempirsi*) _____ di nebbia.

E così fu bocciato. Incredibile: Platini bocciato! Come premio di consolazione gli (*loro, regalare*) _____ due biglietti: uno per fare una gita in battello sulla Senna, l'altro per visitare la Torre Eiffel. Ma quel giorno il grande Michel Platini, campione di Francia, d'Italia e della Juventus, (*avere*) _____ voglia solo di piangere.

tratto da *Fiabe di Sport*, di Vinicio Ongini

EPISODIO 10 ▪ 179

QUANTE COSE AVREI VOLUTO FARE!

È notte fonda, Cecilia e Piero sono stati a vedere uno spettacolo di danza. Ora tornano verso il loro albergo e, mano nella mano, parlano a lungo per le strade del centro di Torino illuminate da "Luci d'artista". Tra due giorni sarà Natale.
"Cecilia, ti ringrazio, era uno spettacolo bellissimo, invidio chi sa ballare, io sono negato."
"Ah, sì, erano veramente bravissimi, ma per fare una scuola di ballo, cioè non per diventare professionisti, ma per divertirsi, non è mai troppo tardi!"
"Beh, insomma, avrei dovuto iniziare da piccolo, adesso è un po' ridicolo."
"Guarda, ci sono molte cose che anch'io avrei voluto fare e non ho fatto e non dico mai che è troppo tardi. Alcune cose le rimando, altre le tengo nel cassetto, perciò tu non ti devi arrendere mai. Ma dimmi, a parte la danza, che altre cose avresti voluto fare?"
"Quello che avrei voluto fare? Lo chef, l'inventore, il cantante, il giornalista, il maratoneta... eh, ho una lista in testa di tante cose...!"
"E perché non le hai fatte?"
"Perché? Beh, alcune cose ho anche provato a farle, altre sono rimaste solo un sogno nel cassetto. Per esempio: arti marziali. Ho fatto una lezione di prova e mi sono slogato una caviglia, così i miei hanno detto che non era per me, e stop!"
"Sfortunato! Però avresti potuto riprovarci più tardi, da grande, e magari potresti anche adesso!"
"Beh, poi ho fatto nuoto, tennis, ho fatto anche un tentativo nel giornalismo e ne sono felice, ma mi è rimasta quest'idea che le arti marziali mi avrebbero dato qualcosa in più: l'equilibrio, la calma... E tu invece non hai delle cose che ti sarebbe piaciuto fare ma che sono rimaste solo come desideri irrealizzati?"
"Io ho fatto molte cose, forse troppe, ci sono cose iniziate e mai portate a termine. Ma sicuramente avrei voluto imparare bene due o tre lingue straniere diverse."
"Per le lingue sei ancora in tempo!"
"Certo, ma qui hai ragione tu, da bambini le lingue si imparano facilmente, adesso invece ci vuole tempo, pazienza."
"Però sai danzare bene, e suoni anche la chitarra, a me invece dispiace di non aver imparato a suonare il pianoforte e questa volta è colpa mia, perché i miei genitori mi avrebbero portato nelle migliori scuole, ma io ero sempre svogliato e così dopo tre anni ho smesso."
"E allora adesso pensa bene al lavoro in libreria, vedi se è la cosa più importante tra tutte quelle che avresti voluto fare. Io potrei aiutarti, ma non potrei stare sempre lì. Lo sai, a me piace muovermi e cambiare."
"Ah, piace molto anche a me... Tra le cose che avrei voluto fare e non ho fatto abbastanza ci sono i viaggi... ma per questo lo so che sono ancora in tempo, il problema è come conciliare i viaggi con il lavoro!"
"Beh, è un viaggio che ci ha fatti incontrare! Ne faremo molti e troveremo il modo di lavorare viaggiando!"

13. **Leggi il testo e indica a chi si riferiscono queste informazioni.**

		PIERO	CECILIA
1.	Non sa ballare.	○	○
2.	Dice che non è mai troppo tardi per fare una scuola di ballo.	○	○
3.	Avrebbe dovuto iniziare a ballare prima.	○	○
4.	Dice che non è mai troppo tardi per fare qualcosa.	○	○
5.	Avrebbe voluto lavorare in molti settori tra cui il giornalismo.	○	○
6.	Ha alcuni sogni nel cassetto.	○	○
7.	Avrebbe voluto praticare arti marziali, ma ha avuto un incidente.	○	○
8.	Ha iniziato molte cose, ma non le ha portate a termine.	○	○
9.	Avrebbe voluto imparare due o tre lingue straniere.	○	○
10.	Ha smesso di suonare il pianoforte dopo tre anni.	○	○
11.	Avrebbe voluto viaggiare di più.	○	○

14. **Rileggi il testo ed evidenzia tutti i verbi al condizionale composto. Trascrivi le frasi che contengono questi verbi, rifletti sul loro uso e indica se esprimono desideri non realizzati, ipotesi riferite al passato, consigli riferiti al passato.**

		DESIDERIO NON REALIZZATO NEL PASSATO	CONSIGLIO RIFERITO AL PASSATO	IPOTESI RIFERITA AL PASSATO
1.	Avrei dovuto iniziare da piccolo.	X	○	○
2.	_____	○	○	○
3.	_____	○	○	○
4.	_____	○	○	○
5.	_____	○	○	○
6.	_____	○	○	○
7.	_____	○	○	○
8.	_____	○	○	○
9.	_____	○	○	○
10.	_____	○	○	○
11.	_____	○	○	○

15. **Trasforma le frasi come nell'esempio.**

OGGI	IERI
1. Vorrei un gelato.	Avrei voluto un gelato.
2. Dovrei studiare.	_____
3. Farei una passeggiata.	_____
4. Uscirei con gli amici.	_____
5. Andrei al mare.	_____
6. Dormirei tutto il giorno.	_____
7. Berrei una birra.	_____
8. Mangerei una pizza.	_____
9. Guarderei un film.	_____
10. Comprerei una borsa.	_____
11. Preferirei mangiare fuori.	_____
12. Mi piacerebbe vedere Ilaria.	_____
13. Verrei con voi al parco.	_____
14. Prenderei un aperitivo al bar.	_____

EPISODIO 10 • 181

gioco

16. CONDIZIONALE AL VOLO!

Gli studenti sono disposti in cerchio in piedi. Uno studente ha una palla e la tira a chi vuole, dicendo una frase con un verbo al condizionale presente. Chi prende la palla deve trasformare la frase al condizionale passato.

Esempio:
Mangerei un gelato → Avrei mangiato un gelato.

Se il secondo sbaglia, la palla ritorna al primo studente che la rilancia a chi vuole finché non ottiene la risposta corretta.
Chi formula la frase corretta rilancia la palla con una nuova frase da trasformare.

FACCIAMO GRAMMATICA

IL CONDIZIONALE COMPOSTO

Il **condizionale composto** si forma con il verbo ausiliare *essere* o *avere* al **condizionale semplice** + il **participio passato** del verbo che si vuole coniugare.

	CONDIZIONALE SEMPLICE	CONDIZIONALE COMPOSTO
mangiare	MANGEREI	AVREI MANGIATO
prendere	PRENDEREI	AVREI PRESO
partire	PARTIREI	SAREI PARTITO

ALCUNI USI DEL CONDIZIONALE COMPOSTO

Come il condizionale semplice, anche il condizionale composto si può usare per:

1. ESPRIMERE UN DESIDERIO

PRESENTE
- Vorrei cambiare lavoro.
- Mi piacerebbe fare una vacanza in Asia.

PASSATO
- AVREI VOLUTO CAMBIARE LAVORO.
- MI SAREBBE PIACIUTO FARE UNA VACANZA IN ASIA.

2. DARE CONSIGLI

PRESENTE
Dovresti riposare di più!

PASSATO
AVRESTI DOVUTO RIPOSARE DI PIÙ!

182 ▪ EPISODIO 10

3. ESPRIMERE UN'IPOTESI RIFERITA AL PASSATO CHE NON SI PUÒ REALIZZARE

> **AVREI STUDIATO** MEDICINA, MA NON HO SUPERATO IL TEST DI AMMISSIONE.

> LUIGI **AVREBBE COMPRATO** UN APPARTAMENTO PIÙ GRANDE, MA NON AVEVA ABBASTANZA SOLDI.

Nota:
Anche un **desiderio che riguarda il presente ma non è realizzabile** si esprime con il **condizionale composto**:

> PERCHÉ NON RESTI A CENA CON NOI?

> **SAREI RIMASTO** VOLENTIERI, MA MI ASPETTANO A CASA PER CENA.

> VIENI CON ME AL CINEMA STASERA?

> **SAREI VENUTO** MOLTO VOLENTIERI, MA HO GIÀ UN IMPEGNO.

Nella **lingua parlata** molto spesso questa forma viene sostituita dal **condizionale semplice**:

> PERCHÉ NON RESTI A CENA CON NOI?

> **RIMARREI** VOLENTIERI, MA MI ASPETTANO A CASA PER CENA.

> VIENI CON ME AL CINEMA STASERA?

> **VERREI** MOLTO VOLENTIERI, MA HO GIÀ UN IMPEGNO.

17. COSA AVREBBE DOVUTO FARE?

Costruisci delle frasi, come nell'esempio.

1. La torta non basta per tutti!
   (comprare / più grande) _Avrebbe dovuto comprare una torta più grande._
2. È troppo ignorante!
   (studiare / di più) _____
3. È troppo in ritardo!
   (uscire / prima) _____
4. È troppo stanco.
   (dormire / di più) _____
5. È ubriaco!
   (bere / meno) _____
6. Il vestito le sta stretto.
   (prendere / una taglia più grande) _____
7. Ha gli occhi troppo stanchi.
   (leggere / di meno) _____
8. Non ha capito niente della lezione.
   (fare / più domande all'insegnante) _____
9. Il viaggio è stato troppo lungo.
   (prendere / l'aereo) _____

EPISODIO 10 • 183

**18. È INUTILE PIANGERE SUL LATTE VERSATO!
COSA È SUCCESSO? COSA AVREBBERO DOVUTO FARE?**

Descrivi le vignette dicendo cosa è successo a queste persone e cosa avrebbero dovuto fare per evitare questa situazione.

> Mentre camminava ha messo il piede su una buccia di banana ed è scivolato. Avrebbe dovuto fare più attenzione. La persona che ha buttato per terra la buccia di banana non avrebbe dovuto farlo.

184 ▪ EPISODIO 10

19. L'AVREI FATTO VOLENTIERI, MA...

Scrivi le risposte a queste domande mettendo i verbi alla forma corretta.

1. ▶ Perché non hai comprato quel vestito?
   ▶ (comprarlo volentieri / ma non avere soldi) L'avrei comprato volentieri, ma non avevo soldi.

2. ▶ Perché non siete andati a teatro ieri sera?
   ▶ (andarci volentieri / ma la baby-sitter non essere disponibile)

3. ▶ Perché non hai finito quell'esercizio?
   ▶ (volere finirlo / ma essere troppo difficile)

4. ▶ Perché Sabrina non ha organizzato una festa per il suo compleanno?
   ▶ (organizzarla volentieri / ma non avere tempo)

5. ▶ Perché non avete preso l'aereo invece del treno?
   ▶ (prenderlo con piacere / ma non trovare biglietti)

6. ▶ Perché tuo figlio non è partito con i suoi amici?
   ▶ (partire volentieri / ma dovere preparare un esame di fisica)

7. ▶ Perché Luca non si è iscritto al corso di cucina?
   ▶ (iscriversi volentieri / ma non esserci più posto)

8. ▶ Perché non sei andata alla festa di laurea di Livia?
   ▶ (volere andarci / ma avere già un altro impegno)

9. ▶ Perché i bambini non hanno mangiato la torta?
   ▶ (mangiarla / ma essere troppo impegnati a giocare)

20. CHI AVRESTI VOLUTO ESSERE?

Scegliete il personaggio o i personaggi che ammirate di più. Lavorate in piccoli gruppi e confrontate le vostre scelte e le vostre opinioni, spiegando perché avete scelto questi personaggi.

AVREI VOLUTO ESSERE

- Un grande scienziato come...
- Un grande politico come...
- Un grande sportivo come...
- Un grande poeta come...
- Un grande rivoluzionario come...
- Un grande artista come...
- Un grande industriale / imprenditore come...
- Un grande scrittore come...
- Un grande _____ come...
- Un grande _____ come...

EPISODIO 10

21. ERRORI: COME AVREBBERO POTUTO EVITARLI?

1 Ha studiato poco e non ha superato l'esame.

▸ Avrebbe dovuto studiare di più.
▸ Non avrebbe dovuto presentarsi all'esame.
▸ Avrebbe dovuto impegnarsi di più.

2 Ha condotto una vita sedentaria e ora è sovrappeso.

3 Ha perso uno scontrino che gli serve per cambiare un vestito al negozio.

4 È arrivato a scuola con venti minuti di ritardo e ha trovato il cancello chiuso.

5 Ha lasciato la bottiglia aperta e il bambino l'ha rovesciata.

6 Ha lasciato il cellulare sul tavolino del bar, è andato a pagare ma, tornando, ha visto che il cellulare era sparito.

7 È uscito senza ombrello e dopo un po' è scoppiato un temporale... così si è bagnato dalla testa ai piedi.

8 Ieri è stato allo stadio e oggi non ha più voce.

9 Ha invitato dieci persone e dopo il primo brindisi le due uniche bottiglie di vino sono finite.

10 Voleva fare un viaggio in Sardegna ma all'agenzia di viaggi gli hanno detto che non c'erano più posti né in aereo né in traghetto.

11 Ha lasciato la frutta sul tavolo e dopo un paio di giorni l'ha trovata tutta marcita.

FACCIAMO GRAMMATICA

INFINITO PASSATO

Osserva questa frase tratta dal testo a p. 180 che contiene un verbo **all'infinito passato**:

... a me invece dispiace di non aver imparato a suonare il pianoforte...

L'**infinito passato** si forma con **l'infinito presente** dell'ausiliare *essere* o *avere* + il **participio passato** del verbo che si vuole coniugare.

Spesso all'ausiliare *essere* o *avere* **si toglie la vocale** finale **-e**.

Con i verbi **riflessivi** il pronome va dopo l'ausiliare.

INFINITO PRESENTE	INFINITO PASSATO
STUDIARE	AVER STUDIATO
ANDARE	ESSERE ANDATO/A/I/E
PRENDERE	AVER PRESO
SCENDERE	ESSERE SCESO/A/I/E
DORMIRE	AVER DORMITO
USCIRE	ESSERE USCITO/A/I/E

LAVARSI → ESSERSI LAVATO/A/I/E

186 ▪ EPISODIO 10

PER COMUNICARE IN ITALIANO

ESPRIMERE RIMPIANTO, PENTIMENTO, DISPIACERE PER NON AVER FATTO QUALCOSA

- MI DISPIACE DI NON AVER STUDIATO L'INGLESE.
- RIMPIANGO DI NON AVER FINITO L'UNIVERSITÀ.
- MI SAREBBE PIACIUTO IMPARARE A STUDIARE IL PIANOFORTE.
- MI PENTO DI AVER DETTO UNA BUGIA.
- PECCATO CHE NON SONO PARTITO INSIEME A VOI PER L'AUSTRALIA UN ANNO FA.
- AVREI VOLUTO / DOVUTO / POTUTO COMPRARE UNA MACCHINA PIÙ ECONOMICA.
- PURTROPPO ORMAI È TARDI PER DIVENTARE UN BALLERINO PROFESSIONISTA.

Nota: ORMAI significa A QUESTO PUNTO.

22. DESIDERI E RIMPIANTI

Lavorate in piccoli gruppi e discutete di questi punti.

- Cosa avresti voluto fare ieri e non hai fatto?
- Dove saresti voluto andare in vacanza l'anno scorso oltre al luogo dove sei andato?

- Quale lavoro avresti voluto fare oltre a quello che fai?
- C'è qualcuno tra le persone che hai conosciuto che avresti voluto rincontrare e non hai mai rincontrato?

- C'è qualcosa che rimpiangi di non aver fatto da bambino, da giovane, qualche anno fa ecc.?
- C'è qualcosa che hai fatto e di cui in seguito ti sei pentito?

EPISODIO 10 ■ 187

E PER FINIRE...

"Cecilia, c'è una cosa che avrei sempre voluto chiederti..."
"Dimmi!"
"Perché porti sempre gli stessi orecchini quando viaggi?"
"Allora, è una storia lunga che avrei voluto raccontarti e, credimi, non la sa nessuno dei miei amici. Mia madre, durante un viaggio in Oriente, incontrò un uomo. Era un uomo che amava viaggiare e per viaggiare faceva qualsiasi lavoretto, ma soprattutto vendeva orecchini, catenine e braccialetti che faceva lui.
Fu un amore a prima vista e viaggiarono insieme per un mese. Quando lei tornò in Italia, lui le regalò questi orecchini, un pezzo unico, fatto solo per lei.
Dopo qualche settimana mia madre scoprì di essere incinta. Lui era un giramondo e mia madre lo aveva già perso di vista. Devi immaginare un mondo senza Internet, senza telefonini, e anche un'epoca in cui certe cose potevano succedere...
Per questo lei non volle neppure cercare quell'uomo e non disse a nessuno il suo nome.
Tre anni dopo si sposò con un suo vecchio compagno di scuola che la amava da sempre, e dopo due anni nacque mio fratello.
Quando ho compiuto diciott'anni mia madre mi ha regalato questi orecchini e mi ha detto che erano l'unica cosa che aveva di mio padre e che non li aveva più messi da allora. Sono riuscita a fatica a strapparle il suo nome, forse non era neppure il suo nome, ma il nome con cui si faceva chiamare: Noam.
Nient'altro, neanche un cognome!
Io credo nel destino, credo negli astri e spero sempre che un giorno, per caso, in qualche parte del mondo un uomo vedrà questi orecchini e li riconoscerà.
Così, portandoli, immagino che un giorno potrò incontrare mio padre!
Era un uomo che teneva un diario di viaggio, perciò chissà, tra i libri, o su un treno o su una strada del mondo, magari lo ritroverò!"

TRASCRIZIONI

AUDIO 1
Loredana Chiappini, Nuccia De Filippo
Un nuovo giorno in Italia, livello B1,
Bonacci editore © Loescher 2018

AUDIO 2 (episodio 1)
- Sei appena sceso da un treno e sei solo, sei arrivato in un posto nuovo dove non conosci nessuno e il sole sta già tramontando. Che faresti come prima cosa? Ecco, questa è la domanda che animerà la nostra trasmissione, qui da *Radio 20*. E ora sentiamo cosa ci dice la prima persona che è al telefono: Carla di Torino. Ciao Carla, allora, tu che faresti?
- Beh, non mi è mai successo di arrivare in un posto da sola, ma in quel caso io andrei in albergo, mi farei una doccia, mi riposerei un po' e uscirei subito per sentire l'atmosfera del luogo.
- Però così perderesti una buona mezz'ora e poi forse troveresti i negozi già chiusi. Sentiamo il prossimo, è Alessia di Agrigento.
- Io la prima sera non vorrei stare in giro da sola di notte. Allora per prima cosa cercherei la via dell'albergo, mi farei dare una mappa e chiederei anche se la zona è tranquilla. Magari aspetterei il giorno dopo per uscire.
- Grazie Alessia, tu sei molto prudente, e ora sentiamo Giulio, di Bari. Giulio, tu che faresti?
- Beh, io per prima cosa mi guarderei intorno per cercare un posto dove mangiare, però non mi siederei al primo posto che trovo, no, girerei un po', aspetterei per vedere se il ristorante si riempie di gente, chiaramente darei uno sguardo al menù e ai prezzi.
- Beh, come vedete i nostri tre amici hanno idee molto diverse, ma hanno usato solo verbi al condizionale. E voi, provate a dirci che fareste?
- Aspetta Max, ora immaginiamo che in viaggio avete conosciuto una persona interessante che scende insieme a voi. In quel caso, che fareste? Vi salutereste e basta, vi scambiereste i numeri di telefono o magari sareste un po' più coraggiosi...

AUDIO 3 (episodio 1)
- Maia e Imanuel, quanti anni avete? ▶ Io ho ventun anni. ▶ Io ventidue.
- E cosa studiate? ▶ Studio economia alla Sapienza. ▶ E io matematica alla Sapienza.
- Bene, alcune domande: per esempio, c'è una persona del vostro passato che vorreste rincontrare? ▶ Sì, io vorrei rincontrare le maestre delle elementari.
- E tu? ▶ E io vorrei rincontrare una professoressa del liceo, del biennio.
- Bene. E una vacanza che rifaresti volentieri? ▶ Io tornerei ad Amsterdam perché vorrei avere qualche giorno in più per scoprirla fino in fondo.
- Quando ci sei stata? ▶ Quando avevo sedici anni.
- E tu Imanuel? ▶ Io tornerei a Copenaghen perché è stata la mia prima vera vacanza, diciamo... non era un viaggio per trovare parenti ma una vera e propria vacanza.
- E quanti anni avevi? ▶ Era la quinta elementare.
- Da bambino... C'è una cosa, Imanuel, che oggi non rifaresti? ▶ Sì, mi prenderei più tempo prima di iniziare gli studi.
- Prima di iniziare l'università? ▶ Sì.
- E che faresti in questo tempo? ▶ Viaggerei, farei quello che mi piace fare, non so, suonare...
- Altre cose. Bene. Tu, Maia? ▶ Sì, non smetterei di suonare il violino.
- A che età hai smesso? ▶ Quando ero piccola, intorno ai dieci anni.
- E quanto tempo l'hai suonato? ▶ Per poco, un paio di anni, però avrei voluto continuare.
- Ah, ecco, Maia, qualcosa che cambieresti in te.
 ▶ Sicuramente vorrei essere più paziente.
- E tu, Imanuel, qualcosa che cambieresti in te? ▶ Io vorrei essere meno distratto.
- Dunque: una dote che non hai e che vorresti avere, Maya. ▶ Mi piacerebbe saper cantare.
- Ah, violino, canto, tutta musica! E tu Imanuel, una dote che non hai e che vorresti avere? ▶ La coordinazione.
- Bene. Imanuel, potresti vivere senza il telefonino? ▶ Sì.
- Per quanto tempo? ▶ Diciamo che dopo un primo periodo che sarebbe molto difficile e in cui dovrei abituarmi, penso per tanto tempo.
- Tanto quanto è? Un giorno? ▶ No, indeterminato.
- Davvero? E tu Maia potresti vivere senza il telefonino? ▶ Sì.
- Per quanto tempo? ▶ Una settimana.
- Be' è un bel record. Ok, ragazzi, grazie.

AUDIO 4 (episodio 2)
- Allora, Benedetta, raccontami tutto, non ho capito bene dove lavori. Che fai di bello?
- Dunque, tra poco ti faccio incontrare il mio ragazzo che fa il mediatore culturale nel centro dove insegno italiano agli stranieri.
- Ma dai, che bello! Come sei arrivata a questo lavoro?
- Beh, prima di tutto devi sapere che la città è piena di immigrati. All'inizio ho lavorato allo sportello immigrazione, poi ho fatto un corso per diventare insegnante di italiano per stranieri.
- Ah, ma tu avevi studiato lingue all'Orientale di Napoli, vero? Arabo, inglese e spagnolo se non sbaglio...
- Esatto, per questo ho pensato che avevo anche la possibilità di comprendere le difficoltà di chi arriva in un Paese di cui non conosce la lingua. Poi ho incontrato Omar, ci siamo innamorati e, niente... ho capito che il mio modo di aiutare gli immigrati era quello di dargli la parola, insomma di dare voce a chi non ce l'ha. Perciò ho fatto il corso e ho iniziato da subito ad insegnare.
- Ma è un lavoro difficile immagino!
- Difficile sì, a volte anche faticoso, ma è bello, e dà molte soddisfazioni soprattutto sul piano umano. A volte si creano dei rapporti bellissimi con gli studenti.
- Beh, apprezzo molto quello che fai!

AUDIO 5 (episodio 2)
- Federica, tu sei siciliana, vero?
- Sì, sono siciliana e vengo da Modica.
- Ah, la città del cioccolato.
- Eh già.
- Però non di cioccolato volevo parlare oggi con te, ma della tua esperienza – perché so che l'hai avuta – con l'immigrazione in Sicilia, un grande fenomeno di questi nostri tempi.
- Sì, proprio a Modica, nella mia città, ho avuto l'opportunità di lavorare come mediatrice linguistico-culturale in un centro di seconda accoglienza che fa parte della rete Sprar.
- E di che cosa ti occupavi in questo centro?
- Era un centro che ospitava – per sole donne – ospitava ragazze e madri con figli. Il mio ruolo era quello di fare da ponte tra le ragazze immigrate e i servizi nel territorio italiano.
- Quindi scuole e varie istituzioni?
- Sì. Infatti, in particolare mi occupavo proprio dell'alfabetizzazione.
- Quindi dell'istruzione, dell'apprendere a leggere e a scrivere, eccetera. E che cosa facevi proprio nello specifico con loro?
- Nello specifico mi occupavo delle iscrizioni a scuola e anche facevo loro delle lezioni di lingua italiana, perché sappiamo quanto l'integrazione passi anche dalla lingua.
- Certo, certo, hai ragione. Integrarsi significa prima di tutto conoscere la lingua del Paese dove si vive. E c'è un episodio, qualcosa, un ricordo che tu hai mantenuto, hai conservato di questa esperienza, qualcosa che ti ha colpito, che ti è piaciuta in modo particolare, che ti ha segnata?
- Sì. Il ricordo più bello che ho è legato all'organizzazione della festa del rifugiato. È una giornata dedicata in modo particolare all'accoglienza e all'integrazione. Ho aiutato quelle che io chiamo "le mie ragazze" a organizzare, a preparare degli interventi.
- Da dove venivano queste ragazze, da quali paesi del mondo?
- Perlopiù nigeriane. Le ho aiutate a preparare degli interventi in lingua italiana. Una di loro, in particolare, di nome Gift, mi raccontava quanto in Nigeria era difficile vivere a causa della criminalità. Mi diceva sempre che in Nigeria dormiva con un occhio aperto e un occhio chiuso.
- Quindi in una situazione di grande insicurezza.
- Sì, e mi ha molto colpito come, il modo in cui ha concluso il suo intervento e ve lo voglio leggere.
- Con piacere ti ascoltiamo.
- Mi piace l'Italia perché è tranquilla. È un posto sicuro e io posso dormire con tutti e due gli occhi chiusi. Mi piacciono i capelli delle ragazze e il colore della pelle. Mi piace l'Italia perché è un posto bellissimo.
- Federica, noi ti ringraziamo per la tua esperienza che hai voluto raccontarci, ma soprattutto ringraziamo te e ringraziamo questa ragazza nigeriana per le bellissime parole con cui possiamo concludere questa nostra chiacchierata.
- Grazie a voi.

AUDIO 6 (episodio 3)
- Allora, Sergio, tu lavori in radio ormai da tanti anni, quanti anni?
- Beh, trent'anni probabilmente.
- Trent'anni? Sono passati trent'anni. Bene, vediamo come è iniziato questo tuo rapporto con la radio, naturalmente adesso andiamo in un passato molto remoto, se vogliamo. Hai qualche episodio degli inizi, qualcosa che ancora ricordi, qualche ricordo, la prima volta in radio, non so.
- La mia lunga esperienza radiofonica iniziò a Napoli alla fine degli anni Settanta e devo dire che ci furono diversi e divertenti episodi che oggi ricordo nei miei primi tempi radiofonici che posso raccontare. Uno fu quando un amico, un caro amico, con il quale ricordo giocavamo a pallacanestro, mi invitò negli studi di una emittente libera pionieristica napoletana che si chiamava Radio Napoli Prima e mi chiese di portare con me qualche long playing, i dischi in vinile che si usavano assolutamente all'epoca, per commentarlo insieme. Io portai con me alcuni dischi di rock che avevo comprato recentemente con i miei primi soldi da universitario e ci divertimmo moltissimo ad ascoltare insieme questi artisti che poi sarebbero stati dei musicisti anche molto famosi in seguito. Questa fu la mia prima esperienza.
- Bene, ma, senti, fu un successo questa prima trasmissione o no?
- Be', credo che quella decina di persone che ci ascoltarono saranno stati contenti, ma penso molto limitati, ma sai, erano epoche molto diverse ma davvero indimenticabili.
- Quindi, ricevesti i tuoi primi complimenti o no?
- Sì, perché qualche telefonata arrivò di persone che ascoltando il programma avevano apprezzato molto.
- Bellissimo. E poi?
- Be' poi ricorderei altre due cose anche rapidamente da raccontare, perché una volta mi invitarono negli studi di una televisione libera napoletana per incontrare un nuovo cantante e la mia grande sorpresa

TRASCRIZIONI ▪ 189

successiva fu quella di scoprire che il cantante che avevo visto in quegli studi, Pino Daniele, era diventato un personaggio famoso. Mi emozionai molto quella volta a seguire quest'incontro perché lui cantò alcune delle più belle canzoni della storia della musica recente napoletana. Non voglio dimenticare neanche un altro episodio perché qualche anno dopo, insieme a un amico con cui facevamo un programma radio, andammo in un teatro della zona di Napoli chiamata Bagnoli Campi Flegrei ad assistere al concerto di un altro cantante che si chiamava e si chiama Edoardo Bennato, ma la cosa più divertente per me e anche indimenticabile fu che dopo il concerto per fare un'intervista lui ci invitò a casa sua, nel rione, nel quartiere dei Campi Flegrei dove incontrammo sua madre, dove ci offrirono un caffè e chiacchierammo a lungo con lui.

▸ Ah, che emozione, quindi, dei grandi! Pino Daniele! Dei grandi musicisti, diciamo, della musica napoletana.
▸ Pino Daniele e Edoardo Bennato sono due grandi personaggi, purtroppo uno non c'è più da qualche anno, l'altro continua a calcare le scene rock con grande successo.
▸ Be', bellissimi ricordi!
▸ Assolutamente.
▸ Grazie.

AUDIO 7 (episodio 4)
▸ Scusi, cameriere, ma quei due sono appena arrivati e noi c'eravamo molto prima, stiamo aspettando da mezz'ora!
▸ Scusi, davvero non ho visto chi è arrivato prima, scusatemi, ora vi porto i caffè.
▸ Ma quali caffè, noi abbiamo ordinato due *spritz*!
▸ È vero, scusatemi, abbiate pazienza, oggi sono solo, non ho chi mi aiuta, il mio collega è malato. Ma in un attimo sono da voi!
▸ Senti Franco, ma ti sembra normale? Guardalo, porta caffè a chi ordina *spritz*, non sa chi c'era prima e chi dopo e poi si ferma a parlare con chi vuole. Digli qualcosa! Ma è assurdo, io non ci vengo più in questo posto, me ne vado! Tu fa' come ti pare, aspetta fino a domani, se vuoi!
▸ Ma, Anna, ti prego, calmati, ora arriva, dai. Non ci roviniamo questo bel panorama. Guarda le ragazze con cui parlava il cameriere, quella ragazza che ha i capelli viola. Vedi com'è rilassata? Loro sono entrate insieme a noi, e il cameriere ancora non le serve, ma loro non si lamentano.
▸ Ah sì, e di chi è la colpa se io non sono rilassata? Tua! Mi fai aspettare sotto casa mezz'ora, poi ti giri a guardare le ragazze agli altri tavoli e alla fine mi dici pure che non sono rilassata. No guarda, io non ne posso più! Adesso sai che faccio? Me ne vado, oggi non è giornata!
▸ Senti, chi ti capisce è bravo! Io non ho voglia di fare scenate in un bar! Allora meglio se ce ne andiamo via, mi è passata la voglia. Cameriere, scusi, annulliamo l'ordinazione, dobbiamo andare!

AUDIO 8 (episodio 5)
▸ Ciao, sono Cecilia, ci siamo conosciuti in treno, ricordate? Sono la ragazza che aveva perso l'orecchino!
▸ Ah sì, Cecilia con il cagnolino, che piacere risentirti, da dove ci chiami?
▸ Ah beh, adesso sono tornata a Bologna, ma sentite cosa mi è successo una decina di giorni fa a proposito di feste religiose!
▸ Come no, siamo proprio curiosi!
▸ Allora, stavamo facendo il giro della Calabria, un percorso un po' avventuroso, volevamo passare prima per la costa tirrenica e poi andare sulla costa ionica, per poi finire in Puglia. Ad un certo punto però ci si è rotta la macchina e non sapevamo che fare, era domenica, faceva un caldo insopportabile, eravamo nel mezzo del nulla, il telefono era inutilizzabile perché non c'era campo. Per fortuna dopo un po' è passato un uomo con l'Ape e si è fermato, ci ha chiesto qual era il problema e ci ha detto che era tutto chiuso, era impensabile trovare qualcuno quel giorno, perché era la festa della Madonna del Carmine. Ma lui conosceva un meccanico nel suo paese, Gioiosa Ionica, dove c'era la festa. Insomma, la faccio breve, ci ha caricati sull'Ape e ci ha portati a Marina di Gioiosa. Il paese era in festa, c'era una folla incredibile, soprattutto sul mare. Così abbiamo visto una bellissima processione con la Madonna sistemata su una barca addobbata e portata in mare, seguita da molte barche. Ci siamo fermati nel paese fino a sera, c'era un'atmosfera calorosa, suggestiva, bellissima! A proposito, quella si chiama la Costa dei Gelsomini. Poi abbiamo scoperto che le processioni con le Madonne sul mare si fanno in quasi tutte le città di mare della Calabria, e ce ne sono di più belle, ma per noi era la prima e per questo resta indimenticabile.
▸ E la macchina l'avete abbandonata?
▸ No, il meccanico è stato gentile, ci ha riaccompagnati alla macchina e per fortuna il guasto era riparabile.
▸ Cecilia, ma tu dici sempre *noi*, quindi non eri sola, con chi eri?
▸ Beh, magari lo conoscete anche voi, era Piero, il controllore del treno su cui viaggiavate anche voi!
▸ Strepitoso! Ma tu dici *era*? Perché, non fa più il controllore?
▸ Beh, non per molto credo, ma questo non è il tema del giorno, no?
▸ No, certo, ma noi siamo curiosi. Vienici a trovare in Radio, se sei a Bologna, così ci racconti la tua storia. Ma ora torniamo ai nostri ascoltatori: sagre, feste e processioni, forza, raccontateci le più incredibili!

AUDIO 9 (episodio 5)
▸ Cari ascoltatori, eccoci di nuovo dopo le vacanze. Siete tornati tutti, abbronzati, riposati e siete pronti per ricominciare? Noi di *Radio 20* siamo stati sempre con voi e abbiamo ricevuto tante vostre telefonate e tante segnalazioni di luoghi meravigliosi, piatti deliziosi, splendide spiagge sabbiose o rocciose. Per i più sfortunati sono state vacanze piovose, o anche disastrose: c'è chi si è ammalato, c'è qualcuno a cui hanno rubato il cellulare, o chi ha perso le valigie che sono arrivate dopo una settimana...
▸ Ma, ricordate i tempi in cui non c'erano i social? Sembra un secolo, vero? Però c'era qualcosa di bello che oggi abbiamo perso: la sorpresa! Cioè, si andava in vacanza, si lasciavano alle spalle i soliti luoghi e i soliti amici, si mandavano cartoline che a volte arrivavano e a volte no... e al ritorno era così bello rivedersi per raccontarsi le avventure, gli incontri, e si guardavano le foto, quelle stampate, di carta.
▸ Eh già, le foto, si portava il rullino a sviluppare dal fotografo e non si sapeva come erano venute, fin quando si apriva la busta con le foto stampate e si guardavano una ad una con gli amici, con i soliti commenti: "Che carina questa, no qui sono venuto male, qui eravamo a...!"
Beh, qualcuno di voi è troppo giovane per ricordarlo e allora torniamo al presente, alle foto che voi avete scattato e avete caricato all'istante sui social. Raccontateci su quale foto avete ricevuto il maggior numero di *like*!
▸ Ecco il primo ascoltatore; sentiamo quanti *like* hai preso e su quale foto!

AUDIO 10 (episodio 5)
▸ Wanda, tu sei calabrese?
▸ Sì.
▸ Di dove?
▸ Di Pizzo, Pizzo Calabro.
▸ E dov'è Pizzo Calabro?
▸ Pizzo si trova precisamente a metà strada tra la provincia di Cosenza e la provincia di Reggio Calabria e affaccia sul mar Tirreno. È un paesino di mare, molto bello, caratteristico.
▸ Sul mare, quindi. Che tipo di spiaggia c'è?
▸ Allora, ci sono oltre 12 chilometri di costa con un lato, proprio nettamente diviso, tutta molto sabbiosa, spiagge molto aperte e senza scogliere. E poi un'altra parte rocciosa.
▸ Bene, allora, io non sono mai stata in Calabria. Mi consigli di andare a Pizzo Calabro?
▸ Certamente.
▸ Cosa trovo di bello?
▸ Pizzo è un bellissimo paesino a picco sul mare, scavato nel tufo. Quindi è già caratteristico di suo. Si chiama Pizzo proprio perché il mare ha smerlettato il paese, diciamo. Dopodiché ci sono tantissime cose: importante il Castello di Gioachino Murat dove fu fucilato, poi c'è la chiesetta di Piedigrotta, proprio scavata nel tufo. E poi abbiamo tante specialità culinarie, diciamo.
▸ Meraviglioso! Dunque che cosa devo mangiare se vado a Pizzo Calabro? Qualcosa di, diciamo, imperdibile, di diverso?
▸ Innanzitutto il gelato: Pizzo è famoso per il tartufo nero che è anche brevettato e quindi è una specialità totalmente pizzitana. E poi il tonno: Pizzo vanta una tradizione di tonnare da oltre 120 anni.
▸ Che cos'è una tonnara?
▸ La tonnara è dove venivano lavorati i tonni dopo la cattura.
▸ Vengono pescati lì?
▸ Ora non più, adesso non più, ma un tempo, fino agli anni Sessanta, i tonni erano di passaggio da Pizzo perché andavano a deporre le uova verso il mare, diciamo, della Spagna. Per cui al ritorno, dopo la deposizione delle uova, venivano catturati proprio a Pizzo per cui poi portati in questa tonnara che era sita alla marina di Pizzo. E poi venivano lavorati, infatti ci sono due aziende che ancora oggi vantano 100 anni di tradizione.
▸ Famose. Bene, e in che periodo mi consiglieresti di andare?
▸ Agosto, perché c'è anche la sagra di queste, poi, specialità: la sagra del tonno, la sagra del gelato, oltre alla sagra della n'duja e delle fileja, che sono tutte specialità. Ma il tonno è quella, diciamo, tra le più importanti e famose.
▸ Quindi cosa posso mangiare alla sagra del tonno?
▸ Alla sagra del tonno appunto puoi mangiare le fileja fatte col tonno.
▸ Ma le fileja è un nome che io forse... è un nome calabro, che significa?
▸ Certamente, le fileja è una pasta di acqua e farina fatta con un ferro, diciamo stesa con un ferro particolare, semplice. E si chiama, sarebbe... quasi simile allo strozzapreti.
▸ Un tipo di pasta, quindi.
▸ Un tipo di pasta di acqua e farina che col tonno è spettacolare. Poi alla sagra puoi ovviamente mangiare il tonno in tante specialità: il tonno con la n'duja, tonno con la cipolla, tonno con i carciofi, tonno con le cipolle, perché queste aziende il tonno adesso lo lavorano non più semplice nella scatoletta semplice, ma in tutte queste specialità.
▸ Hai detto una parola che io ho sentito: la n'duja, una specialità calabra indubbiamente, ma che significa, di che è fatta?
▸ La n'duja è fatta con le interiora del maiale, ovviamente se uno sa la ricetta non la mangia, ma è squisita. Sono le interiora del maiale tritate con molto molto peperoncino.

- Piccante?
- Piccantissima, proprio rossissima quando l'acquisti e messa poi dentro un budello. In teoria sarebbe come una specie di salume...
- Una salsiccia...
- Una salsiccia che però può essere usata sia nel pane, sia nella pasta, sia mangiata così.
- Ho fame, non vedo l'ora di andare in Calabria. Bellissimo! Allora ad agosto sulla spiaggia di Pizzo Calabro. Grazie, Wanda.

AUDIO 11 (episodio 6)

- Cinzia, guarda quei due seduti al bar! La ragazza ha un braccio insanguinato e il ragazzo ha un grosso bernoccolo in testa!
- Quali, non li vedo, dove sono?
- Quelli seduti a quel tavolo lì a destra, vedi?
- No! Ah, ma guarda chi vedo, no, non è possibile! Dai, quella è Valeria Barile e lui, mi sembra proprio Richard Bloom! Aspetta, che ora prendo la macchina fotografica e scendo!
- Ma di quale tavolo parli?
- Quello lì, vedi, il terzo a destra.
- No, io dicevo quell'altro, quello accanto.
- Ah, ho capito, ma quelli sono studenti della scuola di trucco che si vogliono far notare, sono quelli delle accademie di cinema, non vedi che hanno un trucco perfetto? Ma qualcuno come te ci casca!
- Davvero! Trucco perfetto! Sembrano veramente feriti! Ma chi ti dice invece che quegli attori che hai visto tu siano veri?
- Mah, scendo a vedere, magari hai ragione! Comunque ti comincia a prepararti per andare a cena, io intanto provo a fare qualche foto.
- Va bene, stai tranquilla, io posso continuare a guardare per ore questa piazza meravigliosa!
- Certo, ma tra poco sarà ora di incamminarci, ho prenotato un posto dove voglio arrivare prima del tramonto!

AUDIO 12 (episodio 6)

- Paolo Tomassi, un romano che a un certo punto della sua vita decide di lasciare Roma per andare ad abitare a Venezia. Per me una cosa straordinaria, no? Normalmente si va a Venezia come turista. E che cosa è successo, da dove nasce questo tuo progetto di vita?
- Il progetto ha radici antiche, perché anch'io ho conosciuto Venezia come turista e tante volte come turista è una città che mi ha sempre incantato. Ogni volta che mi trovavo lì, pensavo di abitarci: dev'essere proprio bello vivere a Venezia. E alla fine l'ho fatto.
- E come hai fatto? Come hai cercato casa? Come l'hai trovata?
- È stata una pazzia, senza pensarci troppo, perché ho cercato su Internet, sapevo quali erano le parti della città che mi piacevano di più.
- Cioè, quali sono?
- Castello...
- È un sestiere.
- È un sestiere di Venezia, il più grande tra l'altro, che si incastra perfettamente con San Marco e con Cannaregio. Infatti sono proprio all'incrocio dei tre sestieri, quindi pochissimi passi e sono in San Marco, pochissimi passi e sono in Cannaregio.
- E il lavoro, Paolo?
- Il lavoro è stato un colpo di fortuna, perché io sono un insegnante, ho compilato il modulo aspettando che il trasferimento arrivasse e... è arrivato. Sono fortunato perché la scuola è sotto casa, non prendo neanche il battello per andare al lavoro.
- Quindi ti muovi con i mezzi, diciamo, veneziani: battello, gondola...

- In realtà mi muovo con i mezzi romani, perché mi muovo con le gambe. Sì, vado a piedi.
- Ah, però tutto è a portata di piedi.
- Assolutamente. È una città molto piccola e soprattutto per chi viene da Roma sembra nelle dimensioni davvero vivibilissima, sembra un grosso paese, palcoscenico mondano, internazionale. Ci sono persone da tutto il mondo legate all'arte, alla cultura e direi all'amore.
- Però, dimmi una cosa: questo grande flusso turistico non dà fastidio a un abitante, a un residente di Venezia? Non è troppo turismo per chi abita a Venezia?
- Ci sono delle aree della città molto congestionate, soprattutto in alcuni momenti dell'anno: Carnevale, la festa della Salute, il Lido con il cinema in estate, la regata storica. Però in realtà i turisti sono un po' metodici in tutte le città, vedono sempre quei tre o quattro luoghi, quindi si accalcano sul ponte di Rialto, piazza San Marco. E Venezia per fortuna è fatta di tanti labirinti segreti, di giardini segreti, passeggiate segrete.
- Allora, scusami, rivelaci un segreto: dove si può andare? Un luogo segreto, bello, dove un turista non andrebbe mai da solo.
- Io credo... andare nella direzione opposta di dove va la massa e concedersi il lusso di perdersi, perché questo labirinto rivela sempre delle sorprese.
- Quindi, hai nostalgia di Roma?
- No, sono sincero. Amo molto Roma, è una città bellissima, scopro ancora di più le sue bellezze venendoci da turista. Non tornerei più a vivere a Roma.
- No? Quindi abitante a Venezia, turista a Roma?
- Abitante a Venezia, turista a Roma, sì.

AUDIO 13 (episodio 7)

- Ciao Piero, che bello rivederti!
- Ciao, anch'io non vedevo l'ora, ti trovo benissimo, come sempre!
- Senti io ho tante cose da darti, burrate, tarallucci e altro, ma ti vedo un po' giù. Che hai?
- No, sono molto contento di rivederti, ma tu invece hai detto che dovevi parlarmi, ci sono novità? Hai detto che già domani devi ripartire. Perché?
- Ah, sì, ti ho detto che riparto perché ricomincia il mio corso a Bologna, ma è solo per qualche giorno. Ma senti, questo biglietto della libreria Leonetti, chi te lo ha dato?
- Un uomo che ho incontrato in treno, perché?
- Che strano, anch'io l'ho conosciuto in treno... e voleva vendere la sua libreria.
- Beh, a me ha detto solo di andare a trovarlo, perché un giorno gli ho detto che mi piace scrivere, e leggere, naturalmente.
- E tu ci sei andato nella sua libreria?
- No, me lo ha dato solo qualche settimana fa e non ho avuto ancora l'occasione di andarci...
- Allora vacci, la libreria è molto carina, piccola ma con una sala dietro per le presentazioni o anche per altre attività culturali... per te sarebbe un'occasione buona per cambiare lavoro...
- Sei matta? E i soldi? Chi me li dà?
- Te li presto io, sai che voglio vendere la casa di Bologna e anch'io potrei lavorare in proprio, aprire un locale per feste e animazioni nel locale dietro alla libreria!
- Tu sei molto ottimista... per te è tutto facile!
- Dai Piero, telefonagli, vacci a parlare... lui si chiama Ernesto Leonetti.

AUDIO 14 (episodio 7)

- Allora, Matteo Vidoni, tu sei un vero vegano convinto, ma io non so niente della tua storia. Come, quando e perché sei diventato vegano?

- Io sono diventato vegano sei anni fa, sono vegano da sei anni. È stata una scelta improvvisa, nata dalla curiosità di conoscere il significato della parola vegano. Io non sapevo il significato di questa parola.
- E che significa, infatti, vegano?
- Vegano non è vegetariano perché il vegano esclude non solo il pesce e la carne ma anche nell'alimentazione tutti i prodotti di origine animale, quindi i latticini, il burro, il latte...
- Le uova.
- Le uova, il miele...
- Il miele perché?
- Perché deriva dalle api.
- Ah, non ci avevo pensato.
- Ma non è solo una scelta alimentare perché essere vegano è una scelta etica nel rispetto degli animali e dell'ambiente e quindi l'attenzione va anche a, per esempio, l'abbigliamento. Io scelgo di usare un tipo di abbigliamento che non...
- Che non deriva da animali, per esempio la pelle.
- Sì, io non uso la pelle, non uso la lana.
- Anche la lana, accidenti.
- Eh sì, le pecore...
- Anche la lana, sì, quindi solo fibre vegetali: cotone, seta... no!
- No, seta no, il cotone o il poliestere o altre cose.
- Il lino?
- Il lino sì, ma è molto raro trovare cose in lino; ma soprattutto il cotone.
- E d'inverno, quando fa freddo?
- Il cotone può essere anche molto caldo...
- Sì sì sì, interessante, interessante. Vediamo un po', la tua vita dunque è cambiata. Per esempio mangiare fuori, che cosa significa per un vegano mangiare fuori? Trovi ristoranti, trovi sempre bar, ristoranti vegani oppure non so, che cosa devi fare per trovare prodotti vegani?
- Allora, all'inizio è stato difficile perché sei anni fa l'Italia, Roma, non era preparata a questa realtà e quindi andare a mangiare fuori non era facile, alla fine mangiavo insalata, verdure grigliate; ora invece la situazione è molto cambiata.
- Per esempio il cornetto vegano si trova in tutti i bar ormai.
- Oramai puoi fare anche solo la colazione cornetto e cappuccino in modo vegano, con il cappuccino di soia o di riso o di mandorla e con il cornetto vegano. Adesso tutti i bar, tutti i ristoranti, tutte le pizzerie sono attrezzati e sono molto sensibili a questa che è una realtà molto diffusa non solo nel mondo ma soprattutto in Italia.
- Bene, allora vediamo la vita privata. Quando ti invitano a casa degli amici a cena e non sanno che sei vegano. Cosa fai? Li informi: "sono vegano"; rinunci per non creare problemi, come ti comporti per gli inviti privati?
- Eh, io avverto sempre che sono vegano e quindi loro lo sanno. Normalmente la prima volta c'è un po' di difficoltà perché le persone non sono abituate a cucinare vegano, poi ci sono le persone che mi conoscono da tanto tempo e quindi lo sanno, lo sanno bene e si divertono anche a cucinare vegano, provano a cucinare o molto spesso mi invitano e cucino io.
- Bene, e qual è il tuo piatto forte, il piatto che sai preparare meglio, che ti piace di più preparare?
- Il risotto coi funghi.
- Ah, quello lo so fare anch'io.
- Vegano?
- Eh be', cosa non devo mettere? Ah il burro non lo devo mettere, l'olio benissimo, riso va bene, funghi vanno bene.
- Il parmigiano no.
- Il parmigiano non lo metto.
- Ci sono un po' di trucchi...

- Un po' di trucchi, quindi che cosa va in un risotto ai funghi vegano? Olio...
- Il brodo vegetale...
- Brodo vegetale, chiaro...
- Funghi, l'olio, il riso e poi...
- Basta.
- Sì, un po' di pepe.
- Pepe. Perfetto.
- E prezzemolo.
- Benissimo; allora ti posso invitare per un risotto vegano che saprei fare anche io. Grazie, Matteo.
- Grazie a te.

AUDIO 15 (episodio 8)
- Ecco il caffè, ma si sieda e mi parli un po' di lei!
- Guardi, come le ho detto, io adoro i libri, la scrittura, i viaggi, ma soprattutto amo stare in mezzo alla gente.
- Beh, il treno è pieno di gente!
- Sì, ma mi creda, oggi in treno le persone non parlano più, sono tutti al cellulare, o al computer. Nei treni ad alta velocità non riescono neanche a guardare il panorama...
- Ha ragione, io ho sempre cercato di far parlare le persone, pensi che per molti anni ho fatto lo psicanalista.
- Davvero, e come mai ha cambiato lavoro?
- Questa libreria era di mio padre, quando lui è morto non volevo perderla, era come perdere il suo ricordo, e anche adesso che sono stanco e non ce la faccio, vorrei qualcuno per continuare il mio lavoro.
- Ma mi dica, lei la vuole vendere?
- No, veramente darei in gestione l'attività, senza pagare l'affitto, solo le bollette sarebbero a carico di chi la prenderebbe.
- Ma mi dica, sinceramente, con questo lavoro si può vivere?
- Venga di là, e le faccio vedere le spese e i guadagni. Mi creda, abbiamo una clientela fissa, e abbiamo anche una sala dove si possono organizzare feste ed eventi.
- Per questo ci sarebbe una mia amica interessata, una ragazza con i capelli viola, lei l'ha conosciuta in treno!
- Aspetti, aspetti, una bella ragazza, con un cagnolino bianco? Sì, le ho parlato della libreria, lei è già venuta a vederla.
- Bene, mi faccia pensare, sa, io dovrei lasciare il mio lavoro...!
- Ma certo, si prenda tutto il tempo, io sono qui, mi chiami o venga quando vuole!

AUDIO 16 (episodio 8)
- Ma è pazzo? Ma dove ce l'ha la testa, non ha visto il semaforo?
- Pazzo sarà lei, il semaforo era arancione!
- Ma quale arancione, era rosso, ma lei quando attraversa deve guardare!
- No, è lei che deve andare più piano e fare attenzione ai pedoni!
- Ma se io per frenare... guarda che roba, mi hanno anche tamponato porca miseria!
- Ma come si fa a frenare così! Il fanale e il paraurti sono distrutti!
- E che potevo fare, dovevo investire questo deficiente?
- Ma come si permette, deficiente sarà lei che andava troppo veloce!
- Certo, ha ragione, andava veloce e poi ha frenato di colpo!
- Ma vada al diavolo! Lei doveva tenere la distanza!
- Ma quale distanza, ora chiamiamo i vigili e vediamo!
- Ma vediamo cosa? Lei mi ha tamponato e ha torto e mi ha pure distrutto il cofano!
- Vedremo chi ha torto, imbecille!
- Imbecille a chi? Ma io le metto le mani addosso, se ancora si permette di...!

- No, fermi, calmatevi, basta! Mi dispiace, ma io ho attraversato con l'arancione...
- Macché, era rosso, rosso le dico!

AUDIO 17 (episodio 8)
- Mario, ti devo dire una cosa. Però non ti arrabbiare!
- Cioè? Che è successo, hai preso un'altra multa?
- No, ma smettila, non riguarda me, si tratta di Piero.
- E che è successo questa volta?
- Piero vorrebbe cambiare lavoro.
- Ah, sì? E che altro lavoro ha trovato?
- No, non ha trovato un lavoro, ma potrebbe prendere in gestione una libreria...
- Ma stai scherzando, spero! Oggi le librerie chiudono tutte.
- No, adesso non cominciare, almeno fammi parlare, poi farai i tuoi commenti, tanto lo so cosa dirai.
- Ah, e se lo sai allora vuol dire che ho ragione.
- No, non hai sempre ragione. Lo capisci o non lo capisci che Piero non ce la fa più ad andare su e giù per i treni a controllare biglietti?
- Ah, ma guarda che bella scoperta! E io, che cosa gli avevo detto quando ha lasciato l'università?
- Tu sei sempre stato aggressivo con lui, ma adesso sentimi, questa libreria...
- No Olga, senti, se tu mi vuoi dire che lascia un lavoro fisso per una libreria allora vuol dire che è un pazzo furioso e tu più di lui che gli dai retta!
- Mario, basta! Smettila di dare giudizi prima di ascoltare! Stasera lui viene a cena e te ne parlerà, ma tu non cominciare a fare scenate ti prego, che già oggi non mi sento bene.
- Ah, bella scusa! Sempre questa storia che non ti senti bene, ma basta, smetti di proteggerlo. Non è più un bambino!

AUDIO 18 (episodio 9)
- Ciao Piero eccomi, scusa, pensavo di chiamarti stasera.
- Ah, bene, ho capito che sei a Bologna, ma a Natale che fai?
- Non lo so, forse resto a Bologna con degli amici, forse viene su mia nonna, o forse vado a trovare Benedetta che mi ha invitata a Salerno. E tu invece cosa fai di bello?
- Mah, niente di importante, come sai "Natale con i tuoi", quindi io resto con i miei, quella che parte è Alice.
- E dove va?
- Ma sai, lei ha la passione per il mare, quindi cerca sempre qualche posto per fare vacanze invernali al mare. Mi sembra che quest'anno vada in Nuova Zelanda!
- Ah, bello, ma è lontano, e con chi va?
- Con Cinzia, la sua compagna che fa la fotografa e mi pare che debba fare comunque un servizio, non ricordo su che cosa!
- Perfetto, ma...ti sento un po' giù. E tu invece non pensavi di andare in montagna?
- No, io non sono di quelli che a Natale deve per forza andare da qualche parte. Ma parlami un po' di questa tua nuova passione invece, la radio hai detto?
- Beh, ti ricordi Gino e Max, i due giornalisti che viaggiavano in treno quando ho perso l'orecchino?
- Sì, certo, e allora?
- Allora, li ho incontrati a Bologna e mi hanno chiesto se volevo fare qualcosa con loro, cioè delle interviste per la radio!
- E tu?
- Beh, la radio mi è sempre piaciuta, e poi si tratta di viaggiare in Italia per fare le interviste e questa cosa mi appassiona. Comunque è solo l'inizio, sono stata in radio un paio di volte soltanto.
- Ah, bene, sono contento per te!

- Piero, scusa ma dalla voce non mi sembra che tu sia davvero contento, che c'è?
- Niente, è che io sono un po' stressato, non ho deciso se prendo la libreria, mio padre come al solito è contrario, e poi anche tu non ti sei fatta sentire, immagino che non ti interessi più, la libreria...
- Piero, scusa, ma io sono fatta così. Volevo parlarti, ma sono stata un po' presa da questa storia della radio. Ma che ne dici invece di uno spettacolo di danza a Torino la prossima settimana?
- E di che compagnia si tratta?
- Sorpresa! Non te lo dico. Questo sarebbe il mio regalo di Natale, magari per farmi perdonare, e spero che ti piaccia!
- E in che giorno esattamente?
- Fine settimana, venerdì prossimo, puoi? Mi hai detto che sei in ferie in questi giorni, no?
- Vuoi che ti risponda subito o posso pensarci un attimo?
- Beh, hai ragione, pensaci, ma spero che tu decida di venire, io devo comunque andare a Torino per le mie prime interviste per la radio!
- Beh, non mi dispiacerebbe tornare a Torino! Ti farò sapere!
- Bene, dai, aspetto la tua chiamata!

AUDIO 19 (episodio 9)
- Allora, oggi parliamo di passioni. Avere una passione è una cosa bellissima, no? Perché la passione è un grande interesse, è un'attrazione verso qualcosa, che normalmente ci dà molta soddisfazione, molta gioia ma a volte comporta anche qualche rinuncia. Ecco, vorrei parlare con voi delle vostre passioni, come sono nate, come le avete portate avanti ed eventualmente se avete dovuto anche rinunciare a qualcosa per le vostre passioni. Quindi, parliamo qui con Diana.
- Ciao.
- E con Riccardo.
- Ciao.
- Ciao. Vediamo un po' allora: Riccardo, la tua passione più grande qual è?
- Be', la mia passione più grande è il teatro senza dubbio; andavo a scuola e un maestro di teatro, che insegnava appunto teatro nella scuola, aveva deciso di propormi un corso e questo corso si è rivelato fin da subito bellissimo e mi ricordo il giorno nel quale mi sono messo una maschera e improvvisamente mi sono sentito protetto, sicuro, nessuno poteva vedere veramente chi ero e quindi mi sono sentito libero di poter giocare a fare questo meraviglioso teatro.
- Bellissimo, bellissimo. Quindi è nata sui banchi di scuola la passione?
- Esattamente sì, e lì è rimasta e poi è diventata qualcosa di più serio una volta che sono uscito da scuola.
- Benissimo e poi vedremo come si è sviluppata e cosa ha comportato. Invece tu Diana, qual è la tua grande passione?
- Allora, la passione più grande in assoluto è lo sport in generale, però in particolare una passione che mi permette di condividere il tempo con il mio fidanzato, che è la barca a vela.
- Quindi due passioni in una.
- Due passioni in una, sì, perché comunque è una passione sportiva. La mia passione in realtà non è nata come una passione.
- No?
- No, assolutamente.
- Come è nata?
- È nata come passione per il mio fidanzato.
- Quindi hai seguito le sue passioni.
- Sì, esattamente, perché lui ha iniziato a fare questo sport quando era molto piccolo, aveva sette o otto anni, era uno scout nautico, quindi praticava la vela.

Io l'ho conosciuto dopo che lui aveva lasciato la vela. Aveva costruito con il papà una barca in legno meravigliosa all'età di quattordici anni più o meno, ma quando io l'ho conosciuto questa barca era protetta in un garage e soltanto sei anni fa circa ha deciso di rimetterla in acqua. E quindi abbiamo cominciato così per gioco le passeggiate in barca, ma poi siamo passati a delle competizioni vere e proprie, abbiamo lasciato la barca di legno e siamo saliti su una barca da competizione, quindi insomma non così delicata. E da lì è diventata anche una mia passione perché ho cominciato a capire un po' di più come funzionava e adesso mi piace.
- E adesso sei anche una campionessa.
- E adesso sono anche una campionessa.
- So che hai vinto delle gare.
- Sì, è vero.
- Quindi hai portato avanti questa tua passione e immagino con qualche sforzo, sacrificio, rinuncia.
- Allora, sacrificio vero e proprio... io non sono una professionista quindi è difficile dire sacrificio, però è vero che è uno sport che richiede moltissimo tempo e moltissima tenacia. Non hai un risultato da oggi al domani. Se vuoi vedere i risultati ti devi impegnare molto nel tempo e allenare anche fuori dalla barca, quindi allenamento in palestra per avere un fisico atletico in grado di reggere la regata.
- Quante ore alla settimana dedichi a questa passione, a questo sport?
- Sulla barca vado soltanto nei weekend e normalmente dalla metà mattina fino alla sera e questo il sabato e la domenica. Fuori dalla barca tutti i giorni, in palestra.
- Perfetto. E invece tu, Riccardo, sei diventato un attore. Quindi sei un attore. Come è nata questa professionalità, quindi... hai fatto una scuola? Come è proseguita questa passione dalla scuola?
- Mah, allora... un giorno ero a scuola e facevano dei casting, e niente, m'hanno fatto una foto, mi hanno fatto una foto e... sono stato scelto per fare una foto, per fare il provino, praticamente, sì. Quindi da lì ho capito che qualcosa funzionava veramente. Finito il liceo sono entrato all'Accademia Nazionale di Arte Drammatica e effettivamente la mia vita è cambiata, perché tutti i miei amici andavano all'università e l'università è un ambiente più... diciamo... rilassato, più aperto, più tranquillo, mentre l'accademia è come un conservatorio, quindi è uno spazio più chiuso dove si sta tutti insieme ma in un numero più piccolo per tante ore al giorno e quindi per tre anni la mia vita è stata molto chiusa da questo punto di vista e chiaramente qualcosa ho perso rispetto alla tipica vita di un ragazzo di diciannove anni. Da una parte ero molto contento perché era un privilegio entrare così presto in un'accademia.
- Così selettiva, poi, un'accademia molto selettiva.
- Molto selettiva perché all'inizio eravamo ottocento e ne hanno scelti ventitré.
- Complimenti.
- Ventiquattro, esatto. Quindi un provino poi durato, un provino... un percorso di ammissione che è durato circa un mese, con tre fasi, quindi era anche molto difficile a livello psicologico e forse questa è stata la rinuncia più grande.
- Certo, certo.
- E niente, quindi anche molto competitivo e in quell'età non è facile reggere lo stress così tanto, questa è stata una grande rinuncia.
- Ma rinunceresti alla passione del teatro?
- No, perché sicuramente anche se poi le rinunce sono state tante altre, però mi hanno dato sempre qualcosa, quindi sono contento della mia scelta. È una vita difficile, molto spesso è troppo precaria però ho il privilegio di godere anche di tante cose belle.

- Quindi hai una passione e una professione insieme. Benissimo. E tu, Diana, rinunceresti a questa passione, a questo sport?
- No, mai.
- Mai.
- No, non rinuncerei mai allo sport in generale, però alla vela in particolare no perché è uno sport che, come dicevo prima, mi permette di passare del tempo con il mio fidanzato, si condividono dei momenti molto belli, si condividono anche degli spazi naturali bellissimi. Grazie alla vela noi abbiamo viaggiato tanto in Italia e anche all'estero. E quindi è qualcosa che... che completa anche un po' il nostro rapporto, per cui no, no, non lo farei mai.
- Bene, siete entrambi molto appassionati e invidio le vostre passioni. Grazie!
- Grazie!
- Grazie a voi!

AUDIO 20 (episodio 10)

▸ Buongiorno, cari radio-ascoltatori. Oggi siamo a Torino! Piazza Cavour, via Cavour, o corso Cavour... un nome che sicuramente avete sentito o letto in molte città d'Italia, dal Piemonte alla Sicilia. Ma chi era questo personaggio dal nome che suona un po' francese? Allora, per conoscere la storia dell'Italia unita dobbiamo partire da lui: Cavour, anzi Camillo Benso conte di Cavour, un nobile, che fu il primo presidente del Consiglio dei ministri del Regno d'Italia. Seguiamo i suoi passi tra i palazzi, i bar e i ristoranti della Torino ottocentesca!
Allora, cominciamo con una domanda: qual è stata la prima capitale d'Italia? Se pensate che la risposta sia Roma, o Firenze, sbagliate. È Torino la sede del primo Parlamento italiano, a Palazzo Carignano. Nello stesso palazzo, al primo piano, aveva anche uno studio Cavour, e da una delle finestre del palazzo Cavour poteva vedere il suo ristorante preferito, "Ristorante del Cambio", il più esclusivo della città o forse del Piemonte, che ancora conserva il tavolo dove si sedeva abitualmente. Ma i grandi incontri di politici, aristocratici, intellettuali e studenti erano al vicino "Caffè Fiorio" di via Po dove dobbiamo entrare per goderne l'atmosfera storica. E infine, come non parlare dello storico "Caffè al Bicerin", altro luogo molto frequentato da Cavour, un caffè con pochi tavoli e ancora arredato come all'epoca. Beh, se non trovate posto al "Caffè al Bicerin" potete andare a gustare un *bicerin* al "Mulassano" in Piazza Castello, un locale pieno di marmi, di specchi e legno dorato, un gioiello dei primi anni del '900. Naturalmente oggi il *bicerin* potete gustarlo anche in molti altri locali. Ma, un attimo, non sapete cosa è il *bicerin*? Bene, questo ce lo facciamo spiegare da un passante, cerchiamo una persona del luogo. Scusi? Lei è di Torino?
▸ Sì!
▸ E ci può spiegare cosa è il *bicerin*? Che significa questa parola?
▸ Beh, la parola significa "il bicchierino". Il *bicerin* è una bevanda calda preparata con caffè, cioccolato, crema di latte e sciroppo. È nata nel settecento al "Caffè al Bicerin" e la ricetta segreta la conservano gelosamente. Ma è anche un piacere per l'occhio: tre strati sovrapposti con colori e consistenze diverse, e quando si immerge il cucchiaino i tre strati si mescolano in un attimo.
▸ Allora vedete che a *C'è gusto nella Storia* scopriamo sempre nuove cose! La storia è un piacere! Da Cavour al cioccolato caldo... e tutto questo perché siamo a Torino, in Piemonte, la patria del cioccolato e delle nocciole da cui nasce il famoso gianduiotto. Alla prossima puntata ancora qui a Torino! Ciao a tutti da Cecilia che con questo freddino va subito a bere un bel *bicerin*, proprio dove andava Cavour!

AUDIO 21 (episodio 10)

▸ Lorenzo tu hai un certo rapporto con Torino, ma non sei di Torino, qual è il tuo rapporto con questa città?
▸ Allora, io sono di Roma, il rapporto con questa città è dovuto semplicemente al fatto che mio padre abita lì ormai da sei anni, sta lì con la compagna e vivono insieme.
▸ Quindi lo vai a trovare.
▸ Sì.
▸ Qual è la prima volta che sei andato a Torino?
▸ Diciamo poco dopo che lui si è trasferito lì, quindi possiamo dire sei anni fa.
▸ Bene.
▸ Non ci ero mai stato prima di allora e quindi per me è stata una meraviglia, cioè una, è stato una, un forte stupore trovarla così diversa da come l'avevo immaginata.
▸ E come l'avevi immaginata?
▸ L'avevo immaginata come una città grigia, un po', come si potrebbe dire, industriale, senza vita.
▸ La città della Fiat, operaia...
▸ Sì, in questo modo, esattamente.
▸ E non l'hai trovata così.
▸ No, l'ho trovata molto molto diversa. L'ho trovata molto vitale, molto elegante, l'ho trovata anche molto funzionale essendo abituato a Roma.
▸ Certo. È una città per giovani, secondo te?
▸ Secondo me, sì. È una città per giovani perché dà veramente tante tante possibilità ai giovani di andare a concerti, di andare a spettacoli di cinema, di teatro, per esempio una cosa che a me è piaciuta molto è stato il Teatro Regio sia per come era, è, fatto architettonicamente, che è un teatro un po' diverso dal teatro di Roma o il teatro della Fenice con i palchetti, è un teatro più, più moderno e devo dire anche gli spettacoli che ci sono sono molti di più rispetto a quelli del teatro...
▸ Un bel cartellone.
▸ Un bel cartellone e anche i biglietti sono molto più economici.
▸ Sono più accessibili. Ma non è l'unico motivo per andare a Torino, il Regio.
▸ No, assolutamente.
▸ A Torino si va soprattutto per, diciamo, alcune cose. I punti, i momenti dell'anno in cui Torino diventa più affollata generalmente sono quelli dei grandi Saloni. Hai seguito qualche Salone?
▸ Ho seguito il Salone del libro e ho seguito il Salone del gusto. Il Salone del libro è organizzato a maggio e si ha la possibilità di seguire conferenze, di vedere gli autori dei libri, avere una panoramica di tutta l'editoria sia diciamo dei grandi gruppi ma anche di quella indipendente. E per quanto riguarda invece il Salone del gusto...
▸ In che periodo si fa il Salone del gusto?
▸ Il Salone del gusto si fa ogni due anni.
▸ Ah, ecco.
▸ Si fa ogni due anni, rispetto al Salone del libro invece viene fatto ogni anno, e viene fatto a ottobre.
▸ Ah, ottobre.
▸ Viene fatto a ottobre, sì. Anche lì c'è la possibilità di seguire delle conferenze molto interessanti tenute dal fondatore, per esempio, di Slow Food.
▸ Ah, di Slow Food.
▸ Carlo Petrini e anche...
▸ Cosa hai scoperto, adesso dicci, noi, io non ci sono mai stata, cosa hai scoperto di originale?
▸ Di tutto, nel senso...
▸ Formaggi.
▸ Io che sono un appassionato di formaggio ho scoperto la famosa Toma del Fen piemontese.
▸ Cos'è la Toma del Fen?
▸ La Toma del Fen è un formaggio devo dire molto buo-

no per me, di cui loro vanno molto orgogliosi, che è un formaggio che viene stagionato sotto il fieno.
▶ Quindi *fen*, fieno.
▶ Il fen è il modo che hanno i torinesi di chiamare il fieno. Toma del Fen vuol dire appunto formaggio del fieno.
▶ Del fieno, bello. E dal fieno passiamo, diciamo dal fieno, dal formaggio passiamo ad altri prodotti per cui, diciamo, Torino è famosa, direi... il cioccolato.
▶ Il cioccolato, sì. Diciamo che il cioccolato a Torino la fa da padrone, quindi per citare semplicemente il gianduiotto oppure anche il bicerin, possiamo dire che questa bevanda fatta di cioccolato e liquore, anzi è un liquore al cioccolato a cui viene aggiunta...
▶ C'è tutto un rituale per fare il bicerin, ho sentito, ma diciamo dove sei stato, i locali in cui sei stato per...
▶ I locali sono stati... al centro sono state delle enoteche molto tipiche dove si potevano assaggiare tutti i prodotti locali oppure sono stato, per quanto riguarda invece i prodotti dolciari, in dei Caffè molto belli con specchi, stucchi, affreschi in cui si poteva bere un caffè in mezzo a questo...
▶ In mezzo alla storia...
▶ In mezzo alla storia, perché sono tutti Caffè storici che risalgono tutti alla fine dell'Ottocento, a inizio Novecento e dove veramente respiri l'aria di altri tempi.
▶ Mi sembri molto entusiasta di questa Torino.
▶ Sì sì.
▶ Quindi, oltre che per una gita per il gusto, c'è un altro motivo mi sembra che, che ti ha portato a tornare più di una volta a Torino.
▶ Sì, il Museo Egizio.
▶ Esatto, il famoso Museo Egizio.
▶ Il Museo Egizio...
▶ Famoso perché?
▶ Famoso perché è uno dei musei egizi più importanti al mondo, è secondo solamente a quello del Cairo sia per quanto riguarda i reperti a livello di numero sia proprio anche per la qualità dei reperti e del loro interesse dal punto di vista storico e artistico.
▶ Benissimo. Ti manca però un museo, mi hai detto.
▶ Sì, non sono stato ancora al Museo del Cinema.
▶ Imperdibile. Ci sono stata io. Imperdibile. Devi tornare ancora a Torino.
▶ La prossima occasione sarà la volta giusta.
▶ Per vedere questo. Va bene, grazie Lorenzo.
▶ Grazie a voi.

`AUDIO 22` (episodio 10)
▶ Simone, autore di un interessantissimo blog sul calcio che si chiama "Crampi sportivi", non campi, crampi. I crampi sono quei dolori muscolari che prendono i giocatori quando non sono molto allenati oppure può essere un crampo allo stomaco del tifoso che vede perdere la propria squadra.
▶ No, i crampi in questo caso sono proprio i dolori muscolari nostri, cioè dei giornalisti che lavorano su "Crampi sportivi", perché siamo tutti scarsi come atleti...
▶ Ah!
▶ Atleti scarsi e quindi soggetti a crampi e a parecchi dolori muscolari.

▶ Atleti scarsi ma giornalisti eccellenti perché il vostro blog è molto carino, ironico, alternativo, direi. Dunque tu hai, probabilmente non sei molto allenato ma hai una fede sportiva, quindi sei tifoso di quale squadra?
▶ Della Roma, sono tifoso della Roma.
▶ Vivendo a Roma.
▶ Vivendo a Roma, ma non solo, perché comunque è una squadra che mi piaceva da piccolo non soltanto perché era la squadra di Roma ma anche per i colori della maglia, questo giallo e rosso molto accesi tutti e due, e soprattutto perché è una squadra che non vince sempre, anzi, ed è molto più utile, molto più utile tifare delle squadre che non vincono, hanno più bisogno del supporto dei tifosi.
▶ Ho capito. Quindi Roma comunque è una città del derby. Ci sono due squadre, il derby della capitale, no? Quali sono le squadre?
▶ Roma e Lazio, che è l'altra squadra.
▶ Non è l'unica città del derby. Ci sono altre città italiane di derby importanti, ce ne sono molti, ma vuoi citarci i principali derby di Italia?
▶ Sì, be', uno molto importante è il derby di Genova che è detto derby della Lanterna.
▶ La prima squadra.
▶ Il Genoa è la prima squadra del calcio italiano in assoluto, e l'altra è la Sampdoria. Poi c'è il derby di Milano che è detto il derby della Madonnina tra Inter e Milan; il derby di Roma, tra Roma e Lazio, e poi c'è il derby della Mole, il derby della Mole che è il derby di Torino, appunto, e si gioca tra due squadre che sono tutte e due molto importanti per la storia del calcio italiano: una forse è la più importante in assoluto e l'altra è una squadra che amo molto.
▶ Dacci i nomi.
▶ Allora, la Juventus è la squadra più importante d'Italia perché è quella che ha vinto di più, è quella che ha più vittorie.
▶ Più amata e più odiata.
▶ Eh, sì, sì, non abbiamo una statistica precisa su questo, però.
▶ E certo, l'amore e l'odio. A volte le squadre vengono anche chiamate a seconda del colore delle maglie. Quindi il derby della Mole sono, ci puoi dire i nomi delle squadre a seconda del colore?
▶ Juventus sono i bianconeri e poi c'è il Torino che invece sono i granata.
▶ I granata. Benissimo. Di queste due squadre naturalmente si parla molto ma ci sono delle storie interessanti, degli aneddoti che tu conosci in particolare?
▶ La Juventus innanzitutto è stata fondata prima, è stata fondata nel 1897, mentre il Torino nel 1906 o 1907 non ricordo di preciso, quindi in teoria il Torino è la squadra meno importante di Torino.
▶ La seconda.
▶ La seconda. In realtà però il Torino è una squadra molto amata all'interno della città di Torino, è una squadra dal forte sentimento popolare. Una volta ero a Torino e ho chiesto a un barista: "Ma è vero che a Torino sono tutti del Torino e invece fuori sono della Juventus? Perché qualcuno dice di no, dice che anche a Torino sono tifosi della Juventus". E il barista mi ha risposto: "Sì, è vero, anche a Torino ci sono tifosi del-

la Juventus ma perché la periferia si è allargata molto negli ultimi anni". Questo come a dire che in realtà per i torinesi doc, per i torinesi di più generazioni il Torino è la squadra più amata in teoria e la Juventus è amata in quanto squadra forte anche nelle altre regioni di Italia, un po' ovunque.
▶ Ho capito. E tu conosci tifosi juventini e torinesi?
▶ Sì, sì, conosco purtroppo più tifosi juventini che torinesi, però...
▶ E giocatori? Giocatori famosi? Hai conosciuto qualcuno nel tuo, nella tua carriera sportiva di giornalista?
▶ Ho conosciuto un giocatore della provincia di Torino, un ex giocatore della provincia di Torino molto famoso a livello culturale perché era un giocatore impegnato politicamente negli anni Settanta che non ha giocato né nel Torino né nella Juve, ma è stato protagonista di un derby a distanza perché giocava nel Perugia nell'anno in cui il Torino ha vinto lo scudetto. Il nome di questo giocatore è Paolo Sollier, un giocatore mio amico, che giocava nel Perugia che sconfisse la Juventus, regalando così lo scudetto al Torino, l'ultimo scudetto del Torino.
▶ Grande protagonista.
▶ Grande.
▶ Sarà adorato dal Torino, venerato.
▶ Lo è, lo è.
▶ E che anno era questo dello scudetto?
▶ L'anno era il 1976 e il Torino era quello, diciamo il secondo Torino più importante della storia dopo quello del grande Torino, il grande Torino era il Torino degli anni Quaranta, che ha vinto cinque scudetti consecutivi e poi purtroppo ha perso la vita interamente nella tragedia di Superga.
▶ Nella tragedia di Superga, sì.
▶ Invece questo era il Torino di Graziani e Pulici, la coppia, i gemelli del goal.
▶ Famosi, certo. Bene, tu sei uno sportivo nel senso che scrivi di calcio, vai allo stadio, frequenti lo stadio?
▶ Sì, vado allo stadio a vedere le partite della Roma, la mia squadra del cuore.
▶ Sei un abbonato?
▶ Sono abbonato, sì.
▶ Un tifoso.
▶ Un tifoso abbonato.
▶ Un ultras?
▶ No.
▶ No.
▶ No.
▶ Un tifoso calmo e corretto. Va bene, e le squadre, diciamo ci sono molte squadre, quelle di cui tu devi parlare, quella che segui perché sei nella capitale ma ho sentito che ci sono altre squadre nel tuo cuore.
▶ Ci sono altre due squadre nel mio cuore e sono due squadre della mia regione, la Calabria, e sono Reggina e Catanzaro, cioè la squadra di Reggio Calabria e di Catanzaro perché io vivo a metà tra i due posti.
▶ Ecco. Quindi a questo punto direi che non possiamo fare altro che seguire i tuoi articoli nel tuo blog "Crampi sportivi". Grazie, Simone.
▶ Grazie a voi.